Michèle Curcio
Chinesische Astrologie
als Lebensberatung

Einen jahrtausendealten Weg der Selbsterkenntnis und der aktiven Lebensgestaltung weist uns die chinesische Astrologie, die – ganz anders als unsere abendländische Sterndeutung – die Zugehörigkeit des einzelnen Menschen zu einem Tierzeichen nicht nach Monaten, sondern nach Jahren berechnet. Das hierin überlieferte uralte Erfahrungswissen vermittelt verblüffende Einblicke in die Persönlichkeitsstruktur der unter den einzelnen Tierkreiszeichen Geborenen. Es ist somit eine Fundgrube ungewöhnlicher, ja erstaunlicher Menschenkenntnis.

Das vorliegende Buch befaßt sich nicht mit Zukunftsprognosen; es bietet Ihnen vielmehr einen Überblick über die besonderen Begabungen und Fähigkeiten der den einzelnen Tierkreiszeichen zugeordneten Persönlichkeitstypen, über ihre Neigungen, Sehnsüchte, Hoffnungen und Ängste. Die Autorin erklärt, warum wir uns mit manchen Menschen auf Anhieb gut verstehen, mit anderen nicht. Sie zeigt aber auch auf, wie eine mit Hilfe der chinesischen Astrologie vertiefte Menschenkenntnis unser Verständnis für andere Menschen erweitern und damit zu einem konfliktfreien Zusammenleben beitragen kann. Ausführlich legt sie auch dar, inwieweit die einzelnen Persönlichkeitstypen in Freundschaft und Liebe miteinander harmonieren. Ein Exkurs über Fragen der individuellen Gesundheitsvorsorge schließt dieses lehrreiche Werk praktischer Lebenshilfe ab.

Michèle Curcio arbeitete nach Abschluß ihres Studiums der Rechte in der Verwaltung. Bald schon wandte sie sich dem Journalismus zu, war jahrelang für *»France-soir«* und für *»Elle«* tätig und trat auch als Buchautorin hervor (u. a. einer zwölfbändigen »Astrologie chinoise«). Michèle Curcio wurde mit der »Médaille d'Argent du Progrès« und der »Silbermedaille für Kunst, Wissenschaft und Literatur« ausgezeichnet. Sie lebt als freie Schriftstellerin in Paris.

Michèle Curcio

Chinesische Astrologie

als Lebensberatung

Charakterbild,
Berufs- und Liebesleben,
persönliche Entfaltung

Ariston Verlag

Die Deutsche Bibliothek – CIP-Einheitsaufnahme

CURCIO, MICHÈLE:
Chinesische Astrologie als Lebensberatung:
Charakterbild, Berufs- u. Liebesleben, persönl.
Entfaltung / Michèle Curcio. [Aus d. Franz. übers.
von Annette Zimmermann]. – 4. Aufl. – Kreuzlingen :
Ariston Verlag, 1996.
Einheitssacht.: Réussissez votre vie grâce à
l'astrologie chinoise ‹dt.›
ISBN 3-7205-1385-8

Aus dem Französischen übersetzt von
Annette Zimmermann

Die französische Originalausgabe erschien
unter dem Titel »Réussissez votre vie grâce à l'astrologie chinoise«
© Éditions Sand 1984

Gestaltung des Schutzumschlages:
H. + C. Waldvogel, Grafik Design, Zürich

Vierte Auflage 1996
Druck: Ueberreuter Print

ISBN 3-7205-1385-8

Inhalt

Einführung

Sind Sie mit Ihrem Schicksal zufrieden, oder würden Sie Ihr Leben gerne ändern? Wünschen Sie sich ein anderes Leben? Würden Sie Ihrem Dasein gerne eine vollkommene Fülle geben, das Gefühl haben, einen Höhepunkt erreicht zu haben, der von Dauer ist?

Betrachten Sie einmal sich und den Weg, den Sie hinter sich haben. Ist es das, was Sie sich gewünscht haben? Ja? Dann beglückwünschen Sie sich und lesen Sie dieses Buch, um Ihren Erfolg zu festigen.

Nein? Sie sind nicht zufrieden mit dem, was Sie bisher erreicht haben? Ein Grund mehr, dieses Buch zu lesen. Es wird Ihnen einen Weg zu Glück und Erfolg weisen. Ich möchte Ihnen im folgenden eine uralte und zugleich moderne Methode vorstellen, die auf der chinesischen Astrologie basiert. Bevor Sie jetzt skeptisch lächeln, sollten Sie sich erst einmal ansehen, was Ihnen dieses jahrtausendealte Wissen geben kann.

Im offiziellen Unterricht an unseren Schulen und Universitäten wird alles Esoterische, also alle rational nicht erklärbaren und experimentell nicht nachweisbaren kosmischen Zusammenhänge, bewußt beiseite gelassen. Wenn Sie sich jedoch einmal auf einer Landkarte die ungeheure Größe des chinesischen Reiches vor Augen führen, wenn Sie sich ein wenig mit dem chinesischen Denken und den verschiedenen philosophischen Richtungen der chinesischen Kultur befassen, so ist es für Sie vielleicht nicht mehr ganz so undenkbar, Ihr Vertrauen der chinesischen Astrologie zu schenken, die seit Jahrtausenden für ein riesiges Volk praktische Lebenshilfe ist.

Auch wenn Sie die westliche, auf die babylonische Astrologie zurückgehende und von den Chinesen als »wissenschaftlich« bezeichnete Astrologie ablehnen, sollten Sie dennoch einmal einen Streifzug durch die chinesische Astrologie wagen. Sie werden sie anfangs möglicherweise belächeln, dann interessant finden, und schließlich wird dieses uralte Wissen Sie bereichern. Dieses Wissen wird Ihnen Aufschluß über sich selbst vermitteln, Ihnen erklären, wer Sie sind, was Sie tun und was Sie besser lassen sollten. Die chinesische Astrologie entstand aus dem Bedürfnis nach einem Ratgeber für gute und schlechte Tage und ist daher für jedermann von Nutzen, denn sie gibt praktische Ratschläge und nützliche Weisungen.

Die chinesische Astrologie hat mit der westlichen Astrologie nur wenig gemeinsam. Aus ein und derselben Wissenschaft, nämlich der Astronomie, und aus eng an diese Wissenschaft angelehnten psychologischen und soziologischen Methoden hat die chinesische Astrologie Ratschläge zur persönlichen Entfaltung, zur Gesundheitspflege und medizinischen Prophylaxe im allgemeinen, zu Studium und Berufsweg, zu Familienleben und Ruhestand abgeleitet, damit jeder sich sein Leben in einer angenehmen Atmosphäre und entsprechend seinen persönlichen Vorstellungen einrichten kann.

Andere Formen des Wissens, ob nun esoterisch oder nicht, vermitteln Ihnen sinnvolle Richtlinien und ausgezeichnete Ratschläge für die Lebensgestaltung. Dabei geht es darum, Sie zu verändern, mehr aus Ihnen zu machen. Die chinesische Astrologie verlangt Ihnen nichts dergleichen ab. Sie zeigt Ihnen nur, wer Sie sind und wie die Persönlichkeit, die Sie bei der Geburt erhalten haben, Ihnen ein Höchstmaß an Glück und Erfolg bringen kann.

Diese Astrologie des Fernen Ostens, deren Einfluß weit über die Grenzen Chinas hinausgeht, kennt zwei Vorgehensweisen:

Die erste ist die Voraussage nach den »acht Schicksalszeichen«. Aufgrund des Geburtsdatums und nach ganz bestimmten Regeln werden Zahlen bestimmt, die alle Angaben liefern können, die man über sich selbst oder einen Mitmenschen, der für einen von Bedeutung ist, haben möchte. Mit Hilfe dieser Methode, die schon nicht mehr reine Astrologie ist, läßt sich ein detailliertes Horoskop erstellen.

Es reicht aber auch bereits Ihr Geburtsdatum aus, um mittels der zweiten Methode zu bestimmen, zu welchem Tierzeichen Sie gehören, und darüber hinaus nützlichen Aufschluß über Sie selbst zu erhalten. Um diese Methode, die »Methode der zwölf Tierzeichen«, geht es in diesem Buch.

Die Anwendung der ersten, eher wissenschaftlichen und abstrakten Methode erfordert ein eingehendes Studium. Diese Methode führt zu sehr genauen Ergebnissen, ohne die man manchmal nicht auskommt, wenn man ein geordnetes Leben führen will. Sie entspricht der Arbeitsweise unserer westlichen Astrologen. Die zweite Methode erfordert weder Studium noch Tüftelei. Es reicht aus, dieses Buch zu lesen, um danach handeln zu können. Ergänzend habe ich Einzelbeschreibungen der zwölf Zeichen des chinesischen Tierkreises veröffentlicht, die Ihnen weitere Details und eingehende Erklärungen bieten.

In der chinesischen Astrologie wird also aufgrund der »acht Schicksalszeichen« eine Voraussage getroffen. Das bedeutet, daß aufgrund der vollständigen Geburtsdaten (Jahr, Monat, Tag und Stunde) mittels einiger Rechenoperationen Ihr Sternbild bestimmt wird. Dieses Sternbild sagt jedoch nichts Zwingendes über Ihr Schicksal aus, es erlegt Ihnen nichts auf, sondern vermittelt nur Einsichten. Nach chinesischer Auffassung steht das Schicksal nie im voraus fest, und wenn es heißt, dieses oder jenes sei Bestimmung, dann bezeichnet diese Aussage nur ein relatives Schicksalselement, auf das man immer noch Einfluß nehmen kann. Sie hören beispielsweise vom Wunder einer Wiederbelebung, ein Totgeglaubter ist angeblich wieder zum Leben erwacht, und Sie haben deshalb vielleicht Zweifel an der Richtigkeit der Vorherbestimmung. Um den irreführenden Begriff der Wiederbelebung zu umgehen, spricht man heute eher von »Intensivbehandlung«, denn ein Toter kann nicht wieder zum Leben erweckt werden, und wer wiederbelebt wird, war nicht tot, sondern nur in tiefer Bewußtlosigkeit und kann noch behandelt werden. Wer jedoch sein Leben einmal verloren hat, der kann nicht wieder zum Leben erweckt werden, auch nicht durch eine Intensivbehandlung, er ist tot. Die Grenze zwischen Leben und Tod ist manchmal unklar und verschwommen. Genauso unklar ist die Grenze zwischen Schicksal und freiem Willen.

Die chinesische Astrologie zeigt Ihnen nur, wie Sie aus Ihrem Leben das Beste machen können. Dabei wird das Bild, das die Astrologie von einem Menschen vermittelt, in China nie als statisch, sondern als dynamisch angesehen. Denn für die Chinesen besteht das Universum aus einem Zusammenspiel von Kräften, und der Mensch ist in dieses Kräftespiel eingebunden. Wie der Segelflieger die Luftströme, mittels denen er aufsteigt und fliegt, wahrnehmen und sich zunutze machen kann, so werden Sie lernen, diese Kräfte zu Ihrem eigenen Wohl anzuwenden. Stellen Sie sich diesen Kräften, so schafft dies Energie und Bewegung, beachten Sie sie nicht, so bedeutet das für Sie, daß Sie in Reglosigkeit verharren.

Das chinesische Horoskop zeigt Ihnen, welche Möglichkeiten Ihnen offenstehen. Aber ein solches Horoskop läßt sich nicht ohne Mühe und lange Rechnereien und die Anwendung schwieriger Methoden erstellen. Ich möchte Ihnen daher einen anderen Weg zeigen: die Auslegung der Zeichen des chinesischen Tierkreises.

Die Frage, unter welchem Zeichen man geboren ist, wird im Westen lediglich mit der Angabe des Geburtstages beantwortet. In der chinesischen Astrologie kommt es dagegen auf das Geburtsjahr an. Denn die Tierzeichen richten sich dort nicht nach Monaten, sondern nach Jahren. Hier stellt sich nun das Kalenderproblem. Das Geburtsjahr anzugeben bereitet keine Schwierigkeiten, aber wie soll man wissen, nach welchem Kalender. Es gibt mehrere Kalender, und an diesem Problem kann man leicht scheitern. In diesem Buch ist die Zugehörigkeit zu den einzelnen Tieren des chinesischen Tierkreises daher auf die im Abendland übliche Zeitrechnung umgerechnet.

Die folgenden Kapitel beschäftigen sich mit Selbsterkenntnis, mit dem Gesellschafts-, Berufs- und Gefühlsleben, mit persönlicher Entfaltung und Gesundheit. Für alle diese Bereiche werden Sie erfahren, welche Besonderheiten Ihre Persönlichkeit aufweist und wie Sie aus den Gegebenheiten das Beste machen können.

ERSTER TEIL

Ihr Charakterbild im Spiegel der chinesischen Astrologie

Dieses Buch befaßt sich nicht mit dem Studium der theoretischen Grundlagen der chinesischen Astrologie. Das würde zu weit führen und wäre zu kompliziert, im übrigen haben sich diesem Thema bereits andere vor mir gewidmet. Mir geht es darum, dem Nichtastrologen übersichtlich und ohne daß er sich dazu spezielle Fachkenntnisse aneignen müßte, zu zeigen, inwiefern die chinesische Astrologie von unmittelbarem praktischem Nutzen sein kann.

Das erste Ziel der chinesischen Astrologie besteht darin, daß sich der einzelne mit Hilfe dieser Methode besser kennenlernt. Für diesen Zweck sind sechs Komponenten von Bedeutung:

1. Die zwölf Zeichen des chinesischen Tierkreises;
2. die chinesischen Kalender;
3. der Weggefährte;
4. Yin und Yang;
5. die fünf Elemente;
6. der Einfluß der Jahreszeiten.

1. Die zwölf Tierzeichen

Den Ursprung der rein symbolisch zu verstehenden Tierzeichen zu erklären, ist nicht unbedingt erforderlich. Wie alle Symbole dienen auch sie dazu, komplexe und abstrakte Zusammenhänge in einen leichtverständlichen und konkreten Ausdruck zu fassen.

Der Tierkreis, den diese Zeichen bilden, ist vom westlichen Tierkreis völlig verschieden und hat mit diesem offenbar nur wenig Berührungspunkte. Jedes der zwölf Tierzeichen der chinesischen Astrologie steht für einen Zeitraum von zwölf Monaten. Darin besteht der grundlegende Unterschied gegenüber unseren westlichen Tierzeichen, die sich auf einen Zeitraum von dreißig Tagen beziehen. Gleichzeitig gelten dieselben zwölf Tierzeichen auch an jedem einzelnen Tag. Jeder Tag ist nämlich in zwölf gleiche Teile gegliedert, die manchmal »Stunden« genannt werden. Diese chinesischen »Stunden« dauern jedoch jeweils hundertzwanzig Minuten, und jeder von ihnen ist ein Tierkreiszeichen zugeordnet.

Die zwölf Tierkreiszeichen sind:

Ratte	Pferd
Büffel	Ziege
Tiger	Affe
Hase	Hahn
Drache	Hund
Schlange	Schwein

In Vietnam spricht man anstelle des Hasen von der Katze und anstelle des Schweins vom Wildschwein, aber die Tierzeichen selbst und ihre astrologische Bedeutung sind gleich. Sie kamen aus China nach Vietnam.

Jedes der zwölf Tiere hat seinen eigenen Charakter. Dieser entspricht nicht immer dem Bild, das man sich landläufig von dem tatsächlichen Tier macht, sondern richtet sich vielmehr nach dem Charakterbild, das ihm die chinesische Astrologie zuschreibt. Sehen wir uns einmal die Charakterzüge jedes einzelnen Tieres kurz an:

Die Ratte verbirgt unter einem ruhigen Äußeren eine heftige Aggressivität. Sie kann jedoch auch charmant sein. Ihr Geist ist lebendig, und ihre Bewegungen sind schnell und akkurat. Sie ist in sich gekehrt, und es fehlt ihr nicht an kritischem Verstand. Sie arbeitet nicht, weil sie gerne arbeitet, sondern weil sie arbeiten muß. Und sie weiß sehr wohl, daß sie Charme besitzt.

Der Büffel ist ausgeglichen und zäh und von Natur aus aufrichtig, sehr geduldig und hartnäckig, ja stur. Er liebt das Alleinsein mehr als die Gesellschaft, aber seinen wenigen Freunden hält er die Treue. In der Liebe hat er wenig Glück, weil er halsstarrig und leicht beleidigt ist. Aber er kann in Gefühlsdingen auch hohe Qualitäten an den Tag legen.

Der Tiger ist unabhängig, autoritär und geradlinig und fühlt sich eher zum Befehlen als zum Gehorchen geboren. Sein Mut grenzt an Verwegenheit. Seine außerordentliche Großzügigkeit kann unter Umständen seinen Aufstieg hemmen.

Der Hase zeigt sich sittsam und vorsichtig, sanft und verschlossen, zurückhaltend und sehr feinsinnig. Er liebt die Behaglichkeit und ist treu. Er liebt es zu glänzen, aber es kommt vor, daß ihn Mißtrauen und Argwohn befallen, und das kann ihm manchmal schaden.

Der Drache, das einzige Tier des Tierkreises, das es nicht wirklich, sondern nur als Symboltier gibt, verkörpert denjenigen, der ungetrübtes Glück hat. Der Drache hat Entschlußkraft, ist voller Leben und eine Kämpfernatur. Er verläßt sich nur auf sein eigenes Urteilsvermögen, das im übrigen gut ist. Er kennt seinen Wert und zeigt dies manchmal ein wenig zu sehr. Er hat immer den Drang, schnell zu handeln, was von Zeit zu Zeit zur Folge hat, daß er Fehler macht. Dennoch genießt er hohes Ansehen, auch wenn er oft ein wenig zu impulsiv reagiert.

Die Schlange ist klug; das bedeutet, daß sie sehr vieles weiß und noch mehr versteht. Sie denkt methodisch und dennoch schnell, und ihr Verstand ist von vollendeter Logik. Sie gefällt aufgrund ihrer moralischen Grundsätze und ihrer Intuition. Sie ist überall beliebt und geachtet, sie denkt viel und stellt sinnvolle Überlegungen an, aber den anderen hört sie nicht genügend zu. Sie kann auch boshaft und mißgünstig sein. Sie liebt die Liebe, doch ihrer Treue ist das nicht gerade förderlich.

Das Pferd ist elegant, feurig, lebhaft und schnell. Es ist auch liebenswürdig, doch kann es vorkommen, daß es grundlos aufbraust. Es ist immer in Bewegung und liebt Veränderungen, gleich welcher Art. Es ist von allen Tierzeichen das geselligste. Das Pferd versteht es, sich zum Wortführer zu machen und andere durch seine Eloquenz mitzureißen. Doch macht es manchmal Fehler und behält Geheimnisse nur schwer für sich. Außerdem sagt man ihm nach, es sei häufig opportunistisch.

Die Ziege besitzt einen ausgeprägten Kunstsinn, und ihr ganzes Innenleben wird von ihrer Gefühlswelt bestimmt. Sie ordnet sich gerne unter und fühlt sich nur sicher, wenn sie beschützt wird. Sie ist zwar peinlich genau und perfektionistisch und macht aus der Schönheit einen Kult, aber wenn es darauf ankommt, ist sie durchaus imstande, ein Unternehmen zu leiten und die erforderliche Initiative zu ergreifen. Sie liebt ihren Seelenfrieden über alles, was zur Folge hat, daß sie schnell verzeiht, ganz einfach um Kränkungen zu vergessen und sich Kummer zu ersparen.

Der Affe ist ein Phantast. Es hat den Anschein, als habe er anderen gegenüber ein ausgeprägtes Gefühl der Überlegenheit. Doch diesen Eindruck erweckt er vielleicht nur deshalb, weil er eine recht kühne Art hat. Er ist wendig und diplomatisch und verbringt viel Zeit damit, sich anderen Menschen zu widmen. Er ist manchmal unehrlich und handelt nicht immer ganz korrekt. Mit seinem ausgeprägten Scharfsinn sieht er die Dinge immer, wie sie sind, und läßt sich nicht täuschen.

Der Hahn ist vor allen Dingen ein offener und korrekter Mensch. Er ist agil, hat ein gutes Gedächtnis und ist ein interessanter Gesprächspartner. Er versteht es, zu glänzen und sich zur Geltung zu bringen. Sein starker Wille verhilft ihm zum Erfolg. Freundschaft hat für ihn einen hohen Stellenwert.

Der Hund ist vor allen Dingen treu, loyal und durch und durch korrekt, aber immer ein wenig ängstlich-besorgt. Er ist schnell, hat einen hellen, scharfen Verstand und Kampfgeist. Scharfsinnig und zäh wie er ist, fürchtet er keinen Gegner. Er besitzt auch Intuition, es fällt ihm allerdings leichter, Gefahren vorherzusehen als angenehme Ereignisse.

Das Schwein ist immer korrekt und anständig. Frank und frei geht es ohne Umschweife auf sein Ziel zu. Manchmal ist es gutgläubig, ja sogar naiv. In dieser Hinsicht sollte es sich in acht nehmen. Es hat eine Vorliebe für Diskussionen und ist manchmal argwöhnisch. Heftige Wortwechsel und hitzige Versammlungen mag es nicht, ebensowenig Feste und Menschenansammlungen. Sein Traum ist ein harmonisches Familienleben.

Soweit die kurze Beschreibung der zwölf Zeichen des chinesischen Tierkreises. Die hier dargelegten Charakterzüge werden jedoch noch durch einige weitere Komponenten ergänzt, die sich vor allem nach dem jeweiligen Geburtsdatum richten. So läßt sich das Charakterbild eines Menschen Stück für Stück zusammensetzen und abrunden. Dies ist allerdings nicht möglich, solange genauere Angaben fehlen, die die Ermittlung des jeweiligen Tierkreiszeichens nach der Methode der chinesischen Astrologie ermöglichen.

2. Die chinesischen Kalender

Abhandlungen über chinesische Astrologie beschäftigen sich für gewöhnlich zunächst einmal eingehend mit dem Problem der chinesischen Kalender. Dies hängt damit zusammen, daß man, wenn man mit Hilfe der chinesischen Astrologie ein Horoskop erstellen will, nicht ohne genaue Angaben auskommt. Doch hier geht es nicht um Voraussagen, sondern um etwas anderes. Ich möchte Ihnen zeigen, welche zu einem glücklichen Leben führenden Wege die chinesische Astrologie Ihnen weist. Zu diesem Zweck brauchen Sie jedoch auf diesem Gebiet kein Experte zu sein. Wir werden uns also gar nicht erst im Dickicht der verschiedenen chinesischen Kalender verstricken.

In den westlichen Ländern richten wir uns nach dem gregorianischen Kalender, dem sogenannten »allgemeinen Kalender«. Diese Bezeichnung könnte den Eindruck erwecken, es gebe keinen anderen. Doch das ist nicht der Fall. Es gibt zahlreiche Kalender, und allein in China gelten gleich mehrere. Auf Einzelheiten wollen wir hier jedoch nicht eingehen. Es reicht aus zu wissen, daß der in China am häufigsten verwendete Kalender sich nach den Mondphasen richtet. Dem westlichen Betrachter fällt in diesem Zusammenhang hauptsächlich auf, daß der erste Tag des Jahres in China nicht auf den 1. Januar fällt. Um zu bestimmen, zu welchem Jahr das eine oder andere Tier des chinesischen Tierkreises nach unserem Kalender gehört, werden wir uns nicht mit unnötigen und ausgeklügelten Rechenoperationen aufhalten. Ich habe die Daten des chinesischen Kalenders in Daten unseres westlichen Kalenders umgerechnet. Die jeweiligen Entsprechungen finden Sie in der folgenden Tabelle, die das zwanzigste Jahrhundert abdeckt.

Die Tierjahre des chinesischen Tierkreises im westlichen Kalender (20. Jahrhundert)

31. Januar 1900 − 18. Februar 1901: *Ratte*
19. Februar 1901 − 7. Februar 1902: *Büffel*
 8. Februar 1902 − 28. Januar 1903: *Tiger*
29. Januar 1903 − 15. Februar 1904: *Hase*
16. Februar 1904 − 3. Februar 1905: *Drache*
 4. Februar 1905 − 24. Januar 1906: *Schlange*
25. Januar 1906 − 12. Februar 1907: *Pferd*
13. Februar 1907 − 1. Februar 1908: *Ziege*
 2. Februar 1908 − 21. Januar 1909: *Affe*
22. Januar 1909 − 9. Februar 1910: *Hahn*
10. Februar 1910 − 29. Januar 1911: *Hund*
30. Januar 1911 − 17. Februar 1912: *Schwein*
18. Februar 1912 − 5. Februar 1913: *Ratte*
 6. Februar 1913 − 25. Januar 1914: *Büffel*
26. Januar 1914 − 13. Februar 1915: *Tiger*
14. Februar 1915 − 2. Februar 1916: *Hase*

3. Februar 1916 – 22. Januar 1917:	*Drache*
23. Januar 1917 – 10. Februar 1918:	*Schlange*
11. Februar 1918 – 31. Januar 1919:	*Pferd*
1. Februar 1919 – 19. Februar 1920:	*Ziege*
20. Februar 1920 – 7. Februar 1921:	*Affe*
8. Februar 1921 – 27. Januar 1922:	*Hahn*
28. Januar 1922 – 15. Februar 1923:	*Hund*
16. Februar 1923 – 4. Februar 1924:	*Schwein*
5. Februar 1924 – 23. Januar 1925:	*Ratte*
24. Januar 1925 – 12. Februar 1926:	*Büffel*
13. Februar 1926 – 1. Februar 1927:	*Tiger*
2. Februar 1927 – 22. Januar 1928:	*Hase*
23. Januar 1928 – 9. Februar 1929:	*Drache*
10. Februar 1929 – 29. Januar 1930:	*Schlange*
30. Januar 1930 – 16. Februar 1931:	*Pferd*
17. Februar 1931 – 5. Februar 1932:	*Ziege*
6. Februar 1932 – 25. Januar 1933:	*Affe*
26. Januar 1933 – 13. Februar 1934:	*Hahn*
14. Februar 1934 – 3. Februar 1935:	*Hund*
4. Februar 1935 – 23. Januar 1936:	*Schwein*
24. Januar 1936 – 10. Februar 1937:	*Ratte*
11. Februar 1937 – 30. Januar 1938:	*Büffel*
31. Januar 1938 – 18. Februar 1939:	*Tiger*
19. Februar 1939 – 7. Februar 1940:	*Hase*
8. Februar 1940 – 26. Januar 1941:	*Drache*
27. Januar 1941 – 14. Februar 1942:	*Schlange*
15. Februar 1942 – 4. Februar 1943:	*Pferd*
5. Februar 1943 – 24. Januar 1944:	*Ziege*
25. Januar 1944 – 12. Februar 1945:	*Affe*
13. Februar 1945 – 1. Februar 1946:	*Hahn*
2. Februar 1946 – 21. Januar 1947:	*Hund*
22. Januar 1947 – 9. Februar 1948:	*Schwein*
10. Februar 1948 – 28. Januar 1949:	*Ratte*
29. Januar 1949 – 16. Februar 1950:	*Büffel*
17. Februar 1950 – 5. Februar 1951:	*Tiger*

 6. Februar 1951 – 26. Januar 1952: *Hase*
27. Januar 1952 – 13. Februar 1953: *Drache*
14. Februar 1953 – 2. Februar 1954: *Schlange*
 3. Februar 1954 – 23. Januar 1955: *Pferd*
24. Januar 1955 – 11. Februar 1956: *Ziege*
12. Februar 1956 – 30. Januar 1957: *Affe*
31. Januar 1957 – 17. Februar 1958: *Hahn*
18. Februar 1958 – 7. Februar 1959: *Hund*
 8. Februar 1959 – 27. Januar 1960: *Schwein*
28. Januar 1960 – 14. Februar 1961: *Ratte*
15. Februar 1961 – 4. Februar 1962: *Büffel*
 5. Februar 1962 – 24. Januar 1963: *Tiger*
25. Januar 1963 – 12. Februar 1964: *Hase*
13. Februar 1964 – 1. Februar 1965: *Drache*
 2. Februar 1965 – 20. Januar 1966: *Schlange*
21. Januar 1966 – 8. Februar 1967: *Pferd*
 9. Februar 1967 – 29. Januar 1968: *Ziege*
30. Januar 1968 – 16. Februar 1969: *Affe*
17. Februar 1969 – 5. Februar 1970: *Hahn*
 6. Februar 1970 – 26. Januar 1971: *Hund*
27. Januar 1971 – 14. Februar 1972: *Schwein*
15. Februar 1972 – 2. Februar 1973: *Ratte*
 3. Februar 1973 – 22. Januar 1974: *Büffel*
23. Januar 1974 – 10. Februar 1975: *Tiger*
11. Februar 1975 – 30. Januar 1976: *Hase*
31. Januar 1976 – 17. Februar 1977: *Drache*
18. Februar 1977 – 6. Februar 1978: *Schlange*
 7. Februar 1978 – 27. Januar 1979: *Pferd*
28. Januar 1979 – 15. Februar 1980: *Ziege*
16. Februar 1980 – 4. Februar 1981: *Affe*
 5. Februar 1981 – 24. Januar 1982: *Hahn*
25. Januar 1982 – 12. Februar 1983: *Hund*
13. Februar 1983 – 1. Februar 1984: *Schwein*
 2. Februar 1984 – 19. Februar 1985: *Ratte*
20. Februar 1985 – 8. Februar 1986: *Büffel*

9. Februar 1986	–	28. Januar 1987:	*Tiger*
29. Januar 1987	–	16. Februar 1988:	*Hase*
17. Februar 1988	–	5. Februar 1989:	*Drache*
6. Februar 1989	–	26. Januar 1990:	*Schlange*
27. Januar 1990	–	14. Februar 1991:	*Pferd*
15. Februar 1991	–	3. Februar 1992:	*Ziege*
4. Februar 1992	–	22. Januar 1993:	*Affe*
23. Januar 1993	–	9. Februar 1994:	*Hahn*
10. Februar 1994	–	30. Januar 1995:	*Hund*
31. Januar 1995	–	18. Februar 1996:	*Schwein*

3. Der Weggefährte

Die mit den zwölf Tierzeichen der chinesischen Astrologie verbundenen Charaktereigenschaften wurden bereits kurz geschildert. Diese Charaktereigenschaften gelten auch für den sogenannten »Weggefährten«, denn die zwölf Tiere werden nicht nur Jahren, sondern auch Tageszeiten zugeordnet, und darum geht es in diesem Abschnitt.

Der Zeitraum zwischen zwei Sonnenaufgängen, der bei uns vierundzwanzig Stunden entspricht, beträgt in China zwölf »Stunden«. Ein Tag besteht also aus zwölf Zeitabschnitten, und jeder dieser Zeitabschnitte trägt zur Unterscheidung von den anderen den Namen eines Tierkreiszeichens. Für die gleiche Stunde ist dies immer und unveränderlich der gleiche Name. Welches Ihr Weggefährte ist, können Sie anhand Ihrer Geburtsstunde an der folgenden Tabelle ablesen.

Westliche Zeit		*Chinesische Zeit*
23 bis 1 Uhr	*Stunde der Ratte*	1. Stunde
1 bis 3 Uhr	*Stunde des Büffels*	2. Stunde
3 bis 5 Uhr	*Stunde des Tigers*	3. Stunde
5 bis 7 Uhr	*Stunde des Hasen*	4. Stunde

7 bis 9 Uhr	*Stunde des Drachens*	5. Stunde
9 bis 11 Uhr	*Stunde der Schlange*	6. Stunde
11 bis 13 Uhr	*Stunde des Pferdes*	7. Stunde
13 bis 15 Uhr	*Stunde der Ziege*	8. Stunde
15 bis 17 Uhr	*Stunde des Affen*	9. Stunde
17 bis 19 Uhr	*Stunde des Hahns*	10. Stunde
19 bis 21 Uhr	*Stunde des Hundes*	11. Stunde
21 bis 23 Uhr	*Stunde des Schweins*	12. Stunde

Der Weggefährte, also das Tierzeichen Ihrer Geburtsstunde, übt einen wichtigen Einfluß auf Ihre Persönlichkeit aus. Er gibt ihr ihre Eigenheit.

Auf den Seiten 14 bis 17 können Sie noch einmal nachlesen, welches Charakterbild Ihren Weggefährten kennzeichnet. Dieses Charakterbild überlagert unveränderlich die Merkmale des Tieres Ihres Geburtsjahres, was dazu führt, daß Ihre Grundpersönlichkeit in einer bestimmten Richtung beeinflußt wird. Daraus ergeben sich, kurz zusammengefaßt, folgende Veränderungen:

Die Ratte vermittelt Ihnen im allgemeinen Lebendigkeit, Genauigkeit, Realitätssinn und Sinn für Geldangelegenheiten.

Der Büffel vermittelt Ihnen die Tendenz zu solider Arbeit, Starrsinn und Vorliebe für konkrete Betätigung.

Der Tiger verleiht Ihrer Persönlichkeit Mut, der manchmal an Verwegenheit grenzt, außerdem Unbekümmertheit und Impulsivität.

Der Hase gibt Ihnen Vorsicht, Zurückhaltung, Ausdauer und Sinn für Tugend.

Der Drache verschafft Ihnen sein Glück und seine Dynamik, aber auch seine Ungeduld, seine Intoleranz, seine Skrupel und seinen Eifer.

Die Schlange fügt Ihrer Persönlichkeit Reflexion, Methodik, Scharfsinn und eine gute Portion Argwohn hinzu.

Das Pferd vermittelt Ihnen seine Geradlinigkeit und seinen Enthusiasmus; aber es ist auch cholerisch, unternehmungslustig und ungeduldig.

Die Ziege ist friedlich und sanft und bringt ein wenig Faulheit und eine ordentliche Portion Ahnungslosigkeit in Ihre Persönlichkeit.

Der Affe schenkt Ihnen einen boshaften, aber hellen Verstand, ist ritterlich und gesellig und manchmal leichtlebig und überheblich.

Der Hahn bringt Offenheit, Hilfsbereitschaft, Mut, Geradlinigkeit, manchmal Naivität, aber auch Eitelkeit und einen gewissen Hang zu Verschwendung in Ihr Leben.

Der Hund macht Sie selbstlos, loyal und beflissen, aber auch ängstlich und pessimistisch.

Das Schwein bringt Ihnen Toleranz, Seelenstärke, Liebe zur Behaglichkeit und Egoismus, aber auch Naivität und Warmherzigkeit.

Wenn Sie nun dem allgemeinen Charakterbild des Tieres Ihres Geburtsjahres die besonderen Charaktermerkmale Ihres Weggefährten hinzufügen, so erfahren Sie, wer Sie sind, welche Eigenschaften Sie fördern und einsetzen sollten, damit Ihr Leben glücklich verläuft, und vor welchen Fehlern und Schwächen Sie sich in acht nehmen müssen. Dabei handelt es sich jedoch lediglich um Feststellungen, die frei sind von jeglicher Wertung; die Astrologie sagt Ihnen nie, was gut oder schlecht ist. Das müssen Sie selbst wissen.

Aber die bisher genannten Komponenten reichen zur Bestimmung Ihres Charakterbildes noch nicht aus. Ich werde Ihnen nun drei weitere Punkte erläutern, die für Ihre Persönlichkeitsstruktur bestimmend sind.

4. Yin und Yang

Die zwölf Tierkreiszeichen sind wie alles im chinesischen Weltbild den beiden Prinzipien Yin und Yang unterworfen. Auf das Wesen von Yin und Yang, das äußerst komplex ist, möchte ich hier nicht näher eingehen. Für die praktische Anwendung der chinesischen Astrologie im Hinblick auf ein glückliches und erfolgreiches Leben ist dies nicht notwendig.

Es reicht aus zu wissen, daß nach chinesischer Auffassung alles Bestehende den Einflüssen von Yin und Yang unterliegt. Nichts ist jedoch ganz Yin oder ganz Yang; Yang enthält immer auch ein wenig Yin und Yin immer ein wenig Yang. Das Geheimnis von Glück, Gesundheit und Erfolg liegt im richtigen Gleichgewicht von Yin und Yang. Aber dieses »richtige« Gleichgewicht muß kein völlig ausgeglichenes sein. Denn Yin und Yang wirken als Kräfte, und das bedeutet, daß ein vollkommenes Gleichgewicht völlige Bewegungslosigkeit zur Folge hätte. Das Leben ist jedoch immer in Bewegung und steht nicht still. Es gibt also, solange die Welt besteht, ein Kräftespiel zwischen Yin und Yang. Die beiden Prinzipien beherrschen einander, wenn auch nur um ein weniges, jeweils abwechselnd, und diese Differenz führt zu einem leichten Ungleichgewicht, das bewirkt, daß alles in Bewegung kommt, ein neues Gleichgewicht angestrebt wird, das dann auf die andere Seite schwingt. Dieses Wechselspiel ist die Urkraft des Lebens.

Die absolute Vollendung kann es also nicht geben, aber man muß sie anstreben und versuchen, sie zu verwirklichen. Der Nutzen dieser Vorstellung läßt sich nur ermessen, wenn man die chinesische Astrologie als einen Weg zu einem glücklichen Leben ansieht. Es geht also immer nur darum, sich einem Gleichgewicht von Yin und Yang so weit wie möglich anzunähern.

Kommen wir jedoch nun zurück zu den zwölf Symboltieren, und sehen wir uns an, ob ihr Charakter jeweils eher Yin oder Yang ist.

Die *Ratte* ist Yin,
der *Büffel* ist Yin,
der *Tiger* ist Yang,
der *Hase* ist Yin,
der *Drache* ist Yang,
die *Schlange* ist Yang,

das *Pferd* ist Yang,
die *Ziege* ist Yang,
der *Affe* ist *Yin* oder *Yang*,
der *Hahn* ist Yang,
der *Hund* ist Yin,
das *Schwein* ist Yin.

Wie äußert sich aber nun der Yin- beziehungsweise Yang-Charakter eines Menschen?

Man kann davon ausgehen, daß Yin-Menschen im allgemeinen korpulent und mittelgroß sind. Sie haben starke Muskeln, eine ausgezeichnete körperliche Widerstandskraft und eine stabile Gesundheit. Es heißt, der Yin-Mensch sei hauptsächlich auf sich selbst bezogen, habe eine ruhige Art, was sich aber je nach der Umwelt auch ändern kann. Er hat Selbstvertrauen, aber auch Angst vor Mißerfolg; das erscheint auf den ersten Blick vielleicht wie ein Widerspruch, aber schließlich steckt der Mensch ja überhaupt voller Widersprüche. Der Yin-Mensch führt ein betriebsames Leben und ist realistisch.

Der Yang-Mensch dagegen ist eher groß und schlank, hat ein freundliches Aussehen und eine anfällige Gesundheit. Er ist ichbezogen, aber eher Theoretiker als Praktiker und neigt eher zur Meditation als zur Tat. Er ist gerne allein und liebt die Unabhängigkeit.

Die hier skizzierten Charakterbilder beruhen auf philosophischen Hypothesen und sind nicht besonders präzise; sie treffen in gewisser Hinsicht auf jeden von uns zu, denn der Gegensatz von Yin und Yang wird hier unabhängig von anderen Charakterzügen betrachtet. Dennoch kann sich der Leser an dieser Stelle ein erstes Bild von diesen schwierigen Zusammenhängen machen.

Die praktische Anwendung der Yin-Yang-Theorie ist nicht ganz einfach, aber wenn man sich eingehender damit beschäftigt, kann man sich doch einige leicht zu verstehende Regeln zu eigen machen, wie zum Beispiel diejenigen, die für die makrobiotische Ernährung gelten. Auch hier geht es darum, ein Gleichgewicht zwischen den beiden Polen Yin und Yang aufrechtzuerhalten.

5. Die fünf Elemente

In der chinesischen Philosophie und Symbolik gibt es fünf verborgene Kräfte oder Elemente, die auf verschiedene Dinge, ins-

besondere aber auf die Tierzeichen einen bestimmten Einfluß
ausüben.

Ihre Wirkung ist jedoch nicht unmittelbar mit den einzelnen
Tierzeichen verbunden, sondern jedes Element entspricht bestimmten Zahlen. So gibt es Jahre der Ratte oder des Büffels oder
eines anderen Symboltieres, die unter dem Einfluß eines der fünf
Elemente stehen, und wiederum Jahre der Ratte, des Büffels oder
eines anderen Tieres, die unter dem Einfluß eines anderen Ele-
ments stehen. Da es zwölf Tiere gibt und nur fünf Elemente und
da die Elemente nacheinander die zwölf Tiere beeinflussen, dauert es sechzig Jahre, bis ein Tier wieder vom gleichen Element beeinflußt wird. Diese sechzig Jahre bilden in der chinesischen
Astrologie einen Zyklus.

Die fünf Elemente sind Wasser, Feuer, Holz, Metall und Erde.
Dabei erkennt man die Jahre, die von einem bestimmten Element
beeinflußt werden, an der letzten Ziffer der Jahreszahl.

Zur Vereinfachung und Vereinheitlichung unserer Darstellung
gebe ich die Jahre nach dem westlichen Kalender an.

Letzte Ziffer der Jahreszahl nach dem westlichen Kalender	Element, das die in Jahren mit den vorstehenden Endziffern Geborenen beherrscht.
1	WASSER
2	FEUER
3	HOLZ
4	METALL
5	ERDE
6	WASSER
7	FEUER
8	HOLZ
9	METALL
0	ERDE

An dieser Tabelle läßt sich leicht ablesen, von welchem Element man aufgrund seines Geburtsjahres beeinflußt wird. Dabei wird Ihnen vielleicht auffallen, daß Menschen, die im gleichen Jahr und unter demselben Tierzeichen geboren sind, nicht zwangsläufig demselben Element unterliegen, wenn einer von ihnen innerhalb der Grenzzeiten zur Welt gekommen ist. Denn hier liegt ein wichtiger Unterschied zwischen dem chinesischen Kalender und dem unsrigen: der Anfang und das Ende eines Jahres fallen nicht immer auf denselben Tag; das ist also zu berücksichtigen. Wenn Sie zum Beispiel in einem Jahr des Pferdes geboren sind, sagen wir im Jahr 1906, so sind Sie nur dann ein vom Element Wasser beeinflußtes Pferd (Endziffer der Jahreszahl ist 6), wenn Sie in der Zeit zwischen dem 25. Januar und dem 31. Dezember 1906 geboren sind. Vor dem 25. Januar 1906 sind Sie nicht unter dem Zeichen des Pferdes geboren; nach dem 31. Dezember 1906 sind Sie nicht mehr in einem Jahr geboren, das mit einer 6 endet, aber immer noch im Jahr des Pferdes.

Bleibt die Frage, welchen Einfluß die einzelnen Elemente im allgemeinen ausüben. Diesen Einfluß können Sie dann entsprechend Ihrem Geburtsdatum auf sich selbst anwenden.

Das Element Wasser führt zur Vorsicht, bringt Fruchtbarkeit (Kinder oder Arbeit), schenkt Liebe zur Ruhe und zu einem ungetrübten Leben, Spaß an der Arbeit, die mit Bedacht ausgeführt wird, Hang zu Träumereien und Illusionen.

Das Element Feuer vermittelt Schwung, Energie, manchmal eine Neigung zur Gewalttätigkeit, Kampf- und Unternehmungsgeist sowie Dynamik.

Das Element Holz begünstigt natürliche Würde, Vorliebe für das Hervorbringen von Beständigem, Meditation und Frieden.

Das Element Metall steht einerseits für Risikofreude, andererseits für Härte, Aufrichtigkeit und Gerechtigkeitssinn.

Das Element Erde führt zu Abwägung ohne Schwäche oder Furcht, zu Sorgfalt, Genauigkeit und Beharrlichkeit; es begünstigt hohe Prinzipien.

Wie lassen sich nun die soeben gewonnenen Kenntnisse für das eigene Glück und den eigenen Erfolg verwerten? Zunächst einmal müssen Sie das Element ermitteln, das Sie beeinflußt. Dann bestimmen Sie entsprechend diesem Element den Lebensstil, der Ihnen am ehesten zusagt. Dieser Lebensstil läßt sich nun objektiv feststellen, und zwar unabhängig von möglichen Beeinflussungen durch Erziehung oder persönliche Neigungen, denen Sie vielleicht unterliegen. Die vorstehenden Angaben zur Bewertung Ihres Geburtsdatums können Sie kaum irreführen.

Sie werden sehen, daß die Elemente in Wechselbeziehungen miteinander stehen. Wenn man dies weiß, kann man sich die Beziehungen zu seinen Mitmenschen erleichtern und sich so manche unterschwellige Gefühlsregung erklären. Ich werde darauf im letzten Teil dieses Buches noch genauer eingehen.

6. Die Jahreszeiten

Es ist für die Psyche eines Menschen nicht gleichgültig, ob er im Frühjahr oder im Winter geboren wurde. Auch hier muß der Kalender zu Rate gezogen werden. Dabei gibt es jedoch weniger Schwierigkeiten, da die Jahreszeiten, wie sie in China definiert werden, nicht unseren europäischen Klimaverhältnissen entsprechen; wir müssen uns daher auf die Jahreszeiten verlassen, wie wir sie kennen.

Ihr Geburtsdatum sagt Ihnen, in welcher Jahreszeit Sie geboren sind. Zwischen dem 21. März und dem 21. Juni ist Frühjahr. Zwischen dem 21. Juni und dem 22. September ist Sommer. Zwischen dem 22. September und dem 20. Dezember ist Herbst, und zwischen dem 20. Dezember und dem 20. März ist Winter.

Wie wir später noch sehen werden, werden in manchen astrologischen Abhandlungen Bezüge zu den westlichen Sternzeichen hergestellt, doch ist dies gar nicht notwendig, um festzustellen, welchen Einfluß die jeweilige Jahreszeit auf die Psyche eines Menschen hat.

Das Frühjahr

Das Frühjahr ist die traditionelle Jahreszeit des Neubeginns. Typisch für im Frühjahr Geborene sind im allgemeinen Unbefangenheit und Aufrichtigkeit, Unkompliziertheit und Antriebskraft, Liebe zu Heim und Familie und im Liebesleben eine schwer zu kontrollierende Heißblütigkeit, die sich im Laufe der Monate wandelt. Im Frühjahr Geborene haben einen erfrischenden Charakter und sind voller Unternehmungsgeist, manchmal aber auch schroff, heftig, cholerisch und energisch, vor allem die im März und Anfang April Geborenen. Die im Mai und Juni Geborenen sind ruhiger, sensibler für Schönheit und Kunst, zarter und stärker mit ihrer Herkunft verbunden. Am Ende des Frühlings Geborene sind leichtlebiger und schalkhafter, auch ironisch oder spöttisch. Sie sind nicht so empfindsam, doch weniger heftig und cholerisch als die am Anfang des Frühlings Geborenen.

Der Sommer

Die Sommermonate sind ein Ausdruck der Fülle und der Vollendung. Im Sommer Geborene sind psychisch weit entwickelt und immer obenauf. Sie sind in ganz besonderem Maße »solare Menschen«, das heißt, sie sind selbstsicher, stabil, warmherzig und großmütig. Sie beherrschen gerne ein wenig ihre Umgebung, doch dabei leitet sie ihr Herz und sagt ihnen, was zu tun ist.

Sie sind naturverbunden, denn sie kennen die Wirkung der heißen und sonnigen Jahreszeit, der Jahreszeit also, in der man von jeher dem Stadtleben den Rücken gekehrt hat, um aufs Land oder an die See zu fahren. Der Sommer weckt in den in dieser Jahreszeit Geborenen ein Bedürfnis nach Weite. Sie sind sicher, auf dem richtigen Weg zu sein und viele Dinge zu wissen, die die anderen nicht wissen; sie gewinnen dadurch eine hohe natürliche Autorität, die durch ihre mehr oder weniger stark ausgeprägte Sanftmut abgeschwächt wird.

Der Herbst

Die im Herbst Geborenen sind reifer als andere Menschen, sie beobachten gerne ihre Umgebung, von der sie eine verständige und zutreffende Meinung haben, die sie aber nicht immer kundtun. Sie handeln im allgemeinen nach ganz bestimmten Prinzipien und mit Methode, sie können rechnen und tun es gerne, ob es sich nun um rein theoretische oder um materielle und praktische Fragen handelt. Sie leben nach Plan und wissen immer, was sie am nächsten Tag und an den darauffolgenden Tagen tun und weshalb sie es tun werden. Sie planen ihr Leben und bleiben dann bei dem, was sie beschlossen haben. Änderungen akzeptieren sie nicht oder nur widerwillig und unter Zwang.

Der Winter

Die in den Wintermonaten Geborenen sind sehr vorsichtige, vernünftige, oft schweigsame Menschen. Sie haben einen gesunden Sinn für Wirtschaftlichkeit, Organisation und Methode und wissen ihr Leben einzurichten. Sie sind äußerst besonnen. Es gibt zwar gelegentlich Momente, in denen sie vor Freude und Vergnügen außer sich sind, doch dann kehren sie unverzüglich wieder zu ihren Alltagsinteressen und ihrer üblichen Ernsthaftigkeit zurück.

Sie verfügen nun über alle praktischen Angaben für eine Zusammenstellung jener Komponenten, die Ihnen helfen können, Ihr Leben glücklich und erfolgreich zu gestalten. Mit diesen Angaben können Sie Ihr Charakterbild völlig objektiv erstellen, unabhängig von dem, was Sie selbst über sich denken, einzig und allein auf Zusammenhänge außerhalb Ihrer eigenen Überlegungen gestützt. Alles hängt lediglich von Ihrem Geburtsdatum ab.

ZWEITER TEIL

Die chinesische Astrologie und Ihr soziales und berufliches Leben

Sie kennen nun in groben Zügen die jeweiligen Charakterzüge der unter den zwölf Tierzeichen der chinesischen Astrologie Geborenen. Sie wissen, wo bei jedem die Fähigkeiten liegen, was für ihn angebracht ist und was er besser lassen sollte. Im vierten Teil dieses Buches werden wir uns dann noch einmal mit jedem Charaktertyp im einzelnen beschäftigen, doch zunächst einmal muß man davon ausgehen, daß niemand, auch nicht der größte Individualist, in totaler Isolation leben kann und will. Einsiedler sind nun einmal nicht der Normalfall. Wir müssen daher die beschriebenen Persönlichkeitstypen in ihrer üblichen Umwelt betrachten, wo sie mit anderen Menschen zusammenkommen, von denen die meisten einem ganz anderen Jahr des chinesischen Tierkreises angehören als das betreffende Tierzeichen selbst.

Was uns hier interessiert, ist der Weg zu einem glücklichen und erfolgreichen Leben. Dabei kommt es darauf an zu wissen, inwiefern uns die chinesische Astrologie bei der Gestaltung unseres Lebens helfen kann. Nun sind zwar die Probleme, die jeder mit sich selbst hat, zweifellos nicht gering, diejenigen jedoch, vor die uns die anderen stellen, sind noch weit größer. Es gibt immer eine Möglichkeit, mit sich selbst ins reine zu kommen, aber sich mit dem Rest der Menschheit zu einigen ist nicht so einfach.

Die Kenntnis der Charakterzüge der unter den einzelnen Zeichen Geborenen leistet hier große Hilfe, denn sie erlaubt es, in der Beziehung zu einem anderen Menschen seinen ausgeprägtesten Eigenheiten Rechnung zu tragen, so daß man ihn nicht vor den Kopf stößt oder unnötig zum Widerspruch reizt. Wenn man es beispielsweise mit einem Tiger zu tun hat und weiß, daß Tiger zum Befehlen geboren sind, so wird man es vermeiden, einen solchen Menschen zum Gehorsam zwingen zu wollen. Wenn es die Situation erfordert, sollten Sie versuchen, ihn mit Takt zum Gehorsam zu bewegen, so daß die Unterordnung, gegen die er sich sträubt, zu einer »freiwilligen Zusammenarbeit« wird. Und wenn Sie ein Pferd vor sich haben, das immer ängstlich ist und sich gegen Entscheidungen sträubt, weil es nicht weiß, was dabei herauskommen wird, dann sollten Sie es nicht anschreien und von ihm verlangen, es solle Verantwortung übernehmen, denn dazu ist es nicht fähig. Sie sollten es statt dessen lieber auf Umwegen dazu bewegen; Sie könnten es beispielsweise bitten, eine bestimmte Aufgabe zu erfüllen, und da es in der Lage ist, gute Arbeit zu leisten, könnten Sie es im Laufe dieser Arbeit fast unmerklich dazu bringen, die Verantwortung zu übernehmen, die es zuvor scheute. Analog dazu verhält es sich bei den anderen Zeichen.

Freilich, um Ihr Wissen nutzen zu können, müssen Sie das Geburtsjahr der Menschen kennen, mit denen Sie zu tun haben, aber das ist bei Leuten, mit denen man öfter zusammenkommt, ja nicht schwierig; ganz besonders wichtig ist es bei denen, mit denen man arbeitet. Für Männer ist es manchmal schwieriger, wenn es sich um Frauen handelt, aber man kann ja vielleicht bei einer Freundin anrufen, die mit Vergnügen dieses größte Geheimnis einer Frau preisgeben wird; oder man kann die betreffende Frau bitten, sich um genau zwölf Jahre jünger zu machen, als sie wirklich ist. Dann hat man wieder das gleiche Tierzeichen.

Dies alles betrifft die üblichen zwischenmenschlichen Beziehungen, die äußerst verschiedenartig sind und die ich hier unmöglich alle einzeln behandeln kann. Sie werden jedoch im folgenden lernen, auf jeden Einzelfall die psychologischen Kenntnisse anzuwenden, die Ihnen die chinesische Astrologie vermittelt. Es gibt allerdings zwei sehr wichtige Bereiche, die wir für jedes einzelne Tier ausführlich behandeln wollen, und zwar Freundschafts- und Liebesbeziehungen. Hier im zweiten Teil wird es zunächst um die Freundschaft gehen, im dritten Teil dann um die Liebe.

Aufrichtige Freundschaft ist eine der schönsten Empfindungen, die es gibt. Sie ist über Stärken und Schwächen erhaben und kennt keine Logik; sie ist unvergänglich und ebenso endgültig wie ein verwandtschaftliches Band, manchmal noch stabiler und noch großmütiger. Doch sie ist selten, so selten, daß es unangemessen wäre, ihr einen ganzen Teil dieses Buches über den Weg zu einem glücklichen und erfolgreichen Leben zu widmen, denn das Dasein besteht nicht aus Ausnahmen; um diese Art von Freundschaft soll es uns also hier nicht gehen.

Im weiteren Sinn des Wortes haben wir unter dem Begriff Freundschaft alle Empfindungen und Neigungen zusammengenommen, die es zwei Menschen ermöglichen, etwas gemeinsam in Angriff zu nehmen, gemeinsam zu arbeiten oder ein Team zu bilden, um ein gemeinsames Ziel zu erreichen. Wenn zwei Menschen zusammen sind, kann plötzlich ein Gefühl der Freundschaft in ihnen aufsteigen, und das rührt oft von einer gemeinsam bewältigten Aufgabe her. Das geschieht nicht immer spontan, aber seinen Ursprung hat dieses Gefühl oft in einer gegenseitigen Wertschätzung, dem Bedürfnis, sich dem anderen anzuvertrauen, und in einer harmonischen Beziehung zwischen zwei Menschen.

Die Art und Weise, in der wir dieses Thema behandeln, macht unsere Darstellung auf alle denkbaren Fälle anwendbar. Wir betrachten zwei unter verschiedenen Zeichen Geborene und fragen uns, ob sie sich verstehen; mit Hilfe der Untersuchung ihrer Charakterzüge gelangen wir dann zu einer Schlußfolgerung. Ist die Beziehung, die Sie zu jemandem aufnehmen wollen, nicht rein freundschaftlicher Natur, sondern noch mit verschiedenen anderen Beziehungen verknüpft, so reicht es aus zu prüfen, ob diese Beziehungen einer Situationsanalyse standhalten. Sie werden zum Beispiel sehen, daß eine Schlange und ein Hase sehr gute Freunde sein können, weil der Hase die Schlange bewundert, die es ihrerseits liebt, ihre große Klugheit zur Schau zu stellen. Wenn Sie aber Schlange sind und einen Lehrer suchen, dann sollten Sie keinen Hasen nehmen, denn es ist nicht der Sinn der Sache, daß der Lehrer den Schüler verehrt und an dessen Lippen hängt.

Die Freundschaft, die wir meinen, ist also eine Beziehung, die alles umfaßt und auf alle Situationen angewandt werden kann, die ein wie auch immer geartetes Band zwischen zwei Menschen schaffen. Das gilt in ganz besonderem Maße für berufliche Beziehungen zwischen Arbeitskollegen innerhalb eines Teams, aber auch zwischen Angehörigen verschiedener hierarchischer Stufen. Ein Teamleiter, der sich dieses Prinzip bei der Aufgabenverteilung vor Augen hält, kann eine homogene und sehr effiziente Arbeitsgruppe zusammenstellen.

Auch für die Mitarbeiter eines Teams ist es von Nutzen, die von der chinesischen Astrologie angebotene Darstellung der für die Beziehung zwischen den verschiedenen Tierzeichen typischen Struktur zu kennen. Wenn Sie aufgrund der von der chinesischen Astrologie gelieferten Beziehungsanalysen gelernt haben zu verstehen, weshalb Sie sich mit dem einen oder anderen Ihrer Mitarbeiter nicht verstehen, so können Sie Mittel und Wege suchen, um zu einer »friedlichen Koexistenz« zu kommen, oder aber, wenn nichts zu machen ist, versuchen, sich versetzen zu lassen, bevor die Reibungen dramatische Ausmaße annehmen.

Einer der Schlüssel zu einem glücklichen beruflichen und gesellschaftlichen Leben ist also die Kenntnis der Charakterzüge unserer Mitmenschen und der jeweils bestehenden Verständigungsmöglichkeiten. Dabei kann Ihnen die chinesische Astrologie große Dienste leisten.

Die Ratte und ihr Verhältnis zu den anderen Tierzeichen

Versteht sich eine Ratte mit einer anderen Ratte?

Können zwei Menschen mit ähnlichem Charakter, mit gleichgearteter Persönlichkeitsstruktur und den gleichen psychologischen Eigenheiten Freunde werden? Diese Frage ist umstritten. Es gibt ein Sprichwort, das besagt: »Gleich und gleich gesellt sich gern«, aber das entspricht nicht immer der Wirklichkeit. In diesem Fall jedoch trifft es zu. Diese beiden Persönlichkeiten stehen in wunderbarem Einklang, vor allem was Unterhaltung, Vergnügen, Sport und Freizeitgestaltung betrifft. Die Frage ist allerdings, ob sich zwei Ratten auch in heikleren Dingen einigen können.

Man braucht sich nur zwei Ratten vorzustellen, die schon in ihrer Kindheit in der Schule untereinander wetteifern. Sie werden sich redlich mühen und sich ständig um die guten Noten schlagen, denn die Ratte ist ein guter Schüler. Wenn sie verschiedenen Geschlechts sind, so werden sie sich später vielleicht ineinander verlieben. Wenn es zwei Jungen oder zwei Mädchen sind, kann zwischen diesen beiden Menschen desselben Typs eine enge und feste Freundschaft wachsen. Ihr Einverständnis wird den Hauch einer liebenswerten Verschwörung haben.

Wenn zwei Ratten am Arbeitsplatz aufeinandertreffen, also in derselben Firma beschäftigt sind, können sie aber auch echte Rivalen werden. Dann wird die Sache äußerst ernst. Eine Ratte ist bei der Arbeit fleißig, zurückhaltend, strebsam und pünktlich; sie will vorankommen, und deshalb arbeitet sie. Und beim Wettlauf um Beförderungen kann es schnell einmal hart auf hart gehen. Es muß deshalb eine wirklich tiefe Freundschaft zwischen ihnen bestehen, damit dieses Wetteifern nicht ausartet. In der Regel jedoch bleibt die Ratte loyal, wo immer sie kann.

Auf die Frage, ob Ratte und Ratte sich verstehen, kann man also in den meisten Fällen mit

JA

antworten.

Versteht sich eine Ratte mit einem Büffel?

Der Büffel, das kann man vielleicht schon ahnen, ist kein leichtlebiger Scherzbold. Er ist langsam, bedächtig, beständig und ernsthaft. Er darf nicht mit dem Stier unseres westlichen Tierkreises verwechselt werden. Der Büffel geizt mit Worten. Er hat vermutlich genausoviel Ärger, Sorgen und Probleme wie seine Mitmenschen, aber er spricht nicht darüber. Er beklagt sich nicht. Er hält sich anscheinend an die Devise der Stoiker »Ertrage dein Leid und enthalte dich«.

Dies gilt ganz sicher nicht für die Ratte, die das Leben als eine Folge von mehr oder weniger vorhersehbaren Ereignissen ansieht, was Banalität und Monotonie ausschließt. Anders als der Büffel hat sie immer etwas Wissenswertes zu berichten oder eine auflockernde Bemerkung auf den Lippen und ist immer fieberhaft in Aktion.

Beide sind bei der Arbeit sehr strebsam und nehmen ihre Aufgabe ernst, nicht etwa weil sie dazu gezwungen sind, sondern weil die Arbeit ihnen Spaß macht. In dieser Beziehung verstehen sie sich blendend. Und was das Gewicht und das Bewußtsein der Bedeutung angeht, die man dem zollen muß, was einem anvertraut wurde, so können sie durchaus ein hervorragendes Team bilden. Der schnelle und spielerische Geist der Ratte belebt den Alltag, ohne jedoch dadurch den Wert der von ihr getanen Arbeit zu schmälern, während der ein wenig gesetzte, manchmal auch ein wenig übereifrige und monotone Büffel ein großes Bedürfnis nach einem dynamischen Mitarbeiter voller Vitalität hat.

Obwohl es nicht vieles gibt, was sie verbindet, ergänzen sie sich ganz vorzüglich und können dank der Übereinstimmung ihres jeweiligen Arbeitsstils ausgezeichnet zusammenarbeiten.

Die Frage, ob Ratte und Büffel sich verstehen, kann man also
mit

JA

beantworten.

Versteht sich eine Ratte mit einem Tiger?

Der Tiger scheint immer mit allen Gaben des Himmels gesegnet
zu sein. Er entspricht der Waage oder noch eher dem Löwen unseres westlichen Tierkreises. Er ist großmütig, brillant, liebt gute
Gesellschaft und gute Manieren, gleichgültig in welche Gesell-
schaftsschicht ihn das Schicksal hineingestellt hat. Er ist immer
distinguiert, unaufdringlich elegant, entscheidungsfreudig, gibt in
Diskussionen das entscheidende Wort, sieht sich gerne in der
Rolle des Beschützers, glaubt, alles zu wissen und jedermann be-
vormunden zu können, und hat bei all dem einen unendlichen
Charme, der unter seiner Rechthaberei nicht im mindesten leidet.
Die Ratte ist ein dralles, gepflegtes, lebhaftes Wesen und sich
ihres Wertes bewußt. Sie läßt sich keine Gelegenheit zum Handeln entgehen und denkt zunächst einmal an das eigene Interesse. Diese Schwäche ist nur natürlich, wenn man daran denkt,
welche Anstrengungen sie unternimmt, um sich im Leben einen
angemessenen Platz zu verschaffen. Bleibt die Frage, ob sie die
Beziehung zu einem Tiger befriedigt. Denn sie bringt einige Probleme mit sich.
Eines ist sicher: Wenn sie sich als Rivalen gegenüberstehen,
können sich Ratte und Tiger einen langen und erbitterten Kampf
liefern. Beide haben spitze Zähne, beide ein festes Ziel vor
Augen. Es ist kaum vorstellbar, daß aus der Konfrontation
Freundschaft werden kann. Denn in der Freundschaft gibt es keinerlei Konkurrenzdenken.
Sie können sich nach außen hin einigen, und man sieht sie
manchmal zusammen. Aber in ihrer gegenseitigen Beziehung

spricht eher alles zugunsten des Tigers. Man könnte meinen, die Ratte sei nur ein Schatten, ein Abbild, ein Imitator, gerade gut genug, um den Erfolg des Tigers aufzubauen. Der Ratte liegt also an einer solchen Freundschaft nichts, während der Tiger sie großmütig zuläßt.

Auf die Frage, ob Ratte und Tiger sich verstehen, kann man also nur mit

NEIN

antworten.

Versteht sich eine Ratte mit einem Hasen?

Ein im Jahr des Hasen Geborener besitzt viel Charme und Feinheit. Er ist zurückhaltend, anständig und behutsam. Man sagt von ihm, er sei empfindlich, ängstlich, egoistisch und manchmal pedantisch. Aber man muß anerkennen, daß er bei der Arbeit ernsthaft und ausdauernd ist. Seine inneren Qualitäten, sein Seelenleben und seine Flexibilität machen aus ihm den besten Freund. Er schätzt bei einer Ratte die Gleichmäßigkeit ihrer Bemühungen, die Präzision ihrer Handlungen, die Vollendung in ihrer Kleidung und ihr munteres Wesen. Der Hase findet an allem Vergnügen. Er gehört zu jener Sorte Menschen, denen sogar die Arbeit höchstes Vergnügen bereitet und die nur deshalb einen Beruf ausüben, weil es so unterhaltsam ist.

Der Hase versteht es sehr gut, Geld zu verdienen, manchmal kann er auch sparen, aber viel eher liegt es ihm, es aus dem Fenster zu werfen. »Was ist schon dabei«, sagt er sich und schüttelt sich vor Lachen, »ich kann ja wieder welches verdienen.«

Die Ratte ist ein sehr lebendiges Wesen, das alles mag, was es umgibt, das seine Aufmerksamkeit allem schenkt, was geschieht, und allem, was angenehm ist und Leben mit sich bringt. Sie ist immer in Aktion, und wenn man sie hört, passiert ihr jeden Tag etwas Außergewöhnliches. Sie ist im allgemeinen intelligent und versteht es ausgezeichnet, ihr Leben und ihre Arbeit in die Hand zu nehmen und sich zu amüsieren, wenn Zeit dazu ist.

Wie kommt nun der Hase mit der Ratte zurecht? Ganz ausgezeichnet, denn in mancherlei Hinsicht sind sie sich ähnlich. Im Unterschied zum Hasen versteht es die Ratte jedoch, auf einen gesicherten Ruhestand hinzuarbeiten.

Sie können nicht nur gute Freunde werden, sondern in einer handfesten Bruderschaft verbunden sein, in der jeder weiß, was er vom andern erwarten kann, da beide bereit sind, sich zusammenzutun, um gemeinsam Erfolg zu haben.

Man kann also mit Fug und Recht mit

JA

antworten.

Versteht sich eine Ratte mit einem Drachen?

Der Drache, dieses stolze, schöne, herrische und prächtige Wesen, ist jederzeit liebend gerne bereit, wenn es darum geht, etwas anzugehen, was von intellektuellem, emotionalem, beruflichem oder finanziellem Nutzen ist. Aber er gilt oft als egoistisch und eigenwillig. In Wirklichkeit ist er vor allem aktiv und dynamisch und in der Lage, Unmögliches möglich zu machen. Wenn er im Leben kämpft und sich schlägt, dann tut er dies ebensosehr aus persönlicher Antriebskraft wie auch, um Geld zu verdienen.

Die Ratte mit ihrem Geist voller Leben und voller Interesse für alles verachtet das Geld auch nicht gerade. Sie ist verführerisch, aber auch schalkhaft und fleißig. Doch sie hat nicht die Ausstrahlung des Drachen, die in ihrer Art einmalig ist. Sie hat etwas Bezauberndes und liebt es nicht, sich ständig übergangen zu fühlen. Sie neigt dazu, den Drachen als einschüchternd zu empfinden. Für sie, die Lebhafte und Unaufdringliche, ist das zuviel.

Beide sind weitblickend, geschickt und dynamisch, und man könnte meinen, daß sie sich verstehen; aber ihre Verschiedenartigkeit wird sie schnell entzweien, und das vor allen Dingen im Privatleben, denn die Ratte ist gerne ein umsichtiger Familienvater, der Drache dagegen zieht oft ein Junggesellendasein mit allen seinen Vergnügungen vor. Die Ratte fühlt sich immer geschmeichelt, wenn sie Umgang mit einem Drachen pflegt, weil sie ihn bewundert; sie sieht, daß er ein vergnügliches Leben führt, und beneidet ihn. Der Drache jedoch verbreitet zuviel Glanz und stellt die schöne kleine mausgraue Ratte leicht in den Schatten. Durch einen solchen Freund wird die Ratte immer in den Hintergrund gedrängt.

So würden also die Ratte und wohl auch der Drache, der die Liebe der Freundschaft vorzieht, auf die gestellte Frage mit

NEIN

antworten.

Versteht sich eine Ratte mit einer Schlange?

Wie der Drache hat sich auch die Schlange einen eigenartigen Ruf erworben. Sie weckt Erinnerungen an Sagen und Märchen. Wenn sie sich in ein menschliches Wesen verwandelt, dem die Ratte vielleicht auf der Straße, im Café oder im Büro begegnet, entpuppt sich die Schlange als überlegen, scharfsinnig und methodisch, gibt Ratschläge und erzählt Geschichten. Sie ist eigensinnig, und sie weiß, daß sie in ihrer Arbeit ihr Bestes geben muß, aber die Faulheit, ja die Faulheit ... Wer darf sich denn schon damit rühmen, nichts zu tun, aber das ist doch so schön!

Der größte Wunsch der Schlange ist es zu gefallen. Sie ist nicht glücklich, ja sogar niedergeschlagen, wenn sie nicht das Gefühl hat, beliebt zu sein. Die Schlange verabscheut Lärm, Unordnung und Zwistigkeiten; sie selbst ist ruhig, still und gelassen. Sie weiß alles, spricht aber nicht darüber, es sei denn, man bittet sie darum. Sie gibt gerne gute Ratschläge, aber sie selbst verträgt keine und hört nicht auf die, die man ihr gibt.

Für eine Schlange ist die Ratte vor allem ein oberflächlicher Mensch. Die Schlange, die eine ungetrübte und gediegene Atmosphäre schätzt, findet die Ratte gewöhnlich, überdreht, unordentlich und unvernünftig. Sie widersprechen sich gegenseitig immerzu und suchen ständig einen Grund, sich zu streiten. Die Schlange beantwortet den Wellenschlag und den Wortschwall der Ratte nur mit stiller Zurückhaltung. Sie notiert im stillen deren Ungereimtheiten und wird gegenüber den Kindereien dieses quirligen Wesens ungeduldig, das von Zeit zu Zeit Fehler macht und auch noch sagt, das geschehe mit Absicht.

Man kann hinzufügen, daß die Ratte Yin und die Schlange Yang ist, was zu Gegensätzlichkeiten führen kann. Schon der geringste Anlaß kann sie gegeneinander aufbringen, auch wenn sie sich unter Umständen geschickt ergänzen können.

Ihre Beziehung ist bewegt und instabil. So kann man auf die gestellte Frage nur mit

NEIN

antworten.

Versteht sich eine Ratte mit einem Pferd?

Die Ratte ist ein im wesentlichen realistischer Mensch, der das Leben als eine Folge von mehr oder weniger vorhersehbaren Ereignissen ansieht und bestrebt ist, diese zu nutzen, zu beherrschen oder aber ihnen zu entgehen, wenn sie ihm schaden. Der Ratte-Geborene hat nicht nur Beobachtungsgabe, ist lebendig, präzise und schnell, sondern erfüllt auch Aufgaben, mit denen er betraut wird, mit Eifer und Ernsthaftigkeit.

Was die Ratte charakterisiert, sind ihr gesunder Menschenverstand und ihre Hellsichtigkeit. Es ist äußerst schwierig, sie zu täuschen; sie gibt sich keinen Illusionen hin, sondern steht auf dem Boden der Tatsachen. Sie ist zu Leidenschaft fähig, setzt sich aber ihre Grenzen.

Wer in einem Pferd-Jahr geboren ist, dem gehört die Welt; und er denkt, er könne nach Belieben darüber verfügen. Er findet sich schön und charmant, und für ihn ist alles, was ihm an Gutem widerfährt, nur natürlich. Tatsächlich hat der Pferd-Geborene viele gute und zum Teil sehr wertvolle Eigenschaften. Seine Loyalität ist unvergleichlich, ebenso sein Eifer, seine Hingabe, seine enthusiastische Dynamik und sein Unternehmungsgeist. Er ist zwar zielstrebig und begabt, aber er hat nicht das robuste Gemüt, das er eigentlich bräuchte, und er erträgt keinen Mißerfolg. Er hat viele Qualitäten, aber nicht gerade jene, die einen guten Buchhalter ausmachen. Er ist zu lebhaft, zu empfindsam und zu schnell entmutigt.

Was die Ratte stört, ist die mangelnde Voraussicht und die Verschwendungssucht des Pferdes. Es stimmt, daß das Pferd großzügig und selbstlos ist, aber was soll es denn dagegen tun? Die Ratte hält das Pferd außerdem für oberflächlich und bemängelt seine Maßlosigkeit. Das Pferd seinerseits beschuldigt die Ratte gerne der Boshaftigkeit. Es ist den beiden also nicht anzuraten, sich in eine Gefühlsbeziehung einzulassen. Die Ratte fragt sich im übrigen nicht einmal, ob sie sich mit dem Pferd anfreunden kann; sie weiß nur zu gut: die Antwort ist

NEIN.

Versteht sich eine Ratte mit einer Ziege?

Die Ziege ist von Natur aus unabhängig, ängstlich darauf bedacht zu gefallen und unbekümmert, wenn es um den Lebensunterhalt geht. Sie fühlt sich zur Kunst hingezogen und ist sanftmütig und liebevoll; außerdem hat sie Intuition, ist feinsinnig und genau, ja geradezu perfektionistisch. Sie drückt sich gerne vor der Verantwortung, zweifellos aus Faulheit und um sich nicht mit Sorgen zu belasten. Sie verzeiht schnell, jedoch nicht aus Überzeugung, sondern um ihre Ruhe zu haben.

Die spritzige und stets neugierige Ratte verachtet weder das Geld, noch scheut sie die Mühe, welches zu verdienen. Sie ist präzise und entschieden, aber auch verführerisch, pfiffig und fleißig. Eine besondere Ausstrahlung hat sie nicht, sie macht eher einen sehr schlichten Eindruck. Doch ist sie ein reizender Mensch, der seine besondere Note pflegt und es nicht liebt, im Schatten zu stehen.

Wenn sich die Ziege mit einer Ratte anfreundet, bringt sie nur Schönheit, Anmut und Phantasie in deren Leben. Die Ratte weiß das zu schätzen, aber wird sie, die Fleißige, deshalb mit der Ziege auskommen? Ganz sicher nicht. Die Ziege liebt zu sehr den Glanz, die Ratte hingegen die verborgenen Winkel. Die Ratte ist klug, manchmal farblos, aber immer korrekt und hilfsbereit; was soll sie mit diesem eigenartigen Wesen voller Probleme, das oft beleidigt ist, jammert und nicht zu Opfern bereit ist? Sie kann damit nichts anfangen. An ihr wiederum wird ein Ziege-Geborener keinen Gefallen finden, denn er wird die verborgenen Werte der Ratte nicht erkennen. Die Antwort lautet also

NEIN.

Versteht sich eine Ratte mit einem Affen?

Der im Jahr des Affen Geborene ist für alles unwahrscheinlich leicht zu begeistern. Das zeigt schon, wie verschieden er von der Ratte ist. Der Affe ist der Inbegriff der Intelligenz, ihm wird ein ganz besonderer Scharfsinn zugesprochen. Man mag sich vielleicht darüber wundern, daß die Menschen in manchen Jahren angeblich klüger und in anderen Jahren weniger klug zur Welt kommen sollen, doch Intelligenz ist ja im Grunde genommen nichts anderes als eine besondere geistige Gewandtheit, und diese zeichnet den im Jahr des Affen Geborenen aus. Man sagt ihm nach, er habe sich von allen Tierzeichen dem Leben auf der Erde am besten angepaßt.

In den Beziehungen, die der Affe zur Ratte haben kann, entsteht, da sich beide Zeichen im Wesen ähnlich sind, ein großer Wetteifer, eine amüsante Rivalität und eine ständige Diskussion. Einmal tun sich die beiden zusammen, hecken etwas aus, amüsieren sich gemeinsam, vergnügen sich mit Witzeleien, dann wieder verbünden sie sich in einer gleichzeitig instabilen und dynamischen Allianz. Die Grillenhaftigkeit des Affen kann die Ratte unter Umständen verwirren, aber sie fängt sich schnell wieder und versteht es ausgezeichnet, ihm kontra zu geben.

Im beruflichen Leben setzt der Affe mit bewundernswertem Geschick seine Beziehungen zu seinem eigenen Profit ein. Er ist zwar durchaus fähig, aus eigener Kraft weiterzukommen, aber er versteht es auch meisterhaft, sich die Gutmütigkeit seiner Umgebung zunutze zu machen, um schneller voranzukommen. Bittet er die Ratte, ihm dabei zu helfen, wird sie ihm das nie abschlagen. Alles in allem verstehen sie sich sehr gut, und die Antwort auf die gestellte Frage ist ohne jede Einschränkung

JA.

Versteht sich eine Ratte mit einem Hahn?

Der Hahn ist ein aufrichtiger, offener, hilfsbereiter und mutiger Mensch und besitzt damit Charaktereigenschaften, die denen der Ratte sehr ähnlich sind. Die Ähnlichkeit geht sogar noch weiter, denn er ist ebenso fleißig wie die Ratte; der Hahn gibt sich ganz und gar seiner Arbeit hin, und diese bringt ihm immer etwas ein. Aber er ist nicht nur fleißig, er will auch glänzen, sein Federkleid in der Sonne ausbreiten und notfalls auch den Sonnenaufgang herbeikrähen, um seine schönen Federn im gleißenden Licht zur Geltung zu bringen. Der bescheidenen Ratte dagegen ist die Dunkelheit oder sogar die Nacht lieber.

Der Hahn besitzt einen eigensinnigen Charakter. Sein Geltungshunger und sein Bedürfnis zu glänzen einerseits und seine

Bereitschaft zu harter Arbeit andererseits können nie und nimmer zu einem Leben führen, in dem man sich schrittweise vorwärtsbewegt. Wer so große Sprüche macht wie der Hahn, bewegt sich eher in Sprüngen vorwärts. Er ist ungeduldig und gibt zuviel zu schnell aus. Mit der Ratte kann er bestimmt einig werden, vorausgesetzt, daß er sie nicht zu oft um finanzielle Hilfe bittet.

Die vernünftige Ratte dagegen sieht den Hahn mit kritischen Augen. Es fällt ihr schwer einzusehen, daß man so leichtfertig mit dem Geld umgehen kann. Geld verdient man, hält man zusammen, zählt und spart man, damit man sich heute und später, wenn man älter ist, ein angenehmes Leben leisten kann. Aber denkt ein Hahn denn an das Älterwerden?

Wenn sie ihn wohlwollend betrachtet, findet die Ratte in der Persönlichkeit des Hahns Eigenschaften, die sie genug schätzt, um sich eine Freundschaft mit ihm zu wünschen. Daher wäre vermutlich ihre Antwort auf die gestellte Frage:

JA.

Versteht sich eine Ratte mit einem Hund?

Die verführerische, reizende, gesellige, humorvolle und großherzige Ratte ist auch energisch und zäh und neigt zu einer eher intellektuellen Wesensart, aber sie kann auch profitgierig, ehrgeizig, dem Spiel verfallen, raffgierig und argwöhnisch sein. Sie ist schnell in ihren Bewegungen und ihren Entscheidungen, agil und präzise und nur selten unschlüssig. Sie ist liebenswürdig, aber nicht selbstlos. Außerdem ist sie äußerst gesellig.

Wie verhält sich nun der Hund gegenüber dieser Persönlichkeit, der es nicht an Vorzügen mangelt? Der loyale und treuergebene Hund gilt vor allem als anhänglich und selbstlos. In China sagt man, er sei ein trauriges Tierzeichen, weil er weiß, daß unser Erdendasein nicht ewig währt. Außerdem ist er rege und ehrsam, und es macht ihm nichts aus, das Interesse aller anderen seinem eigenen voranzustellen; er gehört zur Welt der Sanftmütigen, und die Welt des Okkulten scheint für ihn kaum Geheimnisse zu bergen.

Nichts in den Charakterzügen dieser beiden Menschentypen spricht gegen eine beiderseitige Sympathie, die sich schnell in Freundschaft verwandeln kann.

Da jeder die Eigenheiten, ja Schrullen und Ansichten des anderen akzeptiert, haben sie genügend Themen, über die sie sich unterhalten und diskutieren können, aber keinen Grund, sich zu streiten. Zwischen Menschen dieser beiden Zeichen werden leicht dauerhafte Bindungen entstehen, und sie werden gemeinsam gute Arbeit leisten und in jedem Fall enge Freunde werden. Auf die gestellte Frage antworten wir daher mit

JA

Versteht sich eine Ratte mit einem Schwein?

Die auf sich selbst bedachte und schnelle Ratte mit ihren präzisen Bewegungen, ihrem spritzigen Geist und ihrer Schlagfertigkeit denkt ebenso schnell wie sie läuft. Sie hat einen starken Sinn für Praktisches. Sie besitzt Energie, Ausdauer und einen Verstand, der analysiert, schlußfolgert, berechnet und entscheidet. Sie ist außerdem sehr profitgierig und weiß die jeweiligen Umstände zu ihrem Besten zu nutzen. Sie ist ehrgeizig und gelegentlich eine raffgierige und argwöhnische Spielerin. Man sieht sie nur selten unschlüssig oder in einem Dilemma; das eigene Interesse und das ihrer nächsten Familienangehörigen stehen für sie immer an erster Stelle.

Wie ist nun die Einstellung eines Schwein-Geborenen zu diesem recht umgänglichen und freundschaftlichen, aber nicht sehr großzügigen Menschen? Das Schwein gilt im chinesischen Tierkreis als ein gefühlsbetontes Zeichen. Es braucht eine Umgebung voller Vertrauen und menschlicher Wärme, um sich entfalten zu können. Es ist sehr hilfsbereit, aber entsprechend der ihm eigenen Weltanschauung tut es nur das, was es selbst für richtig hält, und nicht das, wovon andere sagen, daß es richtig sei. Es ist edel und mutig und respektiert sowohl Härte als auch Nachsicht. Manchmal ist es egoistisch.

Das typische Schwein ist vernünftig und um sein eigenes und das Wohl seiner Lieben besorgt, und es weiß die Ratte zu schätzen. Es findet in ihr einen Kameraden für gelegentliche gemütliche Stunden, einen Komplizen für besondere Touren und Streifzüge und einen Mentor, der manchmal die dem Schwein angeborene Naivität zurechtrückt. Was beide verbindet, sind Vergnügungen und so manche praktischen Erfahrungen, bei denen die Ratte dem Schwein mit Ratschlägen zur Seite steht. Angesichts dieses lustigen Gespanns, das sich mit Sicherheit einig wird, kann man nur mit

JA

antworten.

Der Büffel und sein Verhältnis zu den anderen Tierzeichen

Versteht sich ein Büffel mit einem anderen Büffel?

Der Büffel ist, obwohl es ihm oft an Spontaneität und Wortgewandtheit fehlt, ein ungemein interessanter und im allgemeinen sehr wertvoller Zeitgenosse. Im täglichen Leben kann er ein angenehmer Freund sein, auch wenn er vielleicht nicht immer sehr unterhaltsam ist.

Der Büffel tut alles, was er tut, mit dem ganzen Gewicht seiner gesetzten Persönlichkeit. Wetten, Spiele und lange vertrauliche

Gespräche gibt es für ihn nicht mehr, wenn er erst einmal erwachsen ist. Er widmet sich jetzt seinem beruflichen Fortkommen und den Problemen der Existenzsicherung.

Im Arbeitsleben bilden zwei Büffel ein ideales Team; sie arbeiten gleich schnell, fassen die Dinge in derselben Weise auf, und ihre Meinungen sind zwar auch nicht immer identisch, doch im Endeffekt vergleichbar. Da sie keine harten Menschen sind, ist ihre Beziehung zwangsläufig durch Ruhe und Gelassenheit geprägt, und sie wissen, woran sie miteinander sind.

Natürlich gibt es zwischen ihnen auch Ärger und Verdruß, aber sie sprechen nicht darüber. Entweder liegt ihnen das nicht, oder sie sind nicht daran gewöhnt, und sie wissen, wie unnütz Kommentare und wie fruchtlos Klagen sind.

Sie sind immer bereit, sich gegenseitig zu helfen, und bilden ein fest miteinander verwachsenes, stabiles Team, in dem jeder der beiden dem anderen eine Wertschätzung entgegenbringt, die Ecken und Kanten abrundet und Arbeitszwänge mildert.

Bei zwei im Jahr des Büffels geborenen Menschen stimmen die wesentlichen Charaktermerkmale bestens überein, und auf die gestellte Frage kann man daher, ohne Gefahr zu laufen, sich zu irren, mit

JA

antworten.

Versteht sich ein Büffel mit einem Tiger?

Der Büffel ist ein starkes, langsames, stilles und vernünftiges Zeichen, das seine Herzensangelegenheiten unter einer äußeren Gleichgültigkeit verbirgt. Da er nicht weiß, wie er wirkt, fühlt er sich schwer und ungeschickt, und manchmal ist er unzufrieden und schlechtgelaunt. Was er nicht weiß, ist, daß er um sich ein beruhigendes Gefühl von Stabilität und Sicherheit verbreitet, eine tröstliche Ruhe inmitten fieberhafter Turbulenz. Er weiß nicht, daß man ihn für feinsinnig, in seinem Fachgebiet sachkundig, in seinem Beruf fähig und im Alltag unerschütterlich und beruhigend hält. Die Wutausbrüche, von denen er manchmal gepackt wird, bemerken die anderen überhaupt nicht.

Gegenüber einem Tiger, der in den Augen der anderen mit allen Gaben der Natur gesegnet ist, verhält sich der Büffel eher schüchtern und ungeschickt. Aber was hat dieser Tiger an sich, wenn man seinen bernsteinfarbenen Augen einmal auf den Grund geht? Er gehört zu jenen Menschen, die sich immer so verhalten, als wüßten sie, daß sie bewundernswert sind, doch bei alledem bescheiden bleiben und das Bewußtsein genießen, von den anderen bewundert zu werden. Der Tiger sonnt sich in der Demut derer, die sich ihm gegenüber gehemmt und minderwertig fühlen. Und trotzdem ist der einzige, der den Tiger beeindrucken kann, freilich ohne daß dieser es zeigt, der Büffel.

Diese beiden Zeichen sind zwei Größen, die sich nicht kennen, die sich nicht aneinander messen können und die, jeder in seiner eigenen Welt lebend, nur schwer in der Lage sind, sich miteinander auseinanderzusetzen, sich zu verstehen und richtig einzuschätzen.

Den außergewöhnlichen Wert, den der Tiger sich zuschreibt, besitzt er tatsächlich und macht davon auch Gebrauch. So erkennt wahrscheinlich er als erster, was ihn möglicherweise mit dem Büffel verbindet und wie wertvoll eine Freundschaft für beide wäre. Auf die gestellte Frage können wir also mit

JA

antworten.

Versteht sich ein Büffel mit einem Hasen?

Den Hasen, der nicht gerade verwegen ist, verlangt es insbesondere nach einer persönlichen Sicherheit, die es ihm erlaubt, sein

Leben zu leben und die Aufgaben zu erfüllen, die ihm zugewiesen sind. Er ist eher nervös als kraftvoll, eher gewitzt als genial und eher zurückhaltend als draufgängerisch. In seinem Privatleben legt der Hase nicht die Diskretion und die Treue eines Büffels an den Tag; er ist manchmal flatterhaft, immer zu Späßen aufgelegt und oft bereit, zu spielen, das Leben lustig zu finden und sich für diesen oder jenen Ulk herzugeben. Neben diesen wirklich ausgeprägten Charaktereigenschaften verbirgt der Hase unter seiner äußeren Eleganz ein ungreifbares und ein wenig verwickeltes Wesen und eine gewisse innere Verwirrung.

Das Innenleben des Büffels spielt sich in zwei Stufen ab: Jede Information, die in seinem Gehirn ankommt, legt, anstatt eine unmittelbare Reaktion zu bewirken, fürs erste alles lahm, auch in den Fällen, in denen jeder andere ganz automatisch entscheiden würde, was zu tun ist. Der Büffel denkt nach, bevor er handelt. Und zwar immer.

Der Hase spricht nicht ausgesprochen viel, weniger als eine Ratte, aber immer noch viel mehr als ein Büffel. Im Arbeitsteam oder im Freundeskreis ist eher der Hase derjenige, der redet, als der Büffel. Sicher entsteht zwischen dem vorsichtigen Hasen und dem zurückhaltenden Büffel nicht gerade eine spektakuläre Beziehung, doch sind sie beide unkompliziert und geradlinig; sie sind loyal und versuchen nicht, ihren Partner zu hintergehen. Ein klarer Unterschied zwischen ihnen besteht allerdings: Der Büffel macht manchmal eine Anspielung auf Geld, auf die Art und Weise, mehr aus seinem Geld zu machen, und auf seine Geldanlagen für die Zukunft. Der Hase hat dafür wenig Interesse. Er lebt so, als bliebe sein Einkommen automatisch immer dasselbe. Alles in allem aber kann er sich gut an einen Büffel gewöhnen, und die Antwort auf unsere Frage ist

JA.

Versteht sich ein Büffel mit einem Drachen?

Ist der Drache tatsächlich so egoistisch und eigenwillig, daß jede Freundschaft mit ihm von vornherein zum Scheitern verurteilt ist? Im Grunde genommen ist er vor allem schnell in seinen Überlegungen und in seinen Entscheidungen. Das Fundament seiner Persönlichkeit ist seine Schnelligkeit und seine Stärke, nicht nur Charakterstärke, sondern auch moralische und intellektuelle Stärke, gelegentlich auch physische Stärke. Eine der spezifischen Eigenheiten des Drachen ist seine triumphale Art, durch das Leben anderer Menschen hindurchzugehen, wobei diese von einem solchen Einfall in ihr Leben nicht immer sehr angetan sind, denn wenn einen das Leben mit einem Drachen zusammengeführt hat, ist nichts mehr so wie vorher. Und wer läßt sich schon gerne sein Leben durcheinanderbringen.

Wenn es einen Menschentyp gibt, der die Schnelligkeit des Drachen nicht mag, ja sie sogar als Hetze betrachtet, wenn es einen gibt, der keinen Wert darauf legt, sein Leben zu ändern, nur weil ihm ein Drache über den Weg gelaufen ist, dann ist dies der Büffel, der kluge, starke, überlegte, vernünftige und nachdenkliche Büffel.

Wenn es das Schicksal so fügt, daß sie aufeinandertreffen, zum Beispiel bei der Arbeit, dann sind sie beide klug genug, sich gegenseitig zu tolerieren und vielleicht sogar nützlich zu ergänzen. Aber es kommt selten vor, daß sie sich entschließen, Freunde oder Partner zu werden. Ob bei der Arbeit oder in vergnüglichen Stunden, der Drache kann der Versuchung nicht widerstehen, dem Büffel zu demonstrieren, wie plump und farblos dieser ist. Der Drache steht nicht gerade in dem Ruf, zuvorkommend und großmütig zu sein. Er meint es nicht böse, aber er ist nun einmal so.

Dennoch ist es interessant, daß der Büffel dem Drachen im Berufsleben durchaus nützlich sein und ein wenig Überlegung und Regelmäßigkeit in dessen Arbeit bringen kann. Das ändert jedoch nichts daran, daß man auf die gestellte Frage wohl eher mit

NEIN

antworten muß.

Versteht sich ein Büffel mit einer Schlange?

Der Büffel ist stets ausgeglichen; er ist vernünftig und führt das, was er beschlossen hat, auch aus; er läßt sich selten von Worten beeinflussen; außerdem ist er nicht besonders redselig und auch nicht sehr mitteilsam. Er bleibt bei seinen Ansichten und weicht nicht einen Schritt davon ab, er ist stur.

Der aufrichtige, schlichte und geradlinige Büffel hat keine Angst vor dem Alleinsein; er hat vielleicht wenige Freunde, aber diesen wenigen hält er die Treue. Charakteristisch für ihn sind Standhaftigkeit, mehr Kraft als Glanz, mehr Ausgewogenheit als ausgefallene Ideen und mehr Starrköpfigkeit als Entdeckergeist. Außerdem flößt er Vertrauen ein und kann eine führende Position oder ein Kommando übernehmen. Er ist darüber hinaus sehr unabhängig und versucht, ein Leben nach seiner Vorstellung zu führen.

Die Schlange, das Zeichen der Klugheit, erkennt sehr schnell, daß der Büffel im Vergleich zu ihr schwerfällig und langsam ist. Die Starrköpfigkeit, die ihr da entgegenschlägt, und das einsilbige Wesen des Büffels verletzen sie, aber feinsinnig wie sie ist, spürt sie, was der Büffel unter seinem etwas farblosen und ernsten Äußeren zu verbergen versucht. Die Schlange besitzt genau das, was dem Büffel fehlt: einen sehr stabilen Charakter, der mit der Starrköpfigkeit des Büffels zurechtkommen kann. Trotzdem bleibt für sie der Büffel oft rätselhaft und unergründlich, und das stört und verdrießt sie. Ansonsten ist die Schlange ebenso wie der Büffel ruhig, bestimmt und dickköpfig.

Die Schlange hat oft eine Vorliebe für theoretische Diskussionen, aus reinem Selbstzweck, nur aus Spaß am Argumentieren. Da der Büffel nicht kontert, muß sie die Diskussion allein bestreiten, was für sie äußerst unerfreulich ist, und sie ärgert sich, weil sie sich nicht ernstgenommen fühlt. Eine wirkliche Zusammenarbeit und eine aufrichtige Freundschaft zwischen den beiden ist schwer vorstellbar. Wir antworten daher mit

NEIN.

Versteht sich ein Büffel mit einem Pferd?

Der Büffel ist in geistiger Hinsicht schwerfällig, langsam und beharrlich. Das Pferd ist genau das Gegenteil von ihm. Die Frage ist, wie sie miteinander auskommen und ob sie in ein und derselben Arbeitsgruppe zusammenarbeiten können.

Die Pferd-Geborenen sind nicht immer so, wie sie nach außen hin erscheinen. Sie wissen sich ihrer Intelligenz den Umständen entsprechend zu bedienen. Im Gesellschaftsleben und am Arbeitsplatz haben sie eine sehr angenehme Art. Doch sieht man einmal in ihr Inneres, dann tun sich dort Abgründe voller Furcht, Aufruhr, Angst, aber auch voller Hochgefühl auf.

Wenn er es mit einem Pferd zu tun hat, ist der Büffel-Geborene vielleicht zunächst ein wenig überrascht und dann erstaunt, wieviel Schwäche in Wirklichkeit hinter der augenscheinlichen Kraft des Pferdes steckt. Beruhigt erkennt er seine eigene Stärke. Das ständig von Zweifeln geplagte Pferd ist seinerseits gerne in der Gesellschaft eines Büffels, dessen Stabilität und Trägheit eine beruhigende Wirkung haben.

Allem Anschein nach können sich diese beiden Naturen gegenseitig ergänzen. Stellt der Büffel fest, daß er dem Pferd wichtig ist, so tut er sein mögliches, um es nicht zu enttäuschen; er fühlt sich fähig, es zu lieben und ihm zu helfen, sich zu festigen, seine Ängste aufzugeben und mehr Vertrauen zu haben, genauer gesagt, die Dinge besser zu verstehen. Der Büffel seinerseits bewundert das Pferd und möchte diesem helfen, sich einige Büffel-Qualitäten zu eigen zu machen.

Das Pferd begibt sich gerne in das Fahrwasser eines Büffels, der ihm Gewicht verleiht; der Büffel ist glücklich, wenn er diesem liebenswerten Zeitgenossen helfen kann, einen einfacheren Weg zu gehen und sich zu bewähren. Die Antwort ist also

JA.

Versteht sich ein Büffel mit einer Ziege?

Kann sich der Ziege-Geborene, der Phantast, der leicht beleidigt ist und oft jammert, er komme zu kurz, mit einem Büffel anfreunden?

Der Büffel-Geborene liebt keine Schnelligkeit, keine überstürzten Veränderungen, keine planlose Existenz; er ist nicht bereit, sein Leben von Grund auf zu ändern, nur um einem neuen Freund zu gefallen. Er ist fest verwurzelt in seinen Gewohnheiten und seinem eigenen Stil. Er kommt nur mit Menschen zurecht, die ihn so nehmen, wie er ist, und nicht versuchen, ihn zu verändern. Dies nun ist bei der Ziege nicht der Fall.

Launenhaft und spleenig wie sie ist, ist sie manchmal unerträglich, vor allem dann, wenn sie steif und fest behauptet, sie habe recht, und sich weigert einzusehen, daß sie im Unrecht ist, obwohl es auf der Hand liegt. Für einen methodisch vorgehenden, überlegten, starrköpfigen Büffel ist das entnervend. »Ich habe lange nachgedacht«, kann er in typischer Büffel-Manier sagen, »und ich glaube nicht, daß ich an meiner Entscheidung etwas ändern muß.« Diese Art zu denken ist typisch für einen dickköpfigen Menschen. Die Ziege hält davon jedoch nichts. »Man kann seine Meinung immer wieder ändern, das Leben hat schließlich nicht nur eine, sondern viele Seiten«, ist ihre Antwort. Zwischen den beiden entstehen Meinungsverschiedenheiten, und es ist schwer vorstellbar, daß diese sich wieder glätten. Die zwei können deshalb nicht viel miteinander anfangen. Wenn sie sich anfreunden, so verbringen sie einen Großteil ihrer Zeit damit, die in ihrer Freundschaft immer von neuem entstehenden Risse und Löcher wieder zu stopfen. Das mag in einer Liebesbeziehung angehen, aber weshalb sollte man es in einer Freundschaft tun? Angesichts solcher Unterschiede dürfte eine Freundschaft zwischen ihnen nicht von großer Dauer sein, die Antwort ist daher

NEIN.

Versteht sich ein Büffel mit einem Affen?

Der Büffel hat einen trägen, schwerfälligen, aber zugleich fähigen und starrköpfigen Charakter. Auf den ersten Blick sieht es nicht so aus, als könnte er mit dem Affen eine gemeinsame Basis finden. Neben einem Büffel wirkt der Affe in der Tat wie ein exotisches, komisches und kältescheues Tier. Er hat kein Sitzfleisch, und man hat den Eindruck, daß es ihm einigermaßen schwerfällt, die Dinge ernst zu nehmen. In jedem Fall sieht er nicht so aus, als ob er wüßte, was Beharrlichkeit ist. Trägt er vielleicht nur eine Unabhängigkeit zur Schau, die er gar nicht wirklich besitzt?

Der Büffel ist weder launenhaft noch phantasievoll. Er sieht in jeder Sache ihre Bedeutungsschwere und erfüllt die ihm zugewiesenen Aufgaben mit großem Ernst. In das Gesellschaftsmosaik ist er sorgfältig eingegliedert, in der Arbeitswelt hat er seinen Platz, und er wundert sich über die Einstellung des Affen, der sich am laufenden Band zu amüsieren scheint. Er bewundert dessen Kühnheit, und diese Bewunderung gegenüber einem Menschen, der das tut, wovon er selbst irgendwann in seinem Leben einmal geträumt hat, ebnet der Freundschaft den Weg. Er möchte diesen Menschen näher kennenlernen, dem es offenbar nichts bedeutet, etabliert zu sein, der die Ungewißheit eines freien Lebens auf sich nimmt und mit einer Fröhlichkeit draufloslebt, die der Büffel bewundernswert findet.

Was der Büffel beim Affen ebenfalls bewundert, ist die Leichtigkeit, mit der dieser sich um alles kümmert. Und der Affe, der keinen Halt hat, fühlt sich sicherer bei einem Büffel, der für ihn einen Fixpunkt, eine solide Basis, ein stabilisierendes Element darstellt und eine einfache, offene, direkte und dauerhafte, weil unumstößliche Macht auf ihn ausübt. Da sie sich gegenseitig ergänzen, bringt sie alles nur näher zusammen, und man kann mit

JA

antworten.

Versteht sich ein Büffel mit einem Hahn?

Auf den ersten Blick ist ein Hahn-Geborener ziemlich beeindruckend durch seine sorgfältig ausgewählte bunte Kleidung und wegen seiner auffälligen, lebendigen und ausdrucksvollen Art. Man erkennt ihn tatsächlich schon von weitem. Aber unter diesem äußeren Schein, der oft mit einer gewissen Portion Egoismus gepaart ist, steckt ein sehr offenes, für Probleme und Mißlichkeiten anderer empfängliches Wesen. Die Hahn-Geborenen lassen sich nicht gerne Disziplin von außen auferlegen. Sie ziehen eine härtere, aber selbstgewählte Disziplin vor, mit deren Hilfe sie ihr berufliches Leben aufbauen und die ihren Erfolg gewährleistet.

Angesichts einer solchen Persönlichkeit fühlt sich der Büffel wieder einmal minderwertig. Er fühlt sich plump, ungeschickt und unselbständig, und es wird ihm bewußt, daß er sich am liebsten von anderen sagen läßt, was er tun soll. Wird es dieser Büffel wagen, sich mit einem brillierenden Wesen wie dem Hahn anzufreunden? Er wird es sich zweimal überlegen. Und dennoch bringt es ihm viele Annehmlichkeiten und großen Nutzen, sich mit einem Hahn zusammenzutun. Außerdem weiß dieser phantasievolle, großherzige und sensible Freund auch noch bei allen Problemen, die sich seinen Mitmenschen stellen können, Rat. Wie sollte man auf einen solchen Beistand verzichten?

Es sieht so aus, als ob, auch wenn zwischen ihnen zunächst

keine Berührungspunkte zu bestehen scheinen und auch wenn ihr
Zusammentreffen einzig und allein durch Zufall zustande gekommen ist, ein Büffel tausend Gründe hätte, sich mit einem
Hahn anzufreunden, und wenn es nur wegen des Schauspiels ist,
das ein solches Leben bietet. Die Antwort kann nur

JA

sein.

Versteht sich ein Büffel mit einem Hund?

Der im Jahr des Büffels Geborene ist langsam und ein wenig un-
beweglich und verliert angesichts allgemeiner Aufregung nie die
Ruhe; er ist aufrichtig und sehr arbeitsam, aber auch zu fürchter-
lichen Wutausbrüchen fähig. Schwierigkeiten nimmt er gelassen
hin, und wenn er Mißlichkeiten auf sich zukommen sieht, wapp-
net er sich dagegen oder trifft zumindest Vorkehrungen, um den
Schaden so gering wie möglich zu halten. Er hat nicht besonders
viel Humor und geht auf Witzeleien im allgemeinen nicht ein. Er
hat panische Angst davor, sich lächerlich zu machen, und ist in
dieser Hinsicht sehr empfindlich. Scherze mag er nicht, er ist jedoch ein starker und loyaler Mensch. Unter seiner stoisch ruhigen Oberfläche ist er gefühlvoll, die größten Freuden jedoch beschert ihm die körperliche Liebe. Außerdem kann er sehr eifersüchtig sein.

Der Hund sieht sofort die schwachen Punkte und die Grund-
eigenschaften des Büffels. Er selbst sieht immer so aus, als sei er
in mehr oder weniger großer Seelennot, besitzt dabei aber ein hohes Gefühl für Anstand und echte innere Tugendhaftigkeit. Doch
im Leben kommt er schlecht zurecht; er braucht immer die Nähe
eines wirklichen, am besten stärkeren Freundes.

In seiner Jugend hat der Hund vielleicht noch fröhlich gespielt,
doch als Erwachsener wirkt er eher melancholisch, und gesellschaftliche Vergnügungen, Treffen im Freundeskreis und Fest-

essen hält er für lächerlich. Für ihn gibt es keinen Grund zum Lachen. Bei alledem hat er einen liebenswürdigen Charakterzug: Er
zögert nie, jemandem zu helfen, und wenn er ein Versprechen
gegeben hat, so hält er Wort. Mit nutzlosen Überlegungen über
gesellschaftliche Gepflogenheiten und Sitten belastet sich der
Hund nicht. In dieser Beziehung ist er ein wenig anarchistisch.
Er ist loyal und ohne jeden Ehrgeiz, und er kann ein guter Ar-
beitskollege und später ein echter Freund werden.

Großherzig und hilfsbereit wie er ist, zieht der Hund die
Freundschaft des Büffels an, und auf die gestellte Frage kann
man daher ohne zu zögern mit

JA

antworten.

Versteht sich ein Büffel mit einem Schwein?

Es sieht nicht gerade so aus, als könnte den Schwein-Geborenen
und den Büffel-Geborenen viel miteinander verbinden. Werden
sie sich also, wenn sie in einer gemeinsamen Arbeitsgruppe miteinander zu tun haben, verstehen? Beide sind ruhige, gesetzte,
von einem eisernen Willen beseelte Menschen, ihre Ziele können
jedoch durchaus verschiedenartig sein.

Hat es der Büffel im Berufsleben mit dem Schwein als Konkurrenten oder Rivalen zu tun, so wird er sehr schnell merken, daß
dies kein gefährlicher Mensch ist; das Schwein ist nicht übertrieben ehrgeizig, weil ihm normalerweise ein ungetrübtes Leben
und die gesicherte Existenz seiner Familie wichtiger sind als Ansehen, gesellschaftlicher Rang, äußerer Schein und Reichtum.

Der Büffel seinerseits ist ehrgeizig, eigenwillig und starrsinnig
und in bezug auf gesellschaftliche Ambitionen ebenso zurückhaltend wie das Schwein. Beide lieben ein gemütliches Heim und die
Annehmlichkeiten eines Lebens ohne Komplikationen.

Wenn es das Schicksal so fügt, daß sie einer gemeinsamen Arbeitsgruppe angehören, so herrscht zwischen ihnen größte Harmonie. Dabei ist normalerweise der Büffel eher der Tonangebende, und das Schwein fügt sich ihm, es kann aber auch umgekehrt sein; sie sind einfach dafür geschaffen, sich zu verstehen. Beide werden ihre angenehme Zusammenarbeit bereitwillig auf gegenseitige Besuche ausdehnen; es vereint sie eine ungetrübte Kameradschaft, die leicht zur Freundschaft werden kann. Die Antwort ist also

JA.

Der Tiger und sein Verhältnis zu den anderen Tierzeichen

Versteht sich ein Tiger mit einem anderen Tiger?

Die Eigenschaften, die dem Tiger zugesprochen werden, lassen Menschen dieses Zeichens wahrscheinlich ernsthafte Rivalen nicht dulden. Wenn er sich in Konkurrenz mit einem anderen Tiger befindet, so nimmt es der Tiger oft mit der Ehrlichkeit nicht ganz so genau (ob er wirklich hinterlistig ist, sei hier dahingestellt). Damit sich zwei Tiger in einer Allianz verbünden, die, wenn sie erst einmal besteht, sehr stark und sehr stabil ist, müssen verschiedene Umstände zusammenkommen, die jedoch nur selten zusammentreffen, außergewöhnliche und mitreißende Umstände. Und man kann sich vorstellen, was ihre Vereinigung, ihre Verschwörung dann für einen Effekt hat. Sie sind schlechthin unbesiegbar.

In einem solchen Fall kann ein Tiger wirklich der Freund eines anderen Tigers sein, aber im täglichen Leben ist es wohl eher so, daß die Anwesenheit von seinesgleichen dem Tiger die gute Laune verdirbt und seinem inneren Gleichgewicht abträglich ist. Wenn zwei Tiger, die dasselbe oder fast dasselbe Alter, dieselbe

gesellschaftliche Stellung und dasselbe Bildungsniveau haben, am
Arbeitsplatz aufeinandertreffen und auch noch denselben Aufga-
benbereich haben, so werden nie halbe Sachen herauskommen;
entweder geht es hart auf hart, oder sie werden die dicksten
Freunde.

Beide haben Talent, Geschick und Willensstärke. Aber sie sind
auch gleichermaßen aggressiv. Es kann soweit kommen, daß sie
sich nicht ausstehen können, aber sie können sich auch bis zum
Äußersten verbünden. In dem psychologischen Klima, das heute
in der menschlichen Gesellschaft herrscht, werden zwei rivalisie-
rende Tiger wohl eher zu erbitterten Feinden werden. Es ist nur
schwer vorstellbar, daß sie wirklich Freunde werden, natürlich
von Ausnahmen einmal abgesehen. Die Antwort lautet also

NEIN.

Versteht sich ein Tiger mit einem Hasen?

Die Astrologie präsentiert den Tiger immer als ein prächtiges
und vom Schicksal reich beschenktes Zeichen. Dabei ist er so wie
alle, benimmt sich aber immer so, als sei er etwas Außergewöhnliches, allerdings nicht ohne eine liebenswürdige Bescheidenheit
und eine offenbar echte Zurückhaltung zu wahren. Er ist beeindruckend.

Der Hase mit seinen Ängsten und Zweifeln, mit seinem Eifer
und seiner instinktiven Tugend, fühlt sich neben einem so impo-
santen Tier äußerst unbedeutend. Die Eigenschaften, die er dem
Tiger zuschreibt, besitzt dieser tatsächlich, und man bemerkt sie
sofort. Der Hase kann sich neben so viel fleischgewordener
Herrlichkeit nur klein, grau und zaudernd fühlen. Er nimmt es
sich übel, kein Tiger zu sein; er hält sich für wesentlich unfähi-
ger, als er ist, und er weiß, daß bei der erstbesten Gelegenheit, da
eine Entscheidung zwischen ihnen fallen wird, der Tiger den ersten Platz einnehmen wird. Wie soll man mit jemandem, der

einem überlegen ist, in aller Loyalität leben und arbeiten? Wie soll man sich neben jemandem zur Geltung bringen, der ohne die geringste Anstrengung doppelt so sehr glänzt wie man selbst? Man kann sich leicht vorstellen, daß der Tiger von der Feinheit, der Kultur und dem persönlichen Wert des Hasen angezogen wird und beginnt, für ihn Neigungen zu empfinden, die einer guten und normalen Freundschaft vorausgehen; sie könnten sich verstehen, sie könnten sich gemeinsam für dieselben Ziele einsetzen, sie könnten zusammen arbeiten. Aber wenn man ständig daran denken muß, einen anderen Menschen nicht zu kränken, seinem Argwohn keinen Anlaß zu geben, bei der Arbeit nicht zu schnell vorzugehen, die eigenen Ziele nicht zu hoch zu stecken und dem anderen nicht voraus zu sein, wie es zwischen Tiger und Hase der Fall ist, dann ist es verständlich, daß der Tiger den Hasen unter jene Menschen einordnet, die anstrengend sind. Man würde sie zwar unter Umständen gerne mögen, aber es gibt da leider immer ein kleines Hindernis, einen winzigen Einwand. Und das reicht aus, um zu dem Schluß zu kommen, daß die gestellte Frage mit

NEIN

zu beantworten ist.

Versteht sich ein Tiger mit einem Drachen?

Der Drache ist ein Kämpfer; er hört nur auf sich selbst und hält sich nur an seine eigenen Ideen. Auf Menschen, die ihn nicht besonders gut kennen, wirkt er ein wenig schroff. Wird er sich bei einem Tiger seine Kanten abschleifen? Der selbstsichere Tiger wird ihm dabei helfen. Im Gegenzug wird ihm seine Beziehung zu einem Drachen gesunden Menschenverstand, Vorsicht und Klugheit einbringen, ohne daß dies in irgendeiner Weise seiner Lebendigkeit oder seiner Entscheidungskraft Abbruch tut. Brillant, wie sie beide sind, haben sie, wenn sie sich zusammentun, eine ungeheure Wirkung. Es ist durchaus möglich, daß Konkurrenten, beeindruckt durch ein solches Gespann, das Feld ziemlich schnell räumen werden. Dies ist ein Team, werden sie sich sagen, mit dem man sich nicht anlegen sollte.

Beide Zeichen sind schroff und eigenwillig, und nichts spricht dafür, daß es zwischen ihnen nicht einmal Spannungen oder sogar Krach gibt. Gewitterstürme wird es wohl häufiger einmal geben. Aber sie sind beide direkt und sehr freimütig, und das ist für ihre Zusammenarbeit ein beachtlicher Trumpf; sie sind ein unverbrüchliches Gespann.

Es ist möglich, daß es bei ihren gemeinsamen Geschäften manchmal ein wenig überstürzt und sorglos zugeht und daß Fehler gemacht werden. Denn diesen beiden brillanten, aktiven, lustigen und liebenswerten Menschen fehlt ein wenig Ordnung in der Arbeitsplanung und Genauigkeit in der Kalkulation. Wie dem auch sei, bei der Verbindung von Drache und Tiger kann nichts Schlechtes herauskommen, und der eine wie der andere wird sie sich wünschen und davon entzückt sein. Auf die gestellte Frage antworten wir daher mit

JA.

Versteht sich ein Tiger mit einer Schlange?

Der mutige und unabhängige Tiger lehnt jede Form des Gehorsams ab, fühlt sich selbst aber zum Befehlen geboren. Mut treibt er leicht bis an die Grenzen der Waghalsigkeit und des Leichtsinns. Das aber gefällt der Schlange nicht besonders. Es fehlt ihr zwar ebenfalls nicht an Mut, doch sie ist klug genug, unnötige Kraftproben zu vermeiden.

Der großmütige Tiger zögert nie, jemandem einen Gefallen zu tun, auch wenn es sich nur um eine Lappalie handelt und auch wenn es auf seine eigenen Kosten geht.

Jeder kennt die geradezu sprichwörtliche Weisheit der

Schlange. Die Schlange ist eine methodisch vorgehende Organisatorin, sie stellt fundierte Überlegungen an und verfügt über ein gutes Gedächtnis. Sie hat eine sehr hohe Auffassung von Moral. Manchmal wird sie mit Tartuffe verglichen, aber ob das stimmt? Beruht ein solcher Vergleich nicht vielleicht auf einem gewissen Neid angesichts einer solchen Fähigkeit, zu denken und zu schweigen? Wenn die meisten von uns schon lange nicht mehr schweigen können, behält sie Geheimnisse immer noch für sich. Ihr Fehler ist nur ihr Trotz. Sie ärgert sich regelmäßig, wenn sie verliert, wenn sie unrecht hat oder man ihr nicht zuhört. Wenn sie hingegen gewinnt, wenn man ihr recht gibt und wenn man ihr ganz offensichtlich aufmerksam zuhört, kommt eine derartige Reaktion jedoch nur selten vor. In ihrem tiefsten Innern ist sie nicht selten mißgünstig.

Um mit dem Tiger gut zurechtzukommen, müßte die Schlange damit einverstanden sein, sich befehlen zu lassen. Nichts spricht gegen ein solches Einverständnis, denn die Schlange, die einen echten persönlichen Wert hat, ist nicht vorrangig daran interessiert zu dirigieren. In dieser Beziehung können sich die zwei also einig werden. Und man kann, da beide Yang sind, davon ausgehen, daß sie miteinander auskommen können, allerdings nicht in einer alles überstrahlenden Freundschaft, die in der ganzen Welt nicht ihresgleichen findet. Trotz dieser Einschränkung kann man aber auf die gestellte Frage mit

JA

antworten.

Versteht sich ein Tiger mit einem Pferd?

Eleganz, Nervosität, Feuer, Ungeduld und Liebenswürdigkeit, das ist in wenigen Worten ein annähernd vollständiges Porträt des Pferd-Geborenen. Er liebt Reisen und Veränderungen, ist hilfsbereit und gesellig. Für das Alleinsein ist er nicht geschaffen, ist er jedoch dazu gezwungen, so wird es ihn langsam auffressen. Er braucht Leben und Treiben um sich, vergnügliche Plaudereien und gewitzte Zerstreuung. Er ist eloquent, fähig, die Menge mitzureißen, aber es fehlt ihm an Tiefe, und wenn er Fehler macht, dann ist das seinem oberflächlichen Wesen zuzuschreiben.

In der Gegenwart eines Tigers wird ihm klar, wie er selbst gerne wäre. Das Pferd ist gesellig und geht leicht Bindungen ein, der Tiger ebenfalls. Es ist von Grund auf loyal und findet im Tiger ebenfalls einen Verfechter der Loyalität. Ehrgeizig wie es ist, wäre es ihm jedoch lieber, der Tiger hätte im Verfolgen ihres gemeinsamen Ziels, des Erfolgs, mehr Methode als es selbst. Das Pferd ist in vielen Fällen geneigt, in die Politik einzusteigen; das Gefühl, Volkstribun zu sein, findet es herrlich, und es berauscht sich an Applaus und Ovation.

Der Tiger fühlt, daß das Pferd ihn schätzt; er liebt dessen Ungestüm und findet Vergnügen daran, es zu lenken, ihm Ratschläge zu geben und es zu beruhigen, denn das Pferd wird oft von nervöser Bangigkeit gequält. Weil das Pferd aufgeweckt und schnell ist, geistige Offenheit und eine große Auffassungsgabe besitzt, fühlt sich der Tiger häufig ein wenig wie der »große Bruder« dieses fröhlichen, leidenschaftlichen, phantasievollen und verrückten Wesens, das dieselben Ambitionen hat wie er selbst.

Diese beiden Zeichen scheinen dafür geschaffen, sich zu verstehen. Die Leichtigkeit des einen, die Munterkeit des anderen, der Ehrgeiz beider und der gemeinsame Wunsch, nicht in einer unsicheren Existenz vor sich hinzuvegetieren, ihre Loyalität und ihre Lauterkeit, ihre Ambitionen, ihre Liebe zu Macht, Menschengewimmel, kultiviertem Leben und Geld muß aus ihnen einfach Freunde machen; sie können sich einander wunderbar angleichen, und auf die gestellte Frage antworten wir daher mit

JA.

Versteht sich ein Tiger mit einer Ziege?

Die Ziege ist ein gefühlvoller Mensch voller Phantasie und vor allen Dingen sensibel. Die Persönlichkeit des im Jahr der Ziege Geborenen zeichnet sich weder durch Kraft noch durch Stärke aus, sondern durch Feinheit, Sensibilität und einen Hang zum Musischen. Ein solcher Mensch ordnet sich leicht unter und möchte weder eigenwillig noch herrisch erscheinen. Da er unbeständig und voller verrückter Ideen ist, tut er sich mit der Ehrlichkeit etwas schwer. Er lügt und betrügt, verleugnet sich manchmal selbst und vertritt, was Moral und hohe Prinzipien angeht, einen eigenen, sehr persönlichen Standpunkt.

Hat es der Tiger mit einem Ziege-Geborenen zu tun, so muß er die Erfahrung machen, daß die Wahrheit von morgens unter Umständen abends nicht mehr gilt. Nun gut, sagt er sich, jetzt, wo ich das weiß, werden wir uns arrangieren. Im Grunde genommen hat er nichts dagegen, daß die Ziege sich manchmal ins Unrecht setzt; denn so hat er die Oberhand, wohlgemerkt diskret, denn die Ziege weiß, wie sie es anstellen muß, daß keiner ihr sagen kann, sie habe unrecht. Im übrigen muß man ihr zuerkennen, daß sie, die oberflächlich und nicht sehr tiefgründig ist, durchaus verantwortlich handelt, falls es die Situation erfordert.

Der Tiger, der alles Lebendige, Lebhafte, Schöne und Bequeme liebt und sich zu den Menschen hingezogen fühlt, die im Leben Erfolg haben, weiß den Ziege-Geborenen zu schätzen: wegen dessen liebenswürdigem Charakter, Munterkeit, Ergebenheit und Anhänglichkeit, die so angenehm dem Stolz schmeicheln, der ihn, den großen Tiger, beseelt. Man kann sie sich beide gut in einem Abenteuer ohne Gefahren vorstellen, plaudernd und lachend, die Freuden des Daseins genießend. Sie können ein liebenswürdiges und sehr aufgewecktes Freundespaar abgeben, gemeinsam den Weg zu ihrem Ziel gehen, den Erfolg teilen und sich auf dem Gipfel ihrer Laufbahn mit einem Lächeln ansehen. Antworten wir also mit

JA.

Versteht sich ein Tiger mit einem Affen?

Neben einem Tiger wirkt der so sehr von sich selbst eingenommene Affe wie ein unbedarfter und kauziger Konkurrent. Er mag sich ja sonst gerne Überlegenheit anmaßen, doch nachdem er die Bekanntschaft des Tigers gemacht hat, ist er nicht mehr ganz so selbstsicher. Der Affe versteht es ausgezeichnet vorzugeben, etwas zu sein, was er nicht unbedingt ist. Man hält ihn für intelligent, geschickt, höflich und gebildet. Wie denkt der Tiger darüber?

Einem Tiger macht man nicht so leicht etwas vor. Sobald er das Wesen des Affen durchschaut und erkannt hat, daß dieser manchmal etwas Aufgesetztes hat, hofft er, davon zu profitieren. Da der Affe schnell lernt, braucht man ihm nur etwas beizubringen, seine Urteilskraft zu stärken und ihn dann wieder in die freie Natur zu entlassen, wo er allein und ohne daß man ihn extra darum bitten müßte, das Gedankengut verbreitet, das ihm der Tiger eingetrichtert hat.

Für den Affen, den heimlichen Bewunderer des Tigers, der sich seiner als Lehrmeister angenommen hat, gibt es nichts Höheres, als der geheime Wortführer dieser außergewöhnlichen Persönlichkeit zu sein. Zwischen beiden herrscht ein stillschweigendes Einverständnis, bei dem jeder versucht, sich dem anderen nützlich zu machen.

Beide sind aufgeweckt, intelligent, kreativ, zielstrebig und vergnügt. Wenn es sein muß, sind sie aufrichtig, bei Bedarf ein wenig unehrlich, und sie können miteinander einen echten Bund schließen, der ihren jeweiligen Ambitionen nützt. Aus diesen verschlungenen Anfängen kann eine wirkliche Freundschaft entstehen; sie werden inmitten von Rivalitäten und Schwierigkeiten in einem gemeinsamen Bestreben ihren Weg gehen, im Gleichschritt in die gleiche Richtung, und jeder wird sich dabei blind und absolut auf den andern verlassen. Ohne zu zögern, antworten wir mit

JA.

Versteht sich ein Tiger mit einem Hahn?

Ein Hahn wird einem Tiger nie vorwerfen dürfen, dieser messe sich zuviel Bedeutung zu. Denn er selbst macht sich ja ebenfalls gerne bemerkbar und ist einigermaßen eitel. Da er immer ein Mittel findet, sich ins rechte Licht zu rücken, macht er einen ausgezeichneten Eindruck, und in seiner Gesellschaft hat sich noch nie jemand gelangweilt. Man fühlt sich in seinen Rang erhoben, den er, wie sein elegantes und immer völlig passendes Auftreten bezeugt, für nicht unbedeutend hält.

In den Augen des Tigers ist die beste Eigenschaft des Hahns seine Freimütigkeit. Er kann absolut nichts verhehlen. Da er großmütig und voller Sympathie für seinesgleichen ist und da er Ratschläge und Hilfe mit Eleganz anzunehmen weiß, hält man sich gerne in seiner Gesellschaft auf, man findet seine Art amüsant, man vertraut ihm und liebt ihn.

Er hat den Fehler – der letzten Endes nur ihm selbst schadet –, zu besorgt um sein eigenes Schicksal zu sein und seine ganze Kraft einzubüßen, sobald sich der kleinste Mißerfolg am Horizont bemerkbar macht. Er erholt sich nur schwer von einem Tiefschlag und nimmt Hilfe dann ohne weiteres an, weil er sich sonst, wie er denkt, nicht mehr davon erholen wird. Sein Selbstvertrauen ist keineswegs so groß, wie er die anderen gerne glauben machen würde.

Wenn er einem Tiger begegnet, so ist der Hahn zutiefst beeindruckt. Denn der Tiger genießt ein zunächst einmal ziemlich oberflächliches Ansehen, und man schenkt ihm vertrauensvolle Bewunderung, bevor man überhaupt weiß, ob er sie verdient. Genauso verhält sich auch der Hahn, der sich sofort wünscht, in unmittelbarer Umgebung einer solchen Persönlichkeit bleiben zu können. Er zögert nicht, den Tiger um Ratschläge zu bitten, und gibt zu verstehen, daß er sich gerne in dessen Dienst stellen würde, wenn nur der Tiger bereit wäre, dem Hahn zunächst einmal zu helfen, indem er ihn seine Methoden lehrt. Eine so imponierende Persönlichkeit wie der Tiger zu werden, das wäre doch traumhaft!

Der Tiger begreift schnell, welchen Vorteil er aus einer solchen Hingabe ziehen kann. Dann begreift er aber auch, daß er den Hahn zu seinem Freund – einem seiner Freunde – machen und ihm sein Vertrauen gewähren kann. Wir antworten also mit

JA.

Versteht sich ein Tiger mit einem Hund?

Das Innenleben des Tigers, das von einem angeborenen Hang zum Risiko zeugt, gründet sich auf das Glück, das ihn immer auf die Sonnenseite des Lebens stellt. Aufrichtig, mit großem Sinn für Ehrenhaftigkeit, ist er moralisch anständig, offen, freimütig und treu. Nicht daß er es nicht wüßte, wenn sich etwas Zweifelhaftes abspielt, er sieht es klar und deutlich, aber er will es bewußt nicht sehen. Er spielt nicht DON QUICHOTTE; er läßt die anderen machen, wenn er nichts damit zu tun hat. Er ist tolerant und freisinnig und kann verzeihen, und da er sich über die Laster erhebt, behält er saubere Hände. Er stellt hohe Ansprüche an sich selbst, ist großmütig und ein guter Ratgeber, aber seine Gefühlsbetontheit hindert ihn manchmal daran, so zu handeln, wie er gerne möchte. Aber noch ausgeprägter als alles andere ist sein immenses Freiheitsbedürfnis.

Der Hund lebt in einer angstvollen Beklemmung, die nur schwer zu beschreiben ist. Jenseits seiner Nervosität und seiner Ängste findet man, wenn es einem gelingt, sein tieferes Wesen zu fassen, einen Menschen mit hohen Moralvorstellungen und echtem innerem Anstand. Er ist aktiv und arbeitsam, und es sieht so aus, als könnte er bei allem, was er anpackt, Erfolg haben. Aufmerksam, vorsichtig und intuitiv wie er ist, entgeht ihm das Na-

hen einer Gefahr nicht. Da er ehrgeizig ist, kann man ihn erobern, indem man diesem Charakterzug schmeichelt, und da er
verschwenderisch ist, braucht er oft einen Freund mit breiten und
starken Schultern, der ihm aus der Patsche hilft.
Wenn er die Bekanntschaft eines Tigers gemacht hat, dann hat
er nur noch den Wunsch, dieser bewundernswerten Persönlichkeit so nahe wie möglich zu bleiben. Er macht kein Hehl daraus,
und der Tiger wird, wenn er es will, im Hund einen Freund finden. Der Tiger wird erkennen, wie sehr sie sich gegenseitig helfen können, und zwischen ihnen wird eine sehr schöne Freundschaft entstehen. Die Antwort ist also:

JA.

Versteht sich ein Tiger mit einem Schwein?

Das Schwein repräsentiert den redlichsten Menschentyp des ganzen chinesischen Tierkreises. Sicher gibt es schlichte Redlichkeit
oft, aber hier handelt es sich um eine tiefe und sozusagen in
Fleisch und Blut übergegangene, eine ungebrochene und nie ver-
sagende Redlichkeit. Wir haben es also mit einem unkomplizier-
ten und geradlinigen Menschen zu tun. Er mag keine Jahrgangs-
treffen und keine Treffen von Kriegskameraden des »letzten«
Krieges. Solchen geselligen Veranstaltungen zieht er das Alleinsein oder den Umgang mit einem sehr kleinen Kreis von Perso-
nen vor, die er selbst aus persönlichen und ganz bestimmten
Gründen ausgewählt hat. Was kann ein solcher Mensch mit
einem Tiger und dessen brillanter, imposanter, selbstsicherer, ein
wenig einschüchternder, ja furchteinflößender Persönlichkeit gemeinsam haben? Vermutlich nicht mehr und nicht weniger als andere. Der Tiger beeindruckt ihn. Nach chinesischem Denken verkörpert der Tiger auch das Gleichgewicht. Er legt Flexibilität,
Argwohn, Gemessenheit an den Tag, aber auch eine gewisse
Härte, wenn sein Interesse im Spiel ist.

Diese beiden Zeichen können mit Sicherheit zusammen arbeiten. Während der Tiger sich als herrisch erweist, ist das Schwein sehr ruhig und eher fügsam. Es ist kein Mensch, der gerne Entscheidungen trifft. Diese Zusammenarbeit endet jedoch in dem Moment, in dem der Arbeitstag zu Ende geht. Ihr Einverständnis geht nicht darüber hinaus. Auf die gestellte Frage kann man daher ohne weiteres mit

NEIN

antworten.

Der Hase und sein Verhältnis zu den anderen Tierzeichen

Versteht sich ein Hase mit einem anderen Hasen?

Zwei im Jahr des Hasen Geborene können jeweils im anderen ihre eigenen Reaktionen wiederfinden. Was zwei Hasen verbindet, ist in erster Linie ihre geistige Offenheit. Beide sind zum Reden, Erklären und Erzählen veranlagt. Sie lieben das Leben, kleine schnelle Abenteuer und fröhliche Runden im Freundeskreis; sie sind eher sorglos, besitzen aber Sinn für Loyalität und Tugend; und sie sind beide vorsichtig.

Es gibt eigentlich nichts, was sie entzweien könnte, nicht einmal eine Liebesaffäre, denn dieser Art von Abenteuer messen sie beide keine große Bedeutung zu. Wenn sie eine Familie gründen, dann tun sie dies beschwingt, ohne Komplikationen, und ihre Loyalität läßt es nicht zu, daß sie sich gegeneinanderstellen. Nichts hindert sie also daran, wirkliche Freunde, gute Kameraden und ausgezeichnete Arbeitskollegen zu sein.

Die Antwort auf die gestellte Frage ist also mit Sicherheit

JA.

Versteht sich ein Hase mit einem Drachen?

Der Hase ist alles andere als glanzlos; und er ist elegant und charmant. Er hat überall Erfolg. Er mag nicht die blendende Ausstrahlung des Drachens haben, aber er weiß zu glänzen. Er hat hohe Qualitäten, denn er ist unter dem Zeichen der Tugend und der Vorsicht geboren. Er ist ein loyaler, wertvoller Mensch, der es versteht, sich in den Vordergrund zu stellen, auch neben einem Drachen.

Der Drache dagegen ist schnell, entscheidungsfreudig und steckt voller Ideen, und im Alltagsleben kann er sich als genauso amüsant und geschickt erweisen wie der Hase.

Es ist klar, daß keiner der beiden den andern braucht. Der vergnügte, geistreiche und schlagfertige Hase kann es durchaus mit dem Drachen aufnehmen. Aber er ist ängstlich und kennt seinen eigenen Wert nicht. Nur zu leicht läßt er sich davon überzeugen, daß der Drache besser und schneller ist als er, und macht einen Rückzieher. Der Hase nimmt unbesehen das Bild an, das sich die anderen vom Drachen machen, was ihn jedoch nicht daran hindert festzustellen, daß der Drache kein bißchen Geduld hat, daß er die anderen immer zu langsam findet und es ihnen auch sagt. Denn Zartgefühl ist nicht die starke Seite des Drachen.

Andererseits hat der Drache eine sehr persönliche Art, durch das Leben anderer Menschen hindurchzugehen, gewissermaßen im Triumphzug. Er ist warmherzig und dynamisch, er weiß und kann alles und brilliert, und die anderen, alle anderen, haben nur zu tun, was er ihnen sagt. Wie grau, langsam, gewöhnlich, unfähig und ganz und gar glanzlos sie doch in seinen Augen sind! Bevor man einem Drachen begegnet, hat man von sich vielleicht eine gute Meinung; hat man erst einen kennengelernt, kann man sich nicht mehr ausstehen.

Auch ein Hase kann glänzen, Qualitäten vorweisen und schlagfertig sein. Aber ist das alles denn neben einem Drachen überhaupt noch der Mühe wert? Wohl nicht, denkt sich der Hase, der jedoch einen Wettstreit mit dem Drachen nicht fürchten müßte. Doch er wehrt sich dagegen, und so ist die Antwort auf die gestellte Frage

NEIN.

Versteht sich ein Hase mit einer Schlange?

Was für ein Mensch ist der Hase? Er ist ein charmantes, moralisches, tugendhaftes Wesen mit den allerbesten Gefühlen, und er würde sich gerne mit der Schlange messen. Er ist flexibel, aber eher ängstlich als kühn und benutzt öfter einmal Ausflüchte, bleibt allerdings immer innerhalb der Grenzen von Moral und Vernunft. Er gehört zu jenen Menschen, die das Bedürfnis nach einem Halt haben; er ist fähig zu Liebe, Zuneigung und Zärtlichkeit, aber wichtiger sind ihm gewisse materielle und geistige Annehmlichkeiten. Die Hase-Frau ist gerne ein wenig mondän und liebt ein großzügiges Stadtleben. Sie hat ebenso wie der Hase-Mann ein sehr gutes Gedächtnis und versteht es, klug zu reden.

Neben einem unfaßbaren und wendigen Wesen, wie es die Schlange verkörpert, fühlt sich der doch so feine Hase schwerfällig und ungeschickt. So viel Finesse, Arglist und Durchtriebenheit sind mehr, als er ertragen kann. Die Schlange hat eine Art, dahinzuschleichen, aufzutauchen, zu verschwinden und wiederzukommen, die für den Hasen niederschmetternd ist. Die Schlange weiß, was er denkt, da sie sehr intuitiv veranlagt ist, und sie amüsiert sich darüber. Für sie ist der Hase ein charmantes, gewandtes, liebenswertes und leichtfüßiges Wesen. Sie fühlt, daß er aufmerksam ist, und genießt es, daß er ihr bewundernd zuhört. Andererseits können sich die beiden sowohl bei der Arbeit als auch in der Freizeit ergänzen. Die Schlange hat es von jeher geliebt, Ratschläge zu geben und ihre Erfahrung mit anderen zu teilen; mit einem Hasen, der sie bewundert und nichts weiter will, als so zu werden wie sie, ist sie glücklich. Daher können wir auf die gestellte Frage mit

JA

antworten.

Versteht sich ein Hase mit einem Pferd?

Pferd und Hase besitzen eine Reihe von Gemeinsamkeiten. Der Hase ist vorsichtig, schnell und tugendhaft. Nichts bringt ihn in Widerstreit zum Pferd, das unter dem Zeichen der Eleganz und des Feuers geboren ist.

Beide sind schnell, enthusiastisch, loyal und elegant. Sie können füreinander Wertschätzung empfinden, und sie können ebensogut eine gemeinsame Arbeit verrichten. Es sieht nicht so aus, als könnte etwas zwischen ihnen stehen. Das Pferd mit seinem Enthusiasmus kann dem Hasen in schlechten Zeiten eine moralische Stütze sein. Der Hase, der wesentlich bescheidener ist als das Pferd, hegt für dieses eine Bewunderung, die ihrer Beziehung eine große Festigkeit verleiht. Er wird instinktiv das Pferd als ihm überlegen ansehen, aber dieses erkennt die Qualitäten anderer, und die Offenheit und die sittliche Unkompliziertheit des Hasen werden es für ihn einnehmen. Und nicht zuletzt erspart die Vorsicht des Hasen seinem Pferd-Freund vielleicht einige Gefahren oder Unbesonnenheiten.

Man kann sich gut vorstellen, daß sie enge Freunde werden oder – im Berufsleben – ein äußerst wertvolles Team bilden. Die Antwort ist also:

JA.

Versteht sich ein Hase mit einer Ziege?

Dem Hasen fehlt es nicht an Charme, und bei denen, mit denen er zu tun hat, ob Männer oder Frauen, hat er Erfolg nicht nur wegen seines angenehmen Äußeren, sondern auch wegen seiner moralischen Ansichten. Er ist ein aufrichtiger Mensch, der wertvoll ist, was man ihm auch anmerkt, der sich durchsetzen kann und nicht so eitel ist, immer der Größte und von allen bewundert sein zu wollen. Er ist immer guten Willens, und wenn er jemanden kennenlernt, geht er auf ihn zu und versucht, sich mit ihm anzufreunden.

Natürlich geht er an der Ziege nicht unbemerkt vorüber. Sie werden sich herrlich zusammen amüsieren, bevor sie eine gemeinsame Arbeit angehen oder aber dicke Freunde werden.

Die Ziege ist eine liebenswürdige, zärtliche und charmante Phantastin. Mit dem Hasen hat sie gewisse Gemeinsamkeiten. Sie liebt dieselben Spiele, gewinnt dem Leben nur die lustige Seite ab und findet alles amüsant. Wenn es jedoch sein muß – allerdings so wenig wie möglich –, kann sie auch ernst und schlagkräftig sein; und all dies wird den Hasen nicht unberührt lassen. Um die Charakterfehler, die er ganz klar bei ihr sieht, kümmert er sich nicht; es handelt sich um Freundschaft, und Nachsicht ist geboten.

Der Hase, der nie Bedenken hat oder sich spreizt, nimmt die sichtliche Spontaneität der Ziege gerne an. Ihr Mangel an Offenheit ist ihm weniger angenehm, aber er mißt dieser Schwäche keine allzugroße Bedeutung bei und ist scharfsinnig genug, sie zu entwaffnen.

Die Antwort auf die Frage, ob sie sich verstehen, ist ganz sicher

JA.

Versteht sich ein Hase mit einem Affen?

Es mag vielleicht seltsam erscheinen, doch zwischen dem Affen und dem Hasen gibt es keine großen Unterschiede.

Der Hase fügt sich nur schwer in ein »System« ein, und wenn er sieht, welche Freiheit sich der Affe zugesteht, empfindet er ein leichtes Neidgefühl. Wenn er, der Hase, es akzeptiert, sich in eine Institution zu integrieren, so vermutlich nur deshalb, weil ihm der Mut und die Ideen fehlen, es anders zu machen. Er verwendet keine Tricks, er ist »sauber«. Er geht den steinigen Pfad der Tugend. Mit der Beachtung der kostbaren Regeln der Vorsicht nimmt er es sehr genau. Er will zu Geld und einer gewissen gesellschaftlichen Stellung kommen; und um dies zu erreichen, ist er bereit, die notwendigen Opfer zu bringen.

Kommt er mit einem Affen zusammen, so wird diese Festung erschüttert. In diesem entdeckt er einen Menschen, der unfähig ist, sich dem geringsten Konformismus zu beugen, und ununterbrochen gegen jede Art von Regelmäßigkeit oder Gewohnheit ankämpft. In den Augen eines Hasen ist es purer Wahnsinn, sich dagegen wehren zu wollen, in ein uniformes System eingezwängt zu werden und sich darauf zu versteifen, in der systematisierten Welt, in der wir heute leben, ein Einzelkämpferdasein zu führen. Aber weit davon entfernt, auch nur die geringste Kritik zu üben, bewundert er diesen Affen, der den Mut und die Ideen hat, die ihm fehlen. Wenn er sieht, wie der Affe handelt, dann sagt er sich: »Das ist genau der Freund, den ich brauche; er wird mir Tag für Tag eine Unabhängigkeit vor Augen führen, die ich nie erreiche. Er kann mir eine Hilfe sein, und vielleicht kann ich ihm ebenfalls nützlich sein.« Der Affe hat gegen dieses Freundschaftsangebot nichts einzuwenden, und wir antworten daher mit

JA.

Versteht sich der Hase mit einem Hahn?

Der Hahn legt, wenn man ihn kennt, ein sehr offenes Wesen an den Tag und ist für Probleme und Mißlichkeiten seiner Freunde oder Bekannten sensibler, als man zunächst annehmen könnte. Dabei liebt er es ganz sicher nicht, wenn man ihm ständige Disziplin auferlegt, er zieht eine strengere, aber innere Disziplin vor, die seiner Eigeninitiative weiten Raum läßt.

Der Hase (manchmal wird dieses Zeichen auch Katze genannt) ist ein lauterer, tugendhafter und vorsichtiger Mensch. Er hält sich streng an die moralischen Gesetze, und nie würde er es wagen, ein Risiko einzugehen.

Man hat also den Eindruck, daß Hahn und Hase nicht dafür geschaffen sind, sich zu verstehen. Doch wenn der Hase, der nicht für selbständiges Arbeiten geschaffen ist, sieht, mit welcher Präzision und Klarheit der Hahn seine Anweisungen gibt, kann er nicht umhin, ihn zu bewundern. Auch wenn sie gleichrangige Arbeitskollegen sind, wird der Hase wohl ganz selbstverständlich den Hahn nach dessen Meinung fragen, so wie ein Untergebener seinen Vorgesetzten um dessen Meinung bittet.

Unter diesen Umständen gibt es keine Rivalität; und Rivalität ist das größte Hindernis für eine gute Zusammenarbeit. Zwischen Hahn und Hase kann die Zusammenarbeit nur gut und unproblematisch sein. Wenn man außerdem weiß, daß der Hase sein Äußeres pflegt, kann man schon ahnen, daß er auch hier mit dem Hahn auf gemeinsamem Boden steht. Nur weniges trennt sie, es gibt daher keinen Anlaß zu Verärgerung oder Groll. Ihrer Wertschätzung und Zusammenarbeit steht also nichts im Wege. Die Antwort ist daher

JA.

Versteht sich ein Hase mit einem Hund?

Der Hase, der eher ängstlich als kühn ist, ist nicht besonders souverän. Beim ihm wird man weder Tapferkeit noch Heldenmut, sondern J.-M. DE KERMADEC zufolge eher Tugend suchen. Er ist aus einem Holz geschnitzt, das ihm moralische Stärke und, wenn er sicher ist, recht zu haben, die Fähigkeit gibt, energisch aufzutreten. Er ist kein intellektueller, sondern ein intuitiver Mensch. Sanftmütig und zurückhaltend wie er ist, erobert er seinen Gesprächspartner mit seinem Charme. Er ist manchmal egoistisch, nicht immer treu, und das gibt ihm Unabhängigkeit. Kann dieses angenehme, aber nicht besonders aufgeschlossene Wesen sich nun mit dem Hund verstehen?

Der Hund, wie ihn die chinesische Astrologie darstellt, ist in seinem Innern von dem Gefühl des letzten Abschieds beseelt, was ihn nicht gerade zu einem sehr fröhlichen Menschen macht. In seiner Jugend mag er vielleicht verspielt und lustig sein, doch ist er erst erwachsen, so wird er ernst, steht Oberflächlichkeit und Weltlichem fern, ist auf Anstand, auf die zu erfüllende Pflicht und auf Korrektheit bedacht. Was anderen Freude macht, lehnt der Hund-Geborene ab; Gesellschaftsspiele, mit denen man sich bei einer Abendgesellschaft unter Freunden die Zeit totschlägt, findet er grotesk. Er zögert nicht, das auch zu sagen, und gilt deshalb als Misanthrop, was er aber nicht ist. Der Hund-Geborene zögert nie, jemandem einen Dienst zu erweisen, und er hält sein Wort; er kennt die Schwierigkeiten eines jeden und hilft seinen Mitmenschen, wann immer er kann.

Der Hase kann gegenüber einem Hund nur Sympathie empfinden. Auch er ist weder hart noch egoistisch, aber er versteht es, sich zu amüsieren, und weiß, daß ihn der Hund insgeheim tadelt, weil er gerne mit Freunden zusammensitzt. Können sie füreinander freundschaftliche Gefühle empfinden?

JA.

Versteht sich ein Hase mit einem Schwein?

Der Hase, der im wesentlichen vorsichtig ist, ist argwöhnisch, wenn das Schwein in sein Arbeitsteam oder seine Sportmannschaft neu eintritt. Aber seine Intuition läßt ihn sehr schnell ahnen, was er von diesem Neuankömmling zu halten hat. Bald stellt er fest, daß es keinen Grund gibt, sich Sorgen zu machen. Das Schwein, das weder ein verbissenes Arbeitstier noch ein Ehrgeizling ist, wird dem Fortkommen des Hasen nicht schaden. Wenn das Schwein arbeitet, dann nur, um sich das Einkommen zu verschaffen, das es braucht, um sich und seiner Familie ein behagliches Leben zu sichern.

Der Hase kann also beruhigt seine Qualitäten, die vor allem auf Eleganz und Charme beruhen, entfalten und darauf vertrauen, daß das Schwein weder bei der Arbeit noch im Gefühlsleben oder im Freundes- oder Bekanntenkreis ein Rivale für ihn sein wird. So können sie ihre Bekanntschaft auch außerhalb der Arbeitszeit pflegen, gute Kameraden und schließlich Freunde werden. Sie werden nie intime Freunde werden, weil ihre Neigungen auseinandergehen, aber sie werden aufrichtige und loyale Freunde sein. Antworten wir also mit

JA.

Der Drache und sein Verhältnis zu den anderen Tierzeichen

Versteht sich ein Drache mit einem anderen Drachen?

Der Drache ist völlig frei von Komplexen; er hält sich für den Brillantesten, Stärksten, Schnellsten und dergleichen mehr. Und tatsächlich ist er überall, wo er hinkommt, der Größte. Was aber, wenn es zwei sind? Kommen zwei Drachen zusammen, so freuen sie sich. Sie gefallen sich, da jeder die Eigenschaften besitzt, die der andere am meisten schätzt. Sie sind gleich schnell und haben dieselben Ideen. Sie können ein unschlagbares Team sein. Nichts kann sie aufhalten, sie sind ein Gespann aus einem Guß, bereit, die Welt zu erobern. Es darf nur nicht passieren, daß sie sich in dieselbe Frau verlieben. Denn dann beginnt ein homerischer Kampf. Es sei denn, sie entschließen sich zu einer Liebe zu dritt.

Wenn sie etwas gemeinsam tun, dann bewundern sich zwei Drachen immer gegenseitig und begeistern sich an dem, was ihr

Team leistet. Aber dieses Team hat auch seine Mängel. Wie bei
der Allianz zwischen Drache und Tiger fehlt auch bei ihnen jemand, der kalkuliert und das Management übernimmt. Das
beunruhigt sie nicht besonders, denn wenn eine Sache daneben-
geht, dann ist das nicht so schlimm, sie werden halt etwas Neues
anfangen. Müssen sie reisen, so reisen sie; müssen sie auswan-
dern, so wandern sie aus; und bei alledem sind sie sich beide darüber einig, daß sie große Dinge vollbringen.

Die Sachlage kann aber auch ganz anders aussehen: Wetteifer
um Ansehen, beruflich bedingte Mißgunst und die Angewohnheit, sich gegenseitig zu kritisieren, können zu einem äußerst
schwerwiegenden Bruch führen. Soll man diesen beiden so ähnlichen Naturen einen Rat geben, so kann man ihnen nur sagen,
daß Freundschaft und Loyalität die besseren Wege für ein gemeinsames Gelingen sind. Sie können sicher sein, daß sie sich
verstehen. Die Antwort ist also

JA.

Versteht sich ein Drache mit einer Schlange?

Im Drachen darf man kein blutrünstiges und furchteinflößendes
Tier sehen. In China gilt der Drache als das Zeichen, das allein
durch seine Anwesenheit ein Leben durcheinanderbringt; er kann
außergewöhnlich sein, nicht nur wegen seines Charmes und seines Mutes, sondern auch wegen seines äußeren Erscheinungsbil-
des, seinen Neigungen und Talenten. Energie, Enthusiasmus und
Lebenskraft sind die auffallendsten Charaktereigenschaften des
Drachen. Außerdem ist er ausgesprochen offen und gewissenhaft
und kennt weder List noch Umwege; er geht einen geraden Weg,
der ihn dorthin führt, wo er hin will. Er zweifelt nie an sich
selbst, ist schnell und stark und ungeduldig gegenüber der Langsamkeit anderer. Er ist zwingend in seinen Urteilen, und man
muß zugeben, daß er sich selten irrt. Und schließlich besitzt er

ein ganz besonderes Talent, sich der Lebensumstände zu seinen Gunsten zu bedienen. Was geschieht nun, wenn diese außergewöhnliche Persönlichkeit mit der klugen, ruhigen, feinnervigen und vernünftigen Schlange zusammentrifft?

Bei einer Schlange fühlt sich der Drache auf bekanntem Boden; hier ist jemand seines Niveaus, und er hofft daher, daß mit ihr ein wirkliches Gespräch zustande kommt. Die gebildete, gepflegte, gesittete und höfliche Schlange ihrerseits ist ebenso pfiffig und schnell, hat eine ebenso sichere Intuition wie der Drache und steckt wie dieser voller Ideen; sie fühlt sich dem Drachen überlegen, weil sie ausgeglichener ist als dieser. Da sie eine ausgezeichnete Schauspielerin ist, steht sie gut mit jeder Art von Menschen, und sie ist weder eingeschüchtert noch vor Erstaunen verwirrt, wenn sie einem Drachen gegenübersteht; sie ist glücklich und zufrieden. »Endlich jemand, mit dem ich etwas anfangen kann«, sagt sie sich.

Angesichts eines solchen Einverständnisses können wir nur mit

JA.

antworten.

Versteht sich ein Drache mit einem Pferd?

Der aufsehenerregende, immer triumphierende Drache mit seiner Pracht, seinem Talent und seinem Glück kann für ein Pferd nur freundschaftliche Gefühle empfinden und über dessen Bekanntschaft beglückt sein. Denn das Pferd ist realistisch, schnell und brillant, alles Eigenschaften, die auch der Drache besitzt. Es ist elegant und interessiert sich für alles. Wie jedermann braucht es Geld, aber es macht darum nicht viel Gerede und gibt das Geld ebenso schnell aus, wie es seinen Lebensunterhalt verdient. Alle diese Züge sind vom Charakterbild des Drachens nicht weit entfernt. Die beiden gleichen sich, aber sie sind verschiedenartig genug, um sich nicht gegenseitig in den Schatten zu stellen.

Das stets ängstliche Pferd sorgt sich ständig darum, daß seine Existenz nicht gesichert sein könnte; es fürchtet, der Boden könnte ihm unter den Füßen weggezogen werden, und für jemanden, der das nicht versteht, macht diese Befürchtung eine Beziehung ein wenig gespannt und eigenartig.

Der Drache, der im Pferd einen Großteil seiner eigenen Charakterzüge wiederfindet, errät auch, was es nicht ausspricht. Was sich auf beider Einverständnis günstig auswirkt, ist die Tatsache, daß der Drache das Pferd nicht fürchtet, in ihm nicht einen Rivalen, sondern einen Kameraden sieht, der später ein Freund werden kann. Wie das Pferd hat auch er nichts dagegen, gelegentlich den Arbeitsplatz und die Stellung zu wechseln oder in eine andere Stadt oder Gegend zu ziehen. Wie das Pferd hat auch er eine enge Beziehung zum Geld, ohne deshalb jedoch geizig oder engherzig zu sein.

Die Gegenwart des Drachen beruhigt und beschwichtigt das Pferd, das sich bei diesem einem bedingungslosen Vertrauen überlassen kann. Und genau das ist es, was es sucht.

Drache und Pferd vertragen sich blendend, die Antwort ist daher

JA.

Versteht sich ein Drache mit einer Ziege?

Diese beiden Zeichen sind so verschieden, daß wenig Aussicht besteht, daß sie an denselben Orten verkehren, und vor allen Dingen, daß sie miteinander warm werden. Aber alles ist möglich. Nehmen wir also einmal an, sie begegnen sich.

Die im Jahr des Drachens geborenen prachtvollen Persönlichkeiten sind weder sanfte noch musische Menschen und auch keine Phantasten. Sie wissen, was sie wollen, und wenn man sie verärgert, so können sie äußerst zornig werden. Sie sind jedoch weder bösartig noch grausam und haben auch ein Auge für andere Menschen in ihrer Umgebung, die weniger bewundernswert sind. Für einen Ziege-Geborenen hegen sie keine besondere Wertschätzung; die Stimmungsumschwünge, Grillen und Launen und auch das Gejammer dieses wetterwendischen Wesens, das mit seinem Schicksal hadert und wegen Nichtigkeiten wehklagt, gehen dem Drachen auf die Nerven.

Aber die Ziege besitzt sehr viel Charme. Wenn der Drache ihr imponiert, so kann sie sehr charmant sein. Und ein richtiger Drache findet es natürlich nie unangenehm, bewundert zu werden; es ist schließlich schmeichelhaft, gute Ratschläge zu geben und einem zartbesaiteten, talentierten und munteren Wesen, das mit den Problemen, vor die es das Leben stellt, nicht allein zurechtkommt, unter die Arme zu greifen.

Der Ziege-Geborene scheint eigentlich nicht für eine Freundschaft mit dem Drache-Geborenen geschaffen zu sein, doch davon läßt er sich nicht beeindrucken; er bewundert und beobachtet ihn und spannt ihn für sich ein, und zwar ohne jemals in Verlegenheit zu kommen, wenn er sich an ihn wendet; er kann durchaus die Freundschaft eines Drachens anziehen, und die recht erstaunliche Antwort auf die gestellte Frage ist

JA.

Versteht sich ein Drache mit einem Affen?

Der Affe ist bestimmt nicht das, was man einen maßvollen Menschen nennt; er ist feinsinnig, schnell und ruhelos; in bezug auf Alltagssorgen demonstriert er eine gewisse Weltabgeschiedenheit, was ihn aber nicht daran hindert, sich, wenn es von Nutzen ist, für seine Stellung und sein Einkommen zu interessieren. Der Drache, der trotz seines glanzvollen Auftretens keineswegs etwas gegen Konformismus hat und auch die Mühe nicht scheut, Geld zu verdienen, wird diesen verwegenen Zeitgenossen, der kein Feuer speit und nicht so aussieht, als würde er diesen Mangel be-

einigen Fällen, nämlich wenn man sich ihm nicht widersetzt, sehr sympathische Persönlichkeit.

Der im Jahr des Hundes Geborene zieht nicht gerne die Aufmerksamkeit auf sich, und diejenigen, denen er seine Sympathie schenkt, will er sich selbst aussuchen; gleichzeitig hat er ein sehr genaues Gespür für Lächerlichkeit und Oberflächlichkeit. Wenn er sich in einer Gruppe von Menschen befindet, die fest entschlossen sind, sich gemeinsam zu amüsieren, so scheint er sich zu fragen, ob sie denn eigentlich einen Grund dafür haben, und nachdem er ein paarmal »aufgebellt« hat, denkt er nur noch daran, wie er sich schnellstens davonmachen kann, denn seine Freuden sind anderer Art. Trotzdem sind die Hunde keine Einzelgänger. Doch sie sind ernste Menschen, die gerne jemandem einen Dienst erweisen.

In Gesellschaft eines im Jahr des Hundes Geborenen fühlt sich jeder wohl. Ein Hund-Geborener ist vernünftig, liebenswürdig und gutherzig; er kommt allein zurecht und bittet nur in Ausnahmefällen um Hilfe. Er weiß, kann und tut das Notwendige; er führt sein Leben.

Dieser interessanten Persönlichkeit gegenüber empfindet der Drache ein freundschaftliches Gefühl, und er ist zu allem bereit, um von ihr beachtet zu werden. Dieser Drache, den alle Welt anhimmelt, sucht die Bewunderung des Hundes; natürlich erhält er sie, und diese beiden Wesen können eine wunderbare Freundschaft schließen. Daher ist die Antwort

JA.

Versteht sich ein Drache mit einem Schwein?

Die unter dem Zeichen des Drachen Geborenen sind außergewöhnliche Menschen. Man muß sich allerdings davor in acht nehmen, von ihnen niedergewalzt zu werden. Denn sie sind Menschen, die sich im Bewußtsein ihrer Kraft und ihres Glücks wie Bulldozer vorwärtsschieben, ohne auf mögliche Hindernisse zu achten.

Diese Charakterzüge entsprechen in nichts denen des Schweins, das abgesehen von seiner Redlichkeit mit dem Drachen nichts gemeinsam hat. Das Schwein sucht weder Erfolg noch berufliche Höhenflüge. Es arbeitet, um regelmäßige Einkünfte zu haben. Davon abgesehen hat es andere Quellen der Freude. Es ist stabil und ruhig, und es wünscht sich ein wohlorganisiertes Privatleben mit einem angenehmen Heim, am liebsten einem eigenen Haus, einer Ehefrau, deren Neigungen auf die seinen abgestimmt sind, und Kindern. Damit sind seine Ambitionen schon erschöpft. Sie sind deshalb nicht minder wichtig, und es setzt alles daran, sich diese Wünsche zu erfüllen.

Wenn er zu erstenmal einem Schwein begegnet, dann studiert, beobachtet und analysiert der Drache dieses und denkt einen Augenblick lang über das nach, was er für einen »Fall für sich« hält, dann geht er wieder seines Weges und denkt an etwas anderes. Diese beiden Persönlichkeiten sind sich nicht feindlich gesonnen, aber sie werden sich, abgesehen von wenigen Ausnahmefällen, auch nie sehr gut kennenlernen.

Dieser Familienvater, der seine engstirnigen kleinen Sorgen niemals vergessen kann, um sich mit dem Drachen über Weltbewegenderes zu unterhalten, interessiert den Drachen nicht. Das Schwein seinerseits kann mit dem unvergleichlichen Drachen nichts anfangen. Zwischen ihnen gibt es keinerlei Berührungspunkte. Sie sind sich einfach wesensfremd. Die Antwort kann daher nur

NEIN

lauten.

Die Schlange und ihr Verhältnis zu den anderen Tierzeichen

Versteht sich eine Schlange mit einer anderen Schlange?

Der Weisheit dürfte es nicht widerstreben, sich zur Weisheit zu gesellen. Die Schlange ist differenziert, einsichtig und in psychologischen Dingen bewandert genug, um zu erkennen, was eine andere Schlange wert ist. Wird die kluge Schlange es als eine gute Sache ansehen, eine Schlange zu ihren Freunden zu zählen, oder kennt sie sich zu gut, um ihresgleichen zu ertragen?

Die Schlange ist kein gewichtiger und würdevoller Pedant. Wie die meisten feinsinnigen und wirklich gebildeten Menschen liebt sie Witzeleien über alles und ist im allgemeinen ein fröhlicher Mensch. Eine Krise wegen Mißgunst gegenüber einer anderen Schlange ist kaum vorstellbar; was immer die eine tut, die andere tut dasselbe. Es gibt also für eine Schlange keinen Grund, neidisch auf eine andere Schlange zu sein, höchstens, ihr nachzueifern, wenn sie der Ansicht ist, die andere habe ihre Sache wirklich gut gemacht. Es besteht also weder Rivalität noch Antipathie; beide stehen über solchen Kleinlichkeiten, aber . . .

Und dennoch besteht, obwohl sie weder hinsichtlich der beruflichen Position noch um Titel oder gesellschaftliche Anerkennung wetteifern, zwischen zwei Schlangen nur selten eine tiefe, aufrichtige und echte Freundschaft. Der Grund dafür ist einfach. Sie sind sich in Stärke und Gewandtheit ebenbürtig, und sie könnten eine aufrichtige Freundschaft pflegen, aber die Schlange sieht sich auf der intellektuellen Skala ziemlich weit oben. Wenn nun zwei Schlangen zusammen sind, so hält sich die eine für bedeutender als die andere. Sie sind sozusagen mit Intelligenz und Weisheit überladen, und jede ist für die andere nur schwer zu ertragen. Das ist bedauerlich, aber man muß einsehen, daß die Antwort auf die Frage, ob sich zwei Schlangen verstehen, nur

NEIN

sein kann.

Versteht sich eine Schlange mit einem Pferd?

Die im Jahr des Pferdes Geborenen sind sympathische und intelligente Menschen, die ihre Fähigkeiten kennen und richtig einzusetzen wissen. Sie sind immer an dem Platz, der ihnen zukommt, wo immer das auch sein mag, und sie verhalten sich immer so, wie man es von ihnen erwartet; sie machen dort, wo sie sind, nie einen unpassenden Eindruck, und es hat den Anschein, als würden sie die für sie geeignete Umgebung und die Verhaltensweiden, die am ehesten angebracht sind, instinktiv kennen. Man kann sich jedoch fragen, wieweit man solche Menschen tatsächlich kennt. Spiegelt ihr Verhalten, das immer exakt dem entspricht, was man von ihnen erwartet, ihre tiefere Persönlichkeit wider, oder ist es nur das Markenzeichen einer sehr guten Erziehung?

Ohne daß dies sichtbar ist, wird das Pferd in einem großen Ausmaß von Angst und Unsicherheit regiert, was aus ihm ein ständig vor Zweifel und Angst zitterndes Wesen macht.

Eine Schlange spricht wenig, aber was immer sie sagt, beweist, daß sie mehr weiß, als man denkt, und daß sie eine hohe Lebensphilosophie hat. Sie ist sie für das Pferd eine sensible und unverzichtbare Stütze. Das Pferd braucht ihre Weisheit. Nun ist es aber so, daß wenn man sich Freunde erhalten will, man es so einrichtet, daß sie einen brauchen, ohne sie aber damit zu belasten, daß man ihnen gefällig ist. Die Schlange versteht es, auf diese Art da zu sein.

Die Schlange liebt es sehr, gute Ratschläge zu geben und zu helfen. Sie hat die Fähigkeit und die Neigung dazu; sie besitzt auch die Gabe der Überzeugungskraft. Bei einem Pferd ist die Schlange glücklich, die Rolle des großen Bruders, des Ratgebers

und Vertrauten übernehmen zu können. Sie weiß, daß das Pferd
sie immer brauchen wird. Dies alles tut sie jedoch nicht, ohne zu
ahnen, welche Reichtümer der Pferd-Geborene in sich trägt. Aus
allen diesen Gründen ist die Antwort

JA.

Versteht sich eine Schlange mit einer Ziege?

Die Ziege ist ganz Freude, ganz Jugend, ganz Phantasie. Ob
Mann oder Frau, sie sehnt sich nach Zärtlichkeit, Freundschaft
und Verständnis. Tiefgründigkeit, große Ideen und Lebensweisheit gehören vielleicht nicht zu den Dingen, die ihren Alltag beherrschen, aber trotzdem ist sie ganz einfach »liebenswert«. Sie
ist künstlerisch veranlagt, hat aber ganz offensichtlich wenig Sinn
für Praktisches. Kommt sie nun aber mit der Schlange zurecht,
mit diesem gebildeten, feinsinnigen, intelligenten Wesen, das mit
einem solchen Charme gesegnet ist, daß die Chinesen sagen, es
sei besser, sofort die Flucht zu ergreifen, sonst laufe man Gefahr,
von der Schlange in Bann geschlagen zu werden?

Zwischen zwei Menschen kann eine wirkliche Harmonie und
in der Folge eine große Freundschaft nur dann entstehen, wenn
sie dieselben Neigungen haben oder sich gegenseitig ergänzen.
Es sieht so aus, als hätte die Künstlernatur eines Ziege-Geborenen von der Mentalität einer Schlange, deren Interessen sich anderen Wissenschaften zuwenden, nichts zu erwarten. Außerdem
sind sie beide nicht gerade arbeitsam; intensives und noch dazu
tägliches Arbeiten gehört mit Sicherheit nicht zu ihren hervorste-
chendsten Kennzeichen. In ihrer Freizeit, auf einer Reise, anläß-
lich einer Kreuzfahrt oder auf der Basis gemeinsamer sportlicher
Interessen können sie zwar eine sehr angenehme Beziehung an-
knüpfen; im Zusammenhang mit der Ausübung eines Berufes ist
eine solche Entwicklung jedoch eher unwahrscheinlich.

Ein solches Team erscheint vielleicht nicht völlig undenkbar, die Zusammenarbeit könnte vielleicht sogar recht amüsant sein. Doch angesichts der Schwierigkeiten, denen beide begegnen würden, ist unsere Antwort

NEIN.

Versteht sich eine Schlange mit einem Affen?

Die im Jahr des Affen Geborenen sind sprudelnd, geistvoll und schlagfertig und verbergen sich hinter einem manchmal irreführenden äußeren Erscheinungsbild. Sie sind nicht immer so, wie sie sich geben. So scheinen sie zum Beispiel unfähig, Dinge und Menschen mit dem angebrachten Ernst zu betrachten. Sie machen immer den Eindruck, als würden sie Dinge, die sie umgeben, sie überhaupt nicht berühren. Aber diesen Eindruck erwecken sie einfach zu konstant, als daß man ihn tatsächlich für echt halten könnte, und man ist versucht zu glauben, daß sie diese Haltung nur an den Tag legen, um ruhiger leben zu können. Dieses Verhalten ist eine Zuflucht, ein Paravent, ein Schutzschild. Sie vermeiden es auf diese Weise, auf ernste Fragen überhaupt eingehen zu müssen, an die sie nur denken wollen, wenn es ihnen gefällt und wenn dafür die Zeit ist, und nicht, wenn die anderen Lust haben, darüber zu reden. Sie lieben keine Gewohnheiten und gehen jeder sozialen Routine aus dem Weg. Wie jedermann akzeptieren sie Verpflichtungen, aber sie legen keinen Wert darauf; es liegt ihnen nicht, Dinge »aus Prinzip« zu tun. An Prinzipien ist ihnen ebensowenig gelegen wie an Konformismus.

Diese Lebensweise entspricht vielleicht nicht ganz jener, die ein im Jahr der Schlange Geborener sucht, dennoch sind sich die beiden gar nicht so fremd.

Ein im Jahr der Schlange Geborener legt keinen übermäßigen Wert auf Prinzipien oder Konformismus. Er glaubt, er sei über diese Dinge erhaben, und betrachtet sie als bedeutungslose Sachzwänge, denen man sich besser unterordnet, aber ohne sich deshalb Gedanken zu machen, sondern eher mit leichter Ironie. Und das führt letzten Endes zu einer Einstellung, die von der des Affe-Geborenen gar nicht so sehr verschieden ist.

Alles in allem kommen sie zu einem nicht unangenehmen Einverständnis. Der ein wenig oberflächliche Affe und die ein wenig weisere und tiefgründigere Schlange haben durchaus die Voraussetzungen, sich über wesentliche Fragen zu verständigen, und man kann sich sehr gut vorstellen, daß sie in einem Team zusammenarbeiten oder sich ohne Auseinandersetzungen ein Aufgabengebiet teilen. Jeder wird auf seine Art die eigene Intelligenz dafür einsetzen. Die Antwort ist also:

JA.

Versteht sich eine Schlange mit einem Hahn?

Der auffällige, stolze und redselige Hahn ist in Wirklichkeit ein Realist, der es versteht, präzise, effizient und dynamisch zu handeln. Dem Schlange-Geborenen kann er einfach nicht mißfallen; denn die aufgeschlossene und weise Schlange errät sehr schnell, daß das buntschillernde Federkleid, der Spektakel und das Gehabe des Hahns nicht nutzloser Wellenschlag sind, sondern dessen Lebensfreude, einer realitätsgerechten Intelligenz und dessen Kontakt- und Mitteilungsbedürfnis entspringen.

Der im Jahr des Hahns Geborene wird oft mißverstanden. Man hält ihn für prahlerisch, hochmütig und sogar eingebildet; nur langsam erkennt man, daß er echte Qualitäten besitzt, und zu diesen gehört neben vielen anderen, derer wir in unserem täglichen Leben bedürfen, vor allem Effizienz. Die weise Schlange begreift das sofort; sie erkennt den Wert des Hahns. Sie ist zufrieden, wenn sie ihn in ihrer Nähe haben kann, und die kameradschaftliche oder freundschaftliche Beziehung, die die beiden verbindet, hat etwas Verschwörerisches.

Der Hahn seinerseits sucht die Gesellschaft der Schlange, muß sich aber anstrengen, wenn er diesen Umgang verdienen will. Er muß der Schlange das Gefühl geben, daß sie ihn braucht und er ihr nützlich ist.

Dazu ist zu sagen, daß die Schlange nicht gerade sehr umgänglich ist; manche Astrologen sagen ihr nach, sie sei empfindlich und borniert. Das beunruhigt den Hahn, der untröstlich wäre, wenn er einen solchen Freund durch pure Ungeschicklichkeit verlieren würde. Doch sollte man sich darüber nicht allzu viele Gedanken machen, denn wenn Gefühl mit im Spiel ist, sieht alles anders aus. Die Schlange empfindet Sympathie für den Hahn, und der Hahn erwidert diese. So können wir mit

JA.

antworten.

Versteht sich eine Schlange mit einem Hund?

Ist es schwierig, der Freund eines Hundes zu sein? Er ist vor allem ein loyales, aber auch – und das ist für ihn unangenehm – ein ständig beunruhigtes Wesen, was bewirkt, daß seine Augen immer einen ein wenig traurigen Ausdruck haben. Es gibt keinen Grund, an seiner Aufrichtigkeit zu zweifeln, seine Unruhe ist metaphysischer Art, und abgesehen von einer Art Beklommenheit, die in seiner Umgebung ein gewisses Unbehagen hervorrufen kann, ist der Hund ein perfekter Freund. Man kann ihn sogar als den vorbildlichen Freund schlechthin betrachten.

Im übrigen ist er ehrgeizig und verschwenderisch. Das sind keine Fehler, die unter Freunden schwer ins Gewicht fallen, aber sie können zu bedauerlichen Zwischenfällen führen. Dafür ist er ein guter Zuhörer, was der Schlange bestimmt gefällt. Sie findet in ihm einen hinreißenden Zuhörer, und so kann sie in ihrer Redekunst schwelgen. Sie redet zwar nicht über die Maßen viel, weiß aber mehr, als sie sagt, und die Möglichkeit, eigene Theorien vor einem so wohlwollenden und aufmerksamen Zuhörer wie dem Hund zum besten geben zu können, ist für sie eine Sache, die man pflegen muß.

Ebenso wie die weise Schlange meidet der Hund, sobald er seiner frühesten und stürmischen Jugend entwachsen ist, oberflächliche Gesellschaftsveranstaltungen, bei denen man redet, ohne etwas zu sagen, und vorgibt, sich wunderbar zu amüsieren, während man sich in Wirklichkeit langweilt. Auch die Schlange mag solche Oberflächlichkeiten, dieses Geschwätz und diese Koketterien nicht besonders, und noch weniger die Spielchen, denen man sich bei solchen Veranstaltungen hingibt.

Der Hund ist zuvorkommend und steht immer zu seinem Wort. Die Schlange schätzt das an ihm. Schlange und Hund verbindet also sichtlich ein tiefes Einverständnis. Die Antwort auf die gestellte Frage ist also ganz selbstverständlich

JA.

Versteht sich eine Schlange mit einem Schwein?

Für die Chinesen ist das Schwein ein Muster an Aufrichtigkeit. Es ist freimütig, und jede Verstellung liegt ihm fern; es ist immer direkt und hütet sich vor verschlungenen Pfaden. Leider ist es sehr vertrauensselig und kann die Menschen, denen man trauen kann, nicht von weniger vertrauenswürdigen Zeitgenossen unterscheiden. Es wird leicht »reingelegt«. Außerdem ist es nicht sehr gesellig; was es macht, macht es gerne allein. Es fühlt sich nur wohl inmitten seiner Lieben, vor allem seiner Kinder, für die es jedes Opfer auf sich nehmen würde.

Was hält nun die Schlange von alledem? Das Betragen des Schweins entspricht absolut nicht ihrem eigenen Stil, und obwohl das Schwein echte Qualitäten besitzt, die man nicht außer acht lassen sollte, wird es nicht gerade derjenige sein, den sie sich als Freund aussucht.

Das Schwein ist für die Schlange zwar meistens nicht beson-

ders reizvoll, aber es ist dafür auch nicht gerade ein Rivale, und
der Schlange kann auch der Gedanke kommen, daß es für sie von
Nutzen sein kann, mit Menschen zusammenzukommen, die frei
von Ambitionen sind.

Die Schlange hat gern mit Menschen ihres eigenen Schlages zu
tun, mit Gelehrten und Denkern, mit denen sie diskutieren kann;
das Schwein zieht sie nicht an. Man fragt sich, ob sie es überhaupt wahrnimmt, wenn es ihr über den Weg läuft. Wohl kaum.
Auf die gestellte Frage muß man daher wohl mit

NEIN

antworten.

Das Pferd und sein Verhältnis zu den anderen Tierzeichen

Versteht sich ein Pferd mit einem anderen Pferd?

Vom ersten Augenblick ihrer Begegnung an fühlen sich Pferd-
Geborene stark zueinander hingezogen. Es verbindet sie eine so
große innere Verwandtschaft, daß sie alles tun, um ihre Beziehung zu festigen, ja sich nicht einmal mehr auch nur für eine Sekunde aus den Augen lassen wollen. Ist aber eine solche Beziehung zu verwirklichen? Sollten sie sie pflegen? Beide sind doch
äußerst gesellig und können einen Anflug von Sympathie häufig
nicht von tatsächlicher innerer Verwandtschaft unterscheiden.

Die Beziehung zwischen Pferd und Pferd kann also vollkommen sein. Aber ist es möglich, sich selbst zu lieben? Ist es nicht
allzu ermüdend, die eigenen Fehler ständig auch beim andern
wiederzufinden? Wird es nicht langweilig, an einem anderen so
gut wie nie etwas Neues zu entdecken? Zwei Pferd-Geborene
können unter Umständen bald an diesen Punkt kommen.

Außerdem sind unter dem Zeichen des Pferdes Geborene ungeduldige Menschen, die nicht abwarten können, ob sich der jeweils andere weiterentwickelt und zu seinen Gunsten verändert. Dieser Mangel an Geduld und Nachsicht ist ihrem guten Einvernehmen nicht selten abträglich. Hin und wieder ist daher eine Aussprache zwischen ihnen notwendig, in der sie klären, was sie sich gegenseitig alles vorzuwerfen haben. In solchen Momenten zeigt sich, wie weit die sanftmütige Wesensart des Pferdes tatsächlich gehen kann. Sie einigen sich darauf, sich gegenseitig so zu nehmen, wie sie sind, wie sie ja schließlich auch sich selbst akzeptieren. Das ist die beste Lösung, und zwei im Jahr des Pferdes Geborene können unter solchen Umständen perfekte Freunde sein. Die Antwort ist also

JA.

Versteht sich ein Pferd mit einer Ziege?

Das Pferd ist realistisch, schnell, brillant, elegant, lebendig und aufgeweckt und interessiert sich für alles, was es umgibt. Wie jedermann braucht es Geld, aber es macht daraus keine großartige Angelegenheit. Es gibt sein Geld ebenso leicht aus, wie es seinen Lebensunterhalt verdient. Wenn es mit seiner beruflichen Laufbahn wieder ganz von vorne anfangen muß, weil nichts mehr weitergeht, dann hadert es nicht mit dem Schicksal. Einer Veränderung ist es nie abgeneigt, ob es sich um Beruf oder Ortswechsel handelt. Doch es ist ängstlich und sieht immer so aus, als fürchte es etwas.

Die Ziege hat eine Reihe von Gemeinsamkeiten mit dem Pferd, jedoch mit dem Unterschied, daß das Pferd unter dem Zeichen der Eleganz geboren ist und die Ziege mehr zum Musischen neigt. Sie ist eine Perfektionistin. Sie ergreift nicht gerne die Initiative, kann es aber, wenn es darauf ankommt. Kann sie sich aber mit dem Pferd anfreunden? Sehr leicht sogar, denn das

Pferd ist äußerst gesellig, im allgemeinen gutherzig und großmütig. Da es mit Veränderungen immer einverstanden ist, befindet es sich in völligem Einverständnis mit der Ziege, die alles andere als ein Stubenhocker ist. Sie sind beide spontan. Sie sind ein wenig unruhige Naturen, üben jedoch aufeinander eine beruhigende Wirkung aus. Sie sind beide sehr wohl in der Lage, gute Arbeit zu leisten, vorausgesetzt, sie kommen dabei auf ihre Kosten. Dabei ergänzen sich ihre Fähigkeiten gegenseitig. Man kann sie sich beide sehr gut in einem Team vorstellen, außerhalb der alteingeführten Gleise, aber fröhlich, die Dinge von ihrer besten Seite nehmend und sich gegenseitig helfend, wenn es notwendig sein sollte. Die Ziege ist oberflächlich, aber das Pferd führt auch nicht gerade tiefgründige Reden. Im allgemeinen werden sie sich gut miteinander verstehen und sogar eine jener wirklichen Freundschaften schließen, die glücklich machen. Antworten wir also mit

JA.

Versteht sich ein Pferd mit einem Affen?

Das ängstliche und leicht erregbare Pferd ist nicht unbedingt bereit, die Grillen und Possen des Affen über sich ergehen zu lassen, denn dessen Verhalten ist unvereinbar mit der Angst, die das Pferd auf Schritt und Tritt verfolgt. Der Affe könnte das Pferd jedoch auf andere Gedanken bringen und ihm ein wenig Heiterkeit bescheren, und außerdem ist er ja nicht nur ein Possenreißer. Es ist falsch zu glauben, das Wichtigste sei für ihn, andere zum Lachen zu bringen. Er ist feinsinnig, und er hat eine Ader für freundschaftliche Diskussionen und interessante Gespräche. Er ist sehr rege und ohne weiteres fähig, das Geld zu verdienen, das er braucht. Wenn es in seinem Leben kleine Krisen gibt, dann rührt das oft nur von seiner Nachlässigkeit her.

Der Affe bringt mit Leichtigkeit Unbeschwertheit und Abwechslung in das Leben des Pferd-Geborenen. Er ist pfiffig und versteht von allem ein bißchen etwas; er ist scharfsinnig und intelligent, und man kann ihn nicht täuschen; schließlich ist er loyal und hält seinen Verbündeten immer die Treue.

Vermutlich wird das Pferd die Gegenwart des Affen erholsam und vergnüglich finden und bald auch erkennen, daß er ein zuverlässiger Verbündeter, ein echter Freund werden kann. Es fühlt, daß es ihm seine Freundschaft schenken kann, jene ein wenig unruhige Freundschaft, bei der man eigentlich nie weiß, was sie unter Umständen bringen wird. Das Pferd vertraut seine Zweifel dem Affen an, von dem es weiß, daß er redselig, aber diskret ist. Es fühlt, daß der Affe, der nie um Argumente verlegen ist, seine ständige Unruhe besänftigen kann. Zwischen ihnen kann eine echte Freundschaft entstehen, und wir antworten mit

JA.

Versteht sich ein Pferd mit einem Hahn?

Der Hahn, der unter dem Zeichen der Offenheit geboren ist, wird sich vielleicht über die Psyche des Pferdes, das immer unruhig und seines Selbstwertes nie sicher ist, ein wenig wundern. Er selbst ist davon überzeugt, daß er vielen Leuten überlegen ist, und hat die Angewohnheit, dies auch lauthals kundzutun.

Für das ewig unsichere Pferd ist es rätselhaft, wie man mit einer solchen Zuversicht leben kann. Doch die bestechendsten der zahlreichen herausragenden Eigenschaften des Hahns sind seine Großmut und seine Fähigkeit, zu beschwichtigen und Selbstvertrauen einzuflößen. Es ist, als ob der vor Selbstsicherheit überschäumende Hahn dem Pferd freundschaftlich von dieser Selbstsicherheit abgeben würde, und das Pferd ist nun bereit zu einer Freundschaft, in der es ganz aufgehen kann.

Pferd und Hahn sind gleichermaßen schön und elegant und passen gut zusammen; sie haben die gleiche Wellenlänge.

Das Pferd ist in erster Linie ein geselliges Wesen. Es ist aktiv und ungeduldig und von dem Gedanken besessen, ein einmal gestecktes Ziel auch rechtzeitig zu erreichen. Dabei hat es panische Angst vor einem Mißerfolg, und diese Angst bringt es manchmal dazu, sein Ziel unterwegs zu ändern. Für einen Pferd-Geborenen ist der Mißerfolg ein zutiefst empfundenes persönliches Drama. Das Pferd besitzt jedoch eine grundlegende Eigenschaft, und das ist Loyalität. Der Hahn ist immer freimütig, und Offenheit und Loyalität sind die Schlüssel zu einem tiefen Einverständnis zwischen Pferd und Hahn. Sie wissen beide, daß keiner dem anderen gegenüber je ein Wort brechen wird und daß sie sich nicht hintergehen werden; diese Gewißheit ebnet den Weg zu einer reinen, sehr schönen und sehr engen Freundschaft. Unsere Antwort ist also

JA.

Versteht sich ein Pferd mit einem Hund?

Der Hund ist im Zeichen der Loyalität geboren, und das ist ein Pluspunkt. Aber er ist ein unruhiges Wesen, und wir alle wissen, daß ein unruhiger Mensch an unserer Seite uns keine Hilfe und sicherlich nicht von Nutzen ist. Die Loyalität kann jedoch der gemeinsame Punkt sein, der Pferd und Hund verbindet. Reicht das aber aus, um aus ihnen Freunde zu machen?

Eleganz, Feuer und Angst, das sind die drei Schlüsselwörter, die die Persönlichkeit des Pferdes charakterisieren. Seine Eleganz ist ihm angeboren. Es ist von Natur aus lebhaft und schnell, es hat einen unbeständigen Charakter und kann von ausgesuchter Liebenswürdigkeit in unvermittelte, kurze und heftige Zornesausbrüche verfallen.

Es hat nicht den Anschein, als ob zwischen Pferd und Hund Kameradschaft und Freundschaft entstehen und sich halten könnte. Ein feuriger, angstvoller und ein trauriger, treuer

Mensch können nicht in Harmonie leben. Ein Pferd schließt schnell Freundschaften; es kann sich eigentlich mit allen Tieren anfreunden; nicht so der Hund, der nach chinesischer Auffassung zu bang und sorgenvoll ist, um zu akzeptieren, ein Freund unter anderen zu sein; er wäre ohne Zweifel am liebsten der einzige. Aber das Pferd ist kein Mensch, der sich nur einem einzigen Freund widmet; man muß ihm die Möglichkeit lassen, auch Kontakt zu anderen Menschen zu suchen, sich mit zahlreichen und wertvollen Freunden zu umgeben, denen seine Wertschätzung, seine Zuneigung und sein Interesse gilt. So ist also dieses Mal die Antwort

NEIN.

Versteht sich ein Pferd mit einem Schwein?

Das Schwein, eine offene, umkomplizierte, redliche Natur ohne besonderen Ehrgeiz, erweist sich manchmal als leichtgläubig und argwöhnisch. Da es ein großer Individualist ist, ist es kollektiven Vergnügungen nicht sehr zugeneigt.

Das Pferd hingegen ist äußerst kontaktfreudig; es liebt Plaudereien und dahinplätschernde Konversation über alle möglichen Themen und ist höflich, ohne schulmeisterhaft zu sein. Aber kommen diese Gesellschaftstugenden bei einem Schwein-Geborenen an? Welten scheinen die beiden Zeichen zu trennen. Das Schwein ist oft ein Mensch, der nur für eine einzige Idee lebt; die brillante Konversation des Pferdes behagt ihm nicht. Ein solcher Mensch tut sich schwer damit, die Notwendigkeit einzusehen, nur aus Liebenswürdigkeit zu reden, wo er selbst doch nur dann spricht, wenn er wirklich etwas zu sagen hat. Beide sind daher weit davon entfernt, sich zu verstehen, auch wenn es nichts gibt, was sie wirklich trennt.

Manchmal gibt es Unterschiede, die eine Freundschaft reizvoll machen und stärken, aber zwischen Schwein und Pferd ist das nicht der Fall, und die ganze Weltgewandtheit des Pferdes wird nicht ausreichen, um beide zu vereinen. Unsere Antwort ist also

NEIN.

Die Ziege und ihr Verhältnis zu den anderen Tierzeichen

Versteht sich eine Ziege mit einer anderen Ziege?

Man kann mit Sicherheit sagen, daß die Ziege nicht wirklich mit den Füßen auf dem Boden steht. Wenn zwei Ziegen zusammenkommen, so bedeutet das doppelte Phantastereien.

Die Ziege ist oberflächlich, sie kann jedoch durchaus Sinn für Praktisches haben und sich als intelligent erweisen, falls es notwendig sein sollte. Ziegen haben ihre Grillen, aber da sie einen Hang zu mangelndem Ernst und Tiefgang haben, können sie sich diesen Mangel gegenseitig nicht übelnehmen. Sie haben eine Neigung zum Musischen und verfügen häufig über das Talent, Kunstwerke zu schaffen. Wo zwei Ziegen zusammenkommen, stellt sich jedoch das Problem, daß sie sich zu ähnlich sind und dieselben Schwächen haben. Kann dies jedoch in ihrem Fall ein Hindernis für eine freundschaftliche Beziehung oder für den Aufbau eines guten Teams sein? Es sieht nicht so aus.

Unter einem leichtlebigen und unbeständigen äußeren Erscheinungsbild ist die Ziege, wenn es darauf ankommt, in der Lage, sich zu einem regen, tatkräftigen und praktischen Wesen zu mausern. Vielleicht liegt ihr schwerwiegendster Charakterfehler in dem Umstand begründet, daß sie gerne schmollt und ihr Schicksal beklagt. Wenn man aber jemandem sein Leid klagen will, dann ist die Gesellschaft eines Menschen, der auch nur jammert, nicht gerade ideal. Hinzu kommt, daß die Ziege nicht immer besonders offen oder loyal ist. Aber da sie sich selbst kennt, hat sie keine Mühe, beim andern zu erkennen, was stimmt und was nicht.

Es hat den Anschein, als könnten diese beiden Menschen eine gemeinsame Grundlage für den Aufbau einer wirklichen Freundschaft finden und von ihren Gemeinsamkeiten profitieren, so daß sie zu jener Art von Freunden werden, zwischen denen so etwas wie ein Verschwörung besteht. Die Antwort ist also:

JA.

Versteht sich eine Ziege mit einem Affen?

Der hervorstechendste Charakterzug der Ziege ist ihr Hang zu Phantastereien. Sie beugt sich nicht gerne dem Konformismus, und eine stabile Lebenssituation geht ihr nicht unbedingt über alles. Sie sucht vor allem das Vergnügen und hat eine Vorliebe für Kunst und Unabhängigkeit.

Diese Beschreibung trifft ebensogut das Charakterbild des Affen. Auch er ist ein Phantast, der nicht immer die Notwendigkeit sieht, sich den gesellschaftlichen Gepflogenheiten zu beugen. Er muß zwangsläufig die Sympathie der Ziege wecken. Keiner von beiden mag Situationen, die Unfreiheit mit sich bringen.

Wenn sich die Notwendigkeit ergibt, dann helfen sie sich gegenseitig und erfreuen sich einer amüsanten Beziehung: es gibt im Leben genug Gründe für sie, sich miteinander anzufreunden. Sie lieben die Freiheit und das Leben außerhalb der Norm, und sie verstehen es, die notwendigen Schritte und Anstrengungen zu unternehmen, um ihre Position zu festigen. Ein Ziege-Geborener und ein Affe-Geborener zusammen sehen die Welt in völlig neuem Licht. Sie finden eine Menge Gründe, die dafür sprechen, sich wegen der ihnen gemeinsamen Hirngespinste zusammenzutun. Es ist wirklich nicht so, daß sie sich gegenseitig bräuchten, aber in dem Moment, da sie zusammen sind, wird alles, was ihr Leben ausmacht, lebendiger, lustiger und amüsanter.

Die Ziege hat die Manie, permanent ihr Schicksal zu beklagen und über ihre Lebensumstände und wegen jedes noch so kleinen Problems zu jammern. Ist sie mit einem Affen zusammen, so kann es sein, daß sie diese Angewohnheit aufgibt. Der Affe führt ihr vor Augen, daß man ein Phantast und gleichzeitig zielbewußt und ernst sein kann. Unsere Antwort ist also

JA.

Versteht sich eine Ziege mit einem Hahn?

Die Ziege ist sensibel und beseelt von Kunst und Phantasie. Aber sie hat Angst vor dem Alleinsein und stets und ständig das Bedürfnis, sich helfen zu lassen. Hilft man ihr nicht, so fängt sie an, zu jammern und zu klagen.

Im Reich der Phantasie ist der Hahn kein Fremder. Er glänzt, kleidet sich gut, versteht es, sich bemerkbar zu machen, und weckt im allgemeinen Sympathie. Es macht ihm nicht nur nichts aus, schon von weitem gesehen zu werden, das gefällt ihm sogar. Man hält ihn leicht für eitel, oberflächlich und egoistisch, wenn man ihn nach seiner immer eleganten und nicht gerade unauffälligen Aufmachung beurteilt. In Wirklichkeit ist er aber sehr zuvorkommend, zartfühlend, liebevoll und gutherzig. Er ist sehr aufgeschlossen, sensibel, gesellig und mitteilsam. Er unterwirft sich nicht gern einer strikten Disziplin oder einem festen Zeitplan, aber er ist arbeitsam, hat geschickte Hände und ist äußerst hilfsbereit.

Wenn die Ziege seine Bekanntschaft macht, dann fragt sie sich zunächst, ob er ihr wohl eine Hilfe sein kann; denn sie fühlt sich oft hilflos und glaubt ständig, sie werde beleidigt, beruhigt sich aber auch schnell wieder.

Der fleißige Hahn ist in der Lage, die schwierigsten Aufgaben zu meistern, und man kann von ihm alles bekommen, wenn man ihm nur seine Eigeninitiative und seine Handlungsfreiheit läßt.

Er entpuppt sich als ein sehr fröhlicher und hilfsbereiter Freund, der alle erdenklichen Schritte unternimmt und keine Anstrengung scheut, um den Verzagten, die bereits in einem Wassertropfen ertrinken, sobald nicht alles nach ihren Wünschen geht, zur Hilfe zu eilen. In einem echten und wahren Freundespaar ist er der starke Mann; die beiden gleichen sich, aber vor allen Dingen ergänzen sie sich geschickt; sie können ein effizientes und bemerkenswertes Team bilden. Die Antwort ist also

JA.

Versteht sich eine Ziege mit einem Hund?

Die Ziege ist ein kurz angebundener, aber durchaus umgänglicher Nonkonformist. Sie ist auch sehr direkt in ihren Beziehungen zu anderen; allerdings ist sie sehr verschlossen und vertraut sich nicht so leicht einem Mitmenschen an. Sie ist zartbesaitet und manchmal aggressiv, denn sie ist cholerisch. Sie kann sehr gut arbeiten, aber es muß eine Arbeit sein, die ihr gefällt. Sie ist jedoch ein bißchen zu spleenig und nie wirklich pünktlich; was Anstrengung kostet, lehnt sie ab. Andererseits verfolgt sie eine ständige Lebensangst, fast als würde der böse Wolf kommen und sie auffressen, sobald sie nicht mehr behütet ist.

Wie die Ziege ist auch der Hund beim ersten Kontakt noch sehr zurückhaltend, aber er gebärdet sich weit weniger absonderlich. Er mag es nicht besonders, wenn man über ihn spricht, und liebt es überhaupt nicht, die Aufmerksamkeit auf sich zu ziehen. Er hat etwas gegen Leute, die sich einem sofort an den Hals werfen und einen mit Beschlag belegen, ohne daß man zu ihnen eine engere Beziehung pflegt. Er hat einen scharfen und ausgeprägten Sinn für Lächerlichkeit und ein feines Wahrnehmungsvermögen für unwesentliche Dinge und oberflächliche Menschen. Er ist aufmerksam, ernsthaft und hilfsbereit, aber keineswegs mürrisch, und die wertvollsten Momente sind für ihn diejenigen, die er der

Freundschaft widmet. Er ist aber auch vorwitzig, bittet im allgemeinen nie jemanden um etwas und sieht allein zu, wie er aus seinen Schwierigkeiten herauskommt. Die Unabhängigkeit, die er
selbst an den Tag legt, findet er auch bei der Ziege wieder, und
diese Unabhängigkeit ist es wahrscheinlich auch, die es beiden ermöglicht, Freunde zu sein. Die Anwort ist also

JA.

Versteht sich eine Ziege mit einem Schwein?

Die Ziege ist im Zeichen der Kunst geboren; ihr Charakter wird
in erster Linie durch ihre nonkonformistische Lebenshaltung bestimmt. In ihren Beziehungen zu anderen ist sie zurückhaltend,
und was sie sagt, betrachtet sie nicht als bindend. Sie ist eine zart-
besaitete Natur, die manchmal, wenn sie durch Unannehmlichkeiten bis zum Letzten getrieben wird, aggressiv wird.

Man merkt sofort, daß zwischen Ziege und Schwein grundlegende Unterschiede bestehen. Der im Jahr des Schweins Geborene ist ruhig, phantasiearm, konformistisch und frei von jeglicher Ambition, wenn er es erst einmal gerade so zu den angenehmen Lebensumständen gebracht hat, die ihm seine Arbeit verschaffen kann. Diese Arbeit verrichtet er mit schöner Regelmäßigkeit, Gehorsam, Ruhe und Zufriedenheit. Im Gegensatz zu
einem Phantasten kennt er nur die Linie, die er für sich gezogen
hat, und auf diesem Weg nach vorn sucht und findet er sein
Glück. Für ihn gibt es keine metaphysischen Ängste; die Probleme der Ziege sind ihm unverständlich. Er fühlt sich unverrück-
bar, stark und fähig, den wenigen Risiken standzuhalten, die er
eingeht. Er begreift nicht eine Sekunde, was die Ziege bewegt,
und wird sich nicht mit einem Freund belasten, der permanent
Angst hat und sich unnütze Fragen stellt. Die Antwort ist daher
mit Sicherheit

NEIN.

Der Affe und sein Verhältnis zu den anderen Tierzeichen

Versteht sich ein Affe mit einem anderen Affen?

Hier kommen zwei kapriziöse Phantasten zusammen. Und ganz sicher hat ein Affe keine Schwierigkeiten, einen anderen Affen zu verstehen; er hat eine Vorstellung von dessen Neigungen, Wünschen und Ambitionen. Wo zwei Affen zusammen sind, treffen zwei mehr oder weniger gleichartige Mentalitäten aufeinander. Theoretisch sind sie hinsichtlich ihrer Mentalität fast gleich, dennoch ist kein Affe wie der andere. Ihre Persönlichkeit kann sich aufgrund einer durch den Weggefährten, die Jahreszeit oder eines der fünf Elemente bestimmten Einzelheit unterscheiden. Doch das ändert nichts an der grundlegenden Struktur ihres Innenlebens.

Sie sind beide entdeckungshungrig und wollen weder an einen bestimmten Ort noch an einen bestimmten Beruf gebunden sein. Sie können sich zusammentun und ihre Reisen und Erkundungen gemeinsam unternehmen. Oder, was noch besser ist, jeder macht seine Fahrten und Streifzüge für sich, und anschließend setzen sie sich zusammen und erzählen sich gegenseitig von ihren großartigen Entdeckungen.

Sie verstehen sich mühelos und haben dieselben Hoffnungen und Sehnsüchte; ihre verrückten Entdeckungsreisen begleiten dieselben romantischen Vorstellungen. Die beiden Affen können unzertrennliche Freunde werden. Eines jedoch ist ungewöhnlich für zwei unter demselben Zeichen Geborene: im allgemeinen geht man davon aus, daß sie sich zu gut kennen, als daß ihnen ihre jeweiligen Charakterfehler unbekannt sein könnten. Aber diese beiden halten sich für fehlerlos; sie gefallen sich, und ihr inneres Einverständnis ist vollkommen. Die Anwort auf unsere Frage ist also

JA.

Versteht sich ein Affe mit einen Hahn?

Wenn ein Hahn auf einen Affen trifft, hat er zunächst einmal gewisse Schwierigkeiten, diesen zu verstehen. Sie leben in verschiedenen Welten; sie sehen das Leben in verschiedenem Licht. Der Affe zeichnet sich nicht durch eine besondere physische Anziehungskraft aus; wenn er schön ist, dann ist er es in einer Weise, die dem Hahn nicht liegt. Der Hahn fühlt sich also in keiner Weise physisch zum Affen hingezogen.

Wie denkt nun der Affe-Geborene über den Hahn? Er findet das, was den Hahn bewegt, recht oberflächlich, dessen protzige Aufmachung und Gehabe völlig grotesk. Da er zur Ironie neigt und geistreich ist, macht er sich in subtiler Weise, ohne daß der Hahn es immer merken würde, über diesen lustig. Es gibt nichts, was sie gemeinsam hätten; wenn die Umstände sie nicht dazu zwingen, pflegen sie keinen Umgang miteinander.

Der Hahn ist in Wirklichkeit feinsinniger und intelligenter als der Affe; der aber sieht dessen Wert nicht und gibt damit an, daß er nicht wisse, wo dessen Talente eigentlich liegen. Und doch ist der freundliche, hilfsbereite und freimütige Hahn mit Sicherheit mehr als der Affe eine Persönlichkeit, der es nicht an Tiefe fehlt. Man bittet ihn nie vergebens um Hilfe, und er erweist sich als fähig, zahlreiche Probleme zu lösen. Er ist weder ungeschickt noch ungebildet.

So kommt es, daß sie sich nur selten begegnen, und wenn es einmal vorkommt, dann drängt nichts den einen zum andern. Die Sporen des Hahns jucken vor Begierde, den Affen zu maßregeln, der boshaft über den Anblick des Hahn kichert. Weshalb sollte man unter diesen Umständen versuchen, sie zusammenzubringen? Auf die gestellte Frage antworten wir mit

NEIN.

Versteht sich ein Affe mit einem Hund?

Versteht der Affe, dem man Intelligenz nicht abstreiten kann, die Mentalität des Hundes? Begreift er, der ständig in eine totale Freiheit verliebt ist, die Beweggründe, die den Hund leiten und sein Verhalten bestimmen? Denn der Hund ist ein Wesen, das mit einer den Affen schockierenden Leichtigkeit gehorcht. Schnell zeigt sich zwischen ihnen ein grundlegender Unterschied, und zwar in ihrer Lebensauffassung. Der Hund mit der aus seiner Lebensanschauung herrührenden Einfachheit, mit seiner Treue, die den Affen zum Lachen bringt, mit seinem Idealismus und all den Fragen, die er sich ohne Unterlaß über den Sinn des Lebens und ein mögliches Leben nach dem Tod stellt, kann niemand sein, den der materialistische, ein wenig zynische, ziemlich spöttische, leichtlebige und wetterwendische Affe sucht.

Damit zwischen ihnen eine Bindung entstehen könnte, bedürfte es dramatischer Umstände, die die Ergebenheit des einen und die ewige Dankbarkeit des anderen nach sich ziehen würden. Der Affe ist bestimmt kein Egoist, noch weniger als der Hund, aber sie sind im Wesen verschieden, sie verstehen sich nicht, und es kann ohne weiteres geschehen, daß sie sich nie begegnen. Wenn sie Nachbarn sind, sehen sie sich unter Umständen nicht einmal im Treppenhaus. Sie haben nicht dieselben Angewohnheiten, nicht denselben Tagesrhythmus; sie bewegen sich auf verschiedenen Ebenen. Können sie Freunde werden?

NEIN.

Versteht sich ein Affe mit einem Schwein?

Der im Jahr des Affen Geborene besitzt sehr viel Geist; er ist ein Mensch, der andere leicht versteht, der liebend gern jeder Frage bis auf den Grund nachgeht, nur um seinen Geist zu trainieren; im allgemeinen ist er intelligent. Wie reagiert er aber, wenn er mit einem Schwein-Geborenen zusammentrifft, der dazu neigt, nur an die Interessen seiner Familie zu denken?

Der Affe lebt ein Leben nach seiner Phantasie, anhänglich und zuvorkommend anderen gegenüber, aber leichtfertig und angeberisch, zumindest nach außen hin, und immer außerhalb alteingefahrener Gleise. Das Schwein dagegen ist fest in Sitten, Gebräuche und Gewohnheiten, in ein ganzes soziales Gefüge eingebettet, das es leitet und es ihm ermöglicht, seinen Lebensunterhalt zu verdienen und seine Kinder großzuziehen. Es handelt ganz genau so, wie es sich gehört, wie es allgemein verlangt wird und wie die Vorschriften es bestimmen.

Hinsichtlich ihrer moralischen Qualitäten, ja sogar hinsichtlich ihrer physischen Eigenschaften gibt es keine Probleme, wohl aber bezüglich ihres Lebensstils und dessen, was sie denken und glauben. Auch wenn sie einander gefällig sind, werden Schwein und Affe untereinander nie jenes plötzlich aufsteigende Gefühl spüren, das weder Erklärung noch Begründung verlangt: das Gefühl der Freundschaft.

Beide denken, das sei möglich, aber wenn sie es tatsächlich versuchen, dann stellen sie schnell fest, daß dieses Band nicht halten kann, daß ihre Beziehung keinen festen Grund hat und weder der Zeit noch der Entfernung standhält, und so müssen wir mit

NEIN

antworten.

Der Hahn und sein Verhältnis zu den anderen Tierzeichen

Versteht sich ein Hahn mit einem anderen Hahn?

Können die Ähnlichkeiten, die zwischen zwei Hahn-Geborenen bestehen, das Wachsen einer vollendeten Freundschaft leichter machen, oder erschweren sie es eher?

Das ist eine Frage, die man sich stellen muß, wenn man den Charakter des Hahns und seine Art, mit anderen Tierzeichen umzugehen, kennt.

Der Hahn ist intelligent, hat einen hellen Kopf, zeigt sich großmütig und hilfsbereit und ist sehr loyal. Auch ist er, wie man weiß, von einer etwas auffälligen Eleganz und spricht von sich selbst, von anderen und vom Leben im allgemeinen in einem ziemlich prahlerischen Ton. Er ist ein großer Idealist, aber er ist in der Lage, seine Existenz und auch die seiner Familie, falls er eine gründet, ordentlich zu sichern.

Kann er sich mit einem anderen Hahn zu einem Team zusammentun oder eine schöne und lange Freundschaft mit ihm erleben?

Im Grunde genommen spricht nichts dagegen. Es kann natürlich wie immer zwischen zwei Vertretern des gleichen Zeichens ein durch eines der fünf Elemente bestimmter Unterschied bestehen, was dazu führen kann, daß gegen ihren Willen ein Hauch von Feindseligkeit zwischen ihnen aufkommt, aber solange eine derartige Feindseligkeit nicht aufkommt, gibt es eigentlich nichts, was einer solchen Freundschaft im Wege steht.

In einer gemeinsamen Mannschaft jedoch, ob bei der Arbeit oder in der Freizeit, wird ein wenig Eitelkeit sie zu Konkurrenten machen, und es besteht die Gefahr, daß sie die Schwächen des Partners nicht ausbalancieren. Daher ist unsere Antwort nicht einfach und auch nicht eindeutig, doch in der Mehrzahl der Fälle muß man wohl eher mit

NEIN

antworten.

Versteht sich ein Hahn mit einem Hund?

Der Hund ist im allgemeinen ein treues, hilfsbereites, einfaches und idealistisches Wesen. Der Hahn besitzt diese Eigenschaften zwar auch, ist aber vor allen Dingen ein »Macher«. Idealismus weist er nicht zurück, und während der Hund sich der Treue rühmen kann, ist er, der Hahn, allzeit loyal. Beide besitzen echte Qualitäten, doch bestehen zwischen ihnen tiefgreifende Unterschiede. Der Hahn legt großen Wert auf sein Äußeres, der Hund kümmert sich nicht darum. Der Hund ist ein grüblerisches Wesen, das über die Grundsätze des Lebens nachdenkt; der Hahn ist ein Realist, der zusieht, wie es sich am besten leben läßt.

Das Problem ist nicht so sehr, daß es zwischen ihnen keine Gemeinsamkeit gibt, sondern daß sie kein gemeinsames Ideal besitzen. Der Hund kann sich niemanden zum Freund wünschen, der ständig nur an sein Aussehen und nicht an seine Seele denkt. Und dann nimmt sich dieser Hahn heraus, tagtäglich glücklich zu sein, während der Hund nur daran denkt, daß er die Sonne nicht mehr aufgehen sehen wird, wenn sein Leben zu Ende ist. Sie können sich nicht verstehen, und die Antwort ist daher

NEIN.

Versteht sich ein Hahn mit einem Schwein?

Wenn ein im Jahr des Schweins Geborener mit einem im Jahr des Hahns Geborenen zusammentrifft, so hat er Mühe, diesen zu verstehen und den Kern von dessen Gedanken zu erfassen. Sie sind beide eher materialistisch eingestellt, aber sie sind so verschieden, daß sie vermutlich nie dieselbe Sprache sprechen.

Der intelligente und aufgeweckte Hahn versetzt den Schwein-Geborenen in Erstaunen. Zunächst einmal weil er eine Schwäche für eine elegante und nicht gerade unauffällige Garderobe hat, dann weil er immer das Großartige an einer Sache sieht, und schließlich, weil er ohne zu zögern und ohne Berechnung seinen Mitmenschen hilft.

Das Schwein lebt zurückgezogen in seiner eigenen kleinen Welt. Es ist im wesentlichen ein gefühlvoller, aber materiellen

Dingen sehr nahestehender Mensch. Als solcher kümmert es sich zunächst einmal um seine Familie und dann erst um seine Umgebung, und in seinen Ansichten gibt es weder etwas Mystisches noch das geringste Ideal. Aus der Sicht des Hahns eine recht engstirnige Lebenshaltung!

Hinsichtlich der Vereinbarkeit ihrer moralischen Qualitäten gibt es keinerlei Zweifel, doch ihr Lebensstil und die Art und Weise, in der Hahn und Schwein die Welt und ihre Mitmenschen sehen, sind so verschieden, daß sie in keinem einzigen Punkt übereinstimmen können. Besser also, ihnen keinen Grund zu geben, sich zu streiten, indem man sie nicht zusammenbringt. Sie würden andernfalls Gefahr laufen, Schiffbruch zu erleiden. Natürlich würde der Hahn das Schwein retten, aber was dann? Sagen wir also

NEIN.

Der Hund und sein Verhältnis zu den anderen Tierzeichen

Versteht sich ein Hund mit einem anderen Hund?

Wenn der Hund mit einem anderen Hund-Geborenen zusammentrifft, wird ihm sofort klar, daß er ihn bereits kennt. Er weiß, nach welchen Prinzipien der andere lebt, er erahnt, was der andere glaubt, er fühlt dessen Reaktionen voraus und dringt bis in die tiefsten Tiefen von dessen Geist. Er weiß sehr wohl, was sich hinter diesem freudigen Eifer verbirgt, der zu intensiv ist, um völlig echt zu sein, und er kennt nicht nur die Lebensphilosophie, die sein Gegenüber beseelt, sondern auch dessen Qualitäten in bezug auf Treue und Aufrichtigkeit.

Das schlichte Auftreten des Hundes ist weder ein Zeichen von Armut noch von Verzicht; es ist eine Sache des Geschmacks. Ein

Hund-Geborener ist nicht versucht, sich herauszuputzen, Sauberkeit genügt ihm. Er hält es (nicht ohne einen kleinen spöttischen Seitenblick auf den Hahn) absolut nicht für angemessen, sich Tag für Tag wie für eine Modeschau auszustaffieren.

Wenn er in der Freundschaft ein gemeinsames Ideal sucht, dann wird der Hund nie einen engeren Freund finden als einen anderen Hund. Ein Hund ist der einzige, der Grundanschauungen vertritt, denen er zustimmt und die er teilt.

Man kann nicht behaupten, daß zwei Hund-Geborene immer völlig einer Meinung sind. Hinter der Zurückhaltung, die ihnen ihre Persönlichkeit auferlegt und die ihnen kindische und lästige Streitereien erspart, können sie durchaus verschiedener Meinung sein; aber das kann ihre freundschaftlichen Beziehungen nur beleben. Ein Freund ist auch jemand, mit dem man sich streiten kann, ohne daß dies schwerwiegende Folgen hätte. Und dies ist einer von vielen Gründen, auf die gestellte Frage mit

JA

zu antworten. ·

Versteht sich ein Hund mit einem Schwein?

Der Hund hat ein sehr schlichtes Auftreten, und das bringt ihn dem Schwein näher, das ihm zunächst Verständnis und dann Sympathie entgegenbringt. Das Schwein stellt bald fest, daß der Hund ein extrem loyaler Mensch ist, der sich zudem mit jeder Art von Menschen versteht. Das Ideal des Hundes ist ein ruhiges, gemütliches Heim mit einer Frau und liebenswerten und hübschen Kindern. Dem Schwein, das nur an seine Familie und ihre Behaglichkeit denkt, kann das nur sympathisch sein.

Ihr Zusammentreffen wirkt sich auf die Vertiefung ihrer jeweiligen Persönlichkeit positiv aus. Gewisse Eigenheiten des Hundes versetzen das Schwein allerdings in Erstaunen. Zum Beispiel dessen Anfälle von Traurigkeit, seine Stimmungsumschwünge, sein

Schwanken zwischen Melancholie und überschwenglicher Freude und seine plötzlichen Zornesausbrüche.

Das ruhige Schwein mit seinen langsamen Reaktionen ist nicht immer ganz mit dem Hund einer Meinung, aber sie haben genügend Gemeinsamkeiten, um ihre Freundschaft auf eine solide Grundlage zu stellen. So können sie, wenn sie gemeinsam arbeiten, auch außerhalb ihrer Arbeit gute Beziehungen unterhalten. Die Antwort auf die gestellte Frage ist daher

JA.

Das Schwein und sein Verhältnis zu den anderen Tierzeichen

Versteht sich ein Schwein mit einem anderen Schwein?

Beim gefühlsbetonten Schwein-Geborenen sind, wenn es um die Beurteilung anderer geht, eher Instinkt und Herz als Urteilskraft und Vernunft im Spiel. Hat er es mit einem anderen Schwein-Geborenen zu tun, so erkennt er in diesem sofort einen ebenso gefühlsbetonten Menschen, wie er selbst einer ist. Er fühlt sich daher instinktiv zu diesem neuen Bekannten hingezogen.

Da die Familie im Vordergrund seines Interesses steht, neigt das Schwein nicht dazu, häufig neue Freundschaften zu schließen, es sei denn, es ist noch Junggeselle und will sich verheiraten; in diesem Fall schließt es so viele Freundschaften wie möglich, um seine Chancen zu vergrößern, derjenigen Person zu begegnen, mit der es sein Leben teilen wird.

Wenn der Schwein-Geborene erst Familienvater ist, so liegt ihm nicht mehr so viel an neuen Freundschaften. Hat er es aber mit einem anderen Schwein zu tun, dann fühlt er schon beim ersten Gedankenaustausch, daß Sympathie aufkommt und wächst. Ihre Lebensziele sind von derselben Art, und sie haben so wenig

Ehrgeiz, daß sie sich auch im beruflichen Bereich nicht in die Quere kommen. Es liegt jedoch auf der Hand, daß sie, da sie beide keineswegs schnell sind, gemeinsam nicht gerade ein blitzschnelles Team bilden. Doch was sie machen, das machen sie gut. Und nach getaner Arbeit werden sie ihre Freundschaft weiter pflegen. Auch wenn sie nicht zusammen arbeiten, wird spontan Freundschaft zwischen ihnen entstehen. Die Antwort ist also

JA.

(Hinweise auf das Verhältnis des Schweins zu den übrigen Tierzeichen finden sich – entsprechend der Anordnung der vorangehenden Kapitel – jeweils in diesen, also ab Seite 46 und so weiter.)

DRITTER TEIL

Die chinesische Astrologie und Ihr Liebesleben

Liebe und Erfolg sind, so hat es den Anschein, zwei ganz verschiedene Dinge. Es kommt sogar vor, daß man sie einander gegenüberstellt. »Wer es in materiellen Dingen zu nichts gebracht hat, der kann sein Glück immer noch in einem Leben voller Liebe suchen«, sagen die einen. »Die Liebe ist stark genug, um einen alle Nöte und Mißerfolge vergessen zu lassen«, fügen die andern hinzu. Doch die wenigen, deren Leben sich in himmlischen Sphären abspielt, haben die Ratschläge der chinesischen Astrologie kaum nötig. So wenden wir uns an diejenigen, die sich Glück und Erfolg in allen Lebensbereichen wünschen und denen bewußt ist, daß das besondere Einverständnis mit einem anderen Menschen ein unschätzbarer Trumpf bei allem ist, was man anpackt.

Glück in der Liebe hat nichts mit einer Reihe von schnellen Erfolgen bei den Angehörigen des jeweils anderen Geschlechts zu tun. Natürlich kann sich der zeitgenössische DON JUAN damit vergnügen, ein Register seiner Jahreseroberungen anzulegen: eine Ratte, vier Büffel, hm, kein Tiger, aber Hasen, acht an der Zahl! Dies erlaubt ihm eine vergleichende Studie über die psychologischen Eigenheiten der einzelnen Zeichen. Aber wird er auf diese Weise seine Partner wirklich kennenlernen? Hat er zu jedem von ihnen jene einmalige, unvergleichliche, unschätzbare Beziehung aufgebaut, die den Namen Liebe auch verdient? Wenn er das Glück finden will, so wird er seinen Kurs ganz ohne Zweifel ändern und sich entscheiden müssen – und die beste Entscheidung diktiert immer noch die Liebe.

Ein Leben ohne Liebe wird nie ein völlig geglücktes Leben sein. Aber Liebe allein reicht nicht immer aus, um die Harmonie eines Paares zu gewährleisten, wenn es mit den Problemen des Alltags konfrontiert wird. Damit diese Schwierigkeiten nicht zur Ursache von Spannungen, Mißhelligkeiten und Trennungen werden, ist es vor allen Dingen wichtig, den anderen zu kennen, zu wissen, wie er in dieser oder jener Situation reagiert, welche Hilfe er erwartet, welchen Halt er geben kann. In dieser Beziehung ist die chinesische Astrologie von allergrößtem Nutzen.

Das Leben zu zweit

Auf den folgenden Seiten werden wir uns ansehen, wie sich die unter den verschiedenen Zeichen Geborenen in einer partnerschaftlichen Beziehung gegenüber dem jeweils anderen verhalten. Gibt es besondere Übereinstimmungen? Vermutlich ja. Unvereinbarkeiten? Mit Sicherheit nicht. Es kann unter Umständen schwierig sein, ein Einverständnis zwischen zwei unter verschiedenen Zeichen Geborenen herzustellen, aber unmöglich ist es nie. Man muß nur den Partner gut genug kennen.

Wenn man sich liebt, dann ist es immer richtig, zu heiraten oder sich zu entschließen, zusammenzuleben. Ist eine physische Übereinstimmung da, so genügt es, wenn die beiden Partner in gemütsmäßiger und geistiger Hinsicht ein gutes Mittelmaß finden, und das Glück wird greifbar. Die Paarkonstellationen, die ich Ihnen schildern werde, zeigen Ihnen, wie Sie eine harmonische Beziehung zu Ihrem Partner aufrechterhalten können, auch wenn Sie manchmal mit Problemen oder Schwierigkeiten konfrontiert sein sollten. Wenn ein Paar irgendwann einmal unausweichlich vor der Möglichkeit eines Bruches steht, muß es nur mit der Situation umzugehen wissen, und die Krise läßt sich überwinden. Niemand ist vollkommen, aber jeder kann Nachsicht üben und zuvorkommend sein. Ist nicht auch dies letzten Endes ein Schlüssel zu Glück und Erfolg?

Die Ratte und ihr Eheglück

Ratte-Mann und Ratte-Frau

Will man eine Ratte-Frau erobern, so sollte man vermeiden, ihr unter dem Vorwand, sie sage ja selbst, sie sei nur ein schwaches Wesen, beizustehen und zu helfen. Aber genau dazu neigt der Ratte-Mann. Seine Eigenheit ist es, jedesmal ein Liebesabenteuer zu beginnen, wenn er einer hilfsbedürftigen Frau begegnet, die mit psychischen oder emotionalen, jedenfalls offenbar nur schwer lösbaren Problemen kämpft.

Da er es über alles liebt, sich nützlich zu machen, ist es ihm ein Vergnügen, die Schwierigkeiten seiner neuen Eroberung zu lösen, und daraus wird sogleich eine Liebesbeziehung. Er läßt dann nichts mehr unversucht, um die Ratte-Frau unter seinem Einfluß zu halten.

Wenn sie den Weg zum Traualtar antreten, muß die Ratte-Frau eine gute Hausfrau werden. Das ist kein Problem, denn sie ist von Natur aus häuslich. Außerdem muß sie lernen, mit den Problemen fertig zu werden, vor die sie ihr Mann stellt.

Dem Ratte-Mann gefällt das. Er ist gepflegt und macht sich nicht gerne die Hände schmutzig. Er wird vielleicht nicht gerade im Haus herumbasteln, aber er ist ein ausgezeichneter Partner für Liebesspiele. Er ist phantasievoll und findet in dieser so alten Beschäftigung der Menschheit immer wieder Neues. Um das Besorgen einer Butangasflasche oder das Reinigen eines verstopften Spülbeckens dagegen darf man ihn nicht bitten.

Wenn er sich freilich fragt, ob sein Verhalten wirklich richtig und er ein guter Ehemann ist, dann wird ihm ein wenig bang.

Die Ratte-Frau übt sehr viel Nachsicht mit ihm, zum einen, weil sie in ihn verliebt ist, und zum andern, weil sie verheiratet sind und er ihr seine Probleme einsichtig und ohne viel Aufhebens vermittelt.

Ratte-Mann und Büffel-Frau

Die Büffel-Frau gehört zu jenen Menschen, die die Psychologen als »immobil-aktiv« bezeichnen. Sie staunt immer, wenn sie sieht, daß der Ratte-Mann nie eine Sekunde Zeit verliert und schon bebt, wenn man ihn nur auf einen neuen Gedanken bringt oder Dinge anregt, die ihm selbst nicht in den Sinn gekommen sind. Die Büffel-Frau macht auf den ersten Blick einen ganz besonders stillen Eindruck. Aber stille Wasser sind tief. Und darunter schlummert ein verhaltenes Feuer.

Für die junge Büffel-Frau, die sich bemüht, diese Welt voller Versprechungen zu entdecken, ist der Ratte-Mann eine ziemlich erstaunliche Erscheinung. Sie ist hingerissen von soviel Lebenskraft, so vielen Ideen und soviel Wendigkeit in der Urteilskraft.

Wenn die Büffel-Frau ihr Leben mit dem eines Ratte-Mannes vereint, dann wird sie aus dem Staunen nicht mehr herauskommen. Er umsorgt sie, erfüllt ihr Dasein mit fröhlichem Leben und organisiert ihr Leben zu zweit, aber nach der ersten Begeisterung bleibt in der Büffel-Frau ein unbestimmter unbefriedigter Wunsch zurück, der nicht beschrieben werden kann.

Insgeheim ist sie der Ansicht, daß sie reifer und feinsinniger ist als er, und in Wirklichkeit ist sie von seinen Zärtlichkeiten und seinen Gefühlsbezeugungen weit weniger angetan, als er denkt. Sie könnte ihn ohne weiteres ohne die geringsten Gewissensbisse betrügen. Tut sie es, so kommt sie – wenn sie ihrer Neigung nachgibt – zu ihm zurück, überwältigt von erneuter und neuartiger aufrichtiger Zuneigung. Sie ist der Ansicht, daß sie ein Recht auf Freuden hat, die für sie wertvoll und wichtig sind, auch wenn es nicht ihr Ehemann ist, der sie ihr bringt.

Ebensogut kann sie jedoch, wenn sie sich bemüht, mit ihrem stillen und zarten Wesen ganz alltäglich und herkömmlich ohne jegliche Unruhe oder Diskussion ihr Heim erhellen. Das ist nicht als Ratschlag gedacht, denn dies würde nicht den Gepflogenheiten der chinesischen Astrologie entsprechen, sondern einfach als Feststellung nach westlicher Art.

Ratte-Mann und Tiger-Frau

In dem Moment, in dem der Ratte-Mann sich sicher war, die Tiger-Frau zu heiraten, war ihm klar, daß er zugleich mit seinem Ziel eine gewisse innere Entspannung erreicht hat. Er hat, womöglich ohne wirkliche Hoffnung, sie zu bekommen, eine Residenz für sie geschaffen. Und nun ist es tatsächlich soweit.

Nun ist er mit einer Frau verheiratet, die durch ihre elegante Erscheinung auffällt, und er ist unglaublich eifersüchtig, so wertvoll ist ihm diese schöne Ehefrau. Er kann sich nicht vorstellen, daß sie in der Lage ist, Hausarbeiten zu verrichten und seinen Haushalt zu führen wie andere Frauen; er sieht sie eher wie im Traum; und daher muß er ihr ein Traumleben verschaffen. Eine verliebte Ratte ist dazu auch durchaus in der Lage. Sie ist aktiv, zäh und fleißig und wird alles tun, was sie kann.

Die Tiger-Frau sucht beim Ratte-Mann sexuelle Befriedigung. Man heiratet schließlich nicht, um alleine zu leben, und man heiratet auch nicht, um seinen Mann zu betrügen. Sie ist anspruchsvoll und leidenschaftlich, aber sie ist auch ein Gefühlsmensch. Sie empfindet keine völlige Befriedigung, wenn sie nicht ein Ansturm des Herzens psychisch in die Arme des Ratte-Mannes gestürzt hat; dieses Feuer darf man nicht erlöschen lassen. Eine Tiger-Frau bleibt nur dann eine feurige Liebhaberin, die ihren Partner glücklich machen kann, wenn das Gefühl stark und beständig bleibt. Es liegt allein beim Ratte-Mann, sich so zu verhalten, daß die Leidenschaft über Jahre hinweg immer lebendig und neu bleibt, so daß die Ehe zu einem wunderbaren Abenteuer wird.

Für die Tiger-Frau gibt es nie ein stilles Glück. Für den Ratte-Mann sind die Dinge ein wenig differenzierter. Es kann geschehen, daß der Liebeshunger einer Tiger-Frau nach einigen Tummeleien mit ihm noch nicht gestillt ist; seine Bedürfnisse sind eher gestillt als ihre. Er ist zartfühlend, liebevoll und zärtlich, aber dennoch muß er auf das achten, was seine Frau sich wünscht, und sich bemühen, sie zu befriedigen, denn sonst könnte sie sich anderweitig zusätzliche Freuden suchen.

Ratte-Mann und Hase-Frau

Wenn die Hase-Frau dem Ratte-Mann begegnet, dann denkt sie, sie habe das Wunder aller Wunder gefunden. Er hat Schneid, ein großes Mundwerk und einen verwöhnten Geschmack. Wenn er sie so ansieht, dann scheint er völlig von ihr eingenommen. Sie muß nur schnell zum Ausdruck bringen, was sie denkt, denn er ist nicht bereit, lange zu warten. Ob sie ihn will oder ob sie ihn nicht will, das muß sie entscheiden. Was ihn betrifft, so gibt er klar zu erkennen, daß sie ihm gefällt und daß seine Wünsche Befehle sind. Aber Hase wie Ratte sind schnell. Die Hase-Frau wird keinerlei Grund haben, die unklare Situation in die Länge zu ziehen. Sie weiß sehr gut und schon seit langem, was sie will.

Eine gute Portion Anstand hindert die Hase-Frau daran, mit den Gefühlen des Ratte-Mannes zu spielen. Sie ist unabhängig genug, um zu einem Mann zu sagen: »Das dauert nicht ewig, eines Tages werden wir uns wieder trennen«, oder aber: »Das ist ein Versuch. Wir probieren einmal aus, ob wir uns gefallen«, oder auch: »Bist du bereit, mit mir zusammenzuleben?«

Wenn sie beschließen zusammenzuleben, dann wird sie im Ratte-Mann einen äußerst zuvorkommenden Mann kennenlernen, der sie umsorgt, den Alltag belebt, ihr gemeinsames Leben geschickt organisiert und ihre Beziehung phantasievoll gestaltet. Dennoch ist es möglich, daß die Hase-Frau, nachdem sie die anfängliche Begeisterung des Ratte-Mannes geteilt hat, eine gewisse Unzufriedenheit empfindet, so als ob ihr Partner unterwegs stehengeblieben wäre, nicht alles gegeben hätte. Sie hat den Eindruck, daß er sogar in den zärtlichen Momenten nie die Kontrolle über sich selbst verliert und immer streng nach Vernunft und Logik handelt. Wo bleibt da die Leidenschaft?

Sollte sie vielleicht weiter entwickelt sein als dieser einfache Mensch? Sie glaubt es nicht, aber in ihr wächst langsam ein leichter Zweifel. Sie liebt sexuelle Erfahrungen vielleicht mehr als er, und das läßt zwischen ihnen ein Gefühl des Ungleichgewichts entstehen. Ihre angeborene Sittsamkeit läßt sie aber treu bleiben.

Ratte-Mann und Drache-Frau

Die Drache-Frau schimmert selbst in ihrem Alltagsgewand in allen Farben; sie trägt diese Ausstrahlung einfach in sich, und sie kann ganz einfach nicht unbemerkt bleiben. Um so mehr wundert sich der schlichte, bescheidene, zurückhaltende, aber charmante und sehr lebhafte Ratte-Mann über seine Eroberung. Er himmelt die wundervolle Frau an, die er in den Armen hält, und muß sich gezwungenermaßen eingestehen, daß es wahr ist. Für immer und ewig? Wer weiß?

Wenn sich herausstellt, daß ihre Verbindung von Dauer sein wird, wenn sie planen, eine Familie zu gründen, dann kostet es den Ratte-Mann wirklich Anstrengung, die Wünsche und Sehnsüchte seiner Partnerin zu begreifen. Diese ist nicht bereit, Halbheiten zu akzeptieren. Sie weiß, was sie wert ist, und auch die tiefste Leidenschaft läßt sie das nie vergessen. Sie stößt den Ratte-Mann deshalb jedoch nicht zurück, nein, das tut sie nicht. Sie bringt ihn sanft und mit Liebe dazu, in seinem Beruf wahre Wunder zu vollbringen, seine Geschäfte auszuweiten oder eine Beförderung zu erreichen; sie weiß, was sie tun muß, aber auch, was sie nicht sagen darf, damit der Ratte-Mann sich in Stücke reißt, um für sie beide für eine angemessene Zukunft zu sorgen.

Die Drache-Frau fragt sich manchmal, nachdem sich beide in Liebe umschlungen gehalten haben, ob es nicht auch noch etwas anderes gibt, ob ihrer Liebe nicht etwas fehlt, ob diese Art von Unzufriedenheit, die sie empfindet, von einem Rest romantischer Träume herrührt oder ob in Wirklichkeit dem Ratte-Mann nicht das gelingt, was sie erwartet. Insgeheim – wer weiß, vielleicht errät er es – denkt sie, sie sei reifer und zartfühlender als er; in Wirklichkeit ist sie weniger zärtlich und weniger gefühlvoll als er. Sie fühlt, daß sie ihn ohne weiteres betrügen könnte, ohne daß er es bemerken würde. So sehr ist er mit seiner Arbeit beschäftigt.

Vielleicht ist es für sie ein Mittel, ihre sexuellen Wünsche zu beschwichtigen, weiter still und zärtlich zu ihm zu sein. Sie wird weiterhin Sonnenschein in ihr gemeinsames Heim bringen, in dem es weder Verwirrung noch Diskussionen gibt, und ihre Pflichten als Hausfrau und Mutter erfüllen, denn ihren überschüssigen Liebeshunger hat sie in aller Stille anderswo gestillt.

Ratte-Mann und Schlange-Frau

Der Schlange-Frau, die freilich keinerlei Mühe hat, Bewunderer zu finden, entgeht der Ratte-Mann nicht. Er hat Schneid, Ausstrahlungskraft und ist so lebendig, daß er überall gleichzeitig zu sein scheint. Die Schlange-Frau, die in Sachen Charme nicht unbedarft ist, ist daher zunächst ein wenig verwirrt. Dies ist einer der angenehmsten Männer, denen sie je begegnet ist.

Die distinguierte, elegante und gepflegte Schlange-Frau gehört nicht zu den Frauen, die man sogleich wieder vergißt. Will man von ihr unberührt bleiben, dann muß man die Flucht ergreifen, bevor man sie näher kennenlernt. Sie liebt nächtliche Zusammenkünfte, um bei dieser Gelegenheit endlos über abstrakte Themen zu diskutieren, und sie hat bei alledem die Muße, an wesentlich konkretere Beschäftigungen zu denken, die sich diesen Debatten noch anschließen könnten.

Die äußerst feinfühlige Schlange-Frau hat die Gefühle des Ratte-Mannes bereits erraten. Sie ist es also, die die Fäden in der Hand hält. Wenn dieser junge Mann ebenso angenehm ist, wie es den Anschein hat, weshalb sollte man ihn dann zurückweisen?

Man muß ihn nur noch hypnotisieren und lähmen, um ihn endgültig zu behalten. Die hypnotische Wirkung hat bereits eingesetzt. Die Lähmung wird daher nicht mehr lange auf sich warten lassen, der Ratte-Mann ist ein geradezu ideales Opfer.

Mit ein wenig Beständigkeit und gegenseitiger Aufmerksamkeit können sie bis in alle Ewigkeit ein Paar bleiben. Solange sie Phantasie haben, können sie ihr Liebesleben mit Temperament, Leidenschaft, Vergnügen und Einfallsreichtum beleben; genug werden sie nie bekommen, und das ist für sie das Wichtigste.

Ratte-Mann und Pferd-Frau

Die Pferd-Frau macht sich Sorgen darüber, ob sie wohl heiraten wird. Ihre anspruchsvolle Sexualität kompliziert ihre Wünsche ganz besonders. Sie will nicht nur erwählt und geliebt sein, sondern für sie umfaßt die Liebe sowohl physischen Drang als auch Herzensregungen. Ihre Ansprüche trägt sie auch in die Partnerschaft, und ihre Äußerungen sind die einer Egoistin, die nichts zurückhält: »Du liebst mich doch«, sagt sie, und der Rest des Satzes lautet etwa: »Dann kannst du das auch für mich tun.« »Das« betrifft dabei vor allem Dinge, die mit Reiz und Lust zu tun haben. Wenn man sie liebt, dann darf man sie nicht lange warten lassen.

Sobald sie weiß, daß sie vom Ratte-Mann geliebt wird, läßt sie ihrer Freude und ihren Vergnügungssehnsüchten freien Lauf. Alles, was sie denkt, ihre Art, sich zu kleiden, alles, was sie tut, ist nur auf diese beginnende Zweisamkeit gerichtet. Sie ist glücklich, stark und zufrieden, sie trägt eine triumphierende Miene zur Schau, und das Feuer in ihrem Blick spricht Bände.

Für die Ratte, die sie erobert hat und die ihr zu Füßen liegt, vereint sie eine Menge von täglich neuen Hoffnungen und Glückseligkeiten in sich. Ganz ohne Zweifel versteht der sehr lebhafte Ratte-Mann sofort, was die Pferd-Frau vor allen Dingen braucht, und er will gar nicht mehr, als sie in dieser Beziehung zufriedenstellen, doch von Zeit zu Zeit muß sie ihn daran erinnern.

Der verheiratete Ratte-Mann neigt dazu, seinen Geschäften, seinem beruflichen und politischen Leben, gesellschaftlichem Wohlverhalten und Äußerlichkeiten immer mehr Bedeutung beizumessen; er muß achtgeben, daß er nicht die Liebkosungen und die zärtlichen Gespräche vernachlässigt, die für seine Pferd-Ehefrau von großer Bedeutung sind.

Ratte-Mann und Ziege-Frau

Als die Ziege-Frau dem Ratte-Mann begegnete, tat sie das, was notwendig war, um ihn in Erstaunen zu versetzen, und sie hatte Erfolg. Er stellte sich die Frage, ob sie wohl für ihn die Richtige sei. Sie schien ihm sorglos. In seinen Augen war das kein Fehler, sondern ein netter und amüsanter Charakterzug. Er verstand sehr schnell, daß sie von ihm Sicherheit und Schutz erwartete, und war nur zu gerne bereit, ihr dies zu gewähren. Ihr war es wichtig, sich zu versichern, daß er sie nie verlassen werde. Er machte ihr alle Versprechungen, die notwendig waren, um sie zu beruhigen. Er, der helle, vernünftige, unternehmerische, entschlossene, lebendige und dynamische Mann, hat nun ein kleines Wunderwesen voller phantastischer Ideen, Ruhelosigkeit, Talent, guter Laune – zumindest im allgemeinen – neben sich, das hie und da ein wenig die Schwierigkeiten des Künstlerdaseins beklagt und bejammert.

Mit der Heirat hörte der Ratte-Mann auf, ein schneller, redseliger und spaßiger Jüngling zu sein, und wurde ein ernsthafter und verantwortungsbewußter Herr, ein echter Familienvater.

Sie wird eine aufmerksame und von ihren Kindern über alles geliebte Mutter sein. Und er wird redlich und mit ganzem Stolz seinen Verpflichtungen nachkommen.

Ratte-Mann und Affe-Frau

Die Affe-Frau hat sehr schnell begriffen, daß der so feinsinnige und lebendige Ratte-Mann nicht die Hälfte von ihrem Schalk besitzt. Sie beschließt daher, mit ihm zu spielen. Ihm bleibt dann Muße, um über sie nachzudenken. Ist sie etwa immer von dieser Urwüchsigkeit oder wirkt sie nur beim Kennenlernen so? Aber wozu ist das wichtig! Der Ratte-Mann ist ein vernünftiger Mann, vorsichtig und umsichtig genug, um mit den Grillen und Unsinnigkeiten einer Frau zurechtzukommen, die er wirklich liebt.

Ganz unvermittelt ist ihm aufgegangen, daß die Affe-Frau seine Gefühle schneller gewonnen hat, als er gedacht hätte. Er liebt sie und weiß noch nicht einmal, daß er gerne sein ganzes Leben mit ihr teilen würde. Er antwortet auf ihre Scherze, zeigt sich ihrem unnachahmlichen Gemüt gewachsen, nimmt wie sie das Leben von seiner guten Seite, und das alles nur, um die Affe-Frau ganz und gar für sich zu erobern. Intelligent, feinsinnig und praktisch wie er ist, ist er damit sehr erfolgreich.

Kann er mit diesem Wesen voller verrückter Ideen zurechtkommen? Natürlich, wenn er wirklich verliebt ist! Eine Ratte mit ihrer ganzen Feinsinnigkeit und ihrem Sinn für Praktisches irrt sich nicht, wenn es um ihre Möglichkeiten und ihre Chance für die Zukunft geht. Der Ratte-Mann will die Affe-Frau; gut, also wird er tun, was notwendig ist, um sie zu bekommen.

Die Affe-Frau legt, sobald man beginnt, von Heirat zu reden, ihren Standpunkt dar, und der Ratte-Mann denkt an die kommenden Jahre voller Wonne. Sie liebt Kinder und wünscht sich welche. »Aber«, sagt sie, »du bist so vernünftig, du wirst dich mit ihnen beschäftigen, du wirst ihnen deine Prinzipien beibringen; von mir sollen sie lachen und spielen lernen.« Und der Ratte-Mann ist entzückt von diesem Plan.

Ratte-Mann und Hahn-Frau

In der Verbindung von Hahn-Frau und Ratte-Mann ist das Problem finanzieller Art. Denn sie gibt mehr aus, als er verdient. Er legt gerne etwas beiseite. Wie werden sie wechselseitig ihre größten Fehler ertragen? Wenn der Ratte-Mann versucht, soviel Geld zu verdienen, wie seine Frau ausgibt, dann wird er damit seine Gesundheit ruinieren. Es sei denn, er ist ein großes Finanzgenie. Und auch dann: Man weiß nie, wozu eine Hahn-Frau in der Lage ist.

Es ist wichtig, daß die beiden das wissen, und das Beste, was wir ihnen raten können, ist bei der Heirat einen Vertrag über

Gütertrennung abzuschließen. Wenn jeder sein eigenes Geld hat, dann kann die Hahn-Frau nicht das Konto des Ehemannes plündern. Sie kann höchstens ihr eigenes plündern, bevor er wieder Geld hat, es aufzufüllen. Aber das ist nicht so tragisch wie der totale Ruin. Der Vorteil eines solchen Vertrages besteht darin, daß der Ehemann seiner Frau Geschenke machen kann, ohne die gemeinsame Kasse zu schröpfen. So werden sie sich bemühen, ihre materielle Existenz zu regeln, ohne daß dabei ihr Gefühls- oder ihr sexuelles Leben in Mitleidenschaft gezogen wird.

Sobald Kinder kommen, kann sich die Atmosphäre wesentlich ändern. Beide werden sie glücklich, schön, gesund und geistreich sehen wollen. Diese Übereinstimmung bringt alles wieder ins Lot, wenn jeder sich die notwendige Mühe gibt.

Ratte-Mann und Hund-Frau

Dem Hund werden viele gute Eigenschaften nachgesagt. Wenn der Ratte-Mann sich mit der Hund-Frau verbindet, dann heiratet er die netteste und anständigste Frau, die es gibt. Es stimmt, sie ist ängstlich besorgt und verletzlich, aber sie hat Ehrgeiz, und sie sucht materielle Sicherheit. Ihre Gaben werden zwar verkannt, dennoch ist sie weit davon entfernt, keine zu haben. Ihre bedingungslose Loyalität läßt keinen Kompromiß, kein Zugeständnis zu. Sie legt Wert auf ein gemütliches und friedvolles, von Kindern und einigen Haustieren belebtes Heim.

Der Ratte-Mann, der vor gesundem Menschenverstand nur so strotzt, fleißig und in der Lage ist, das für ein behagliches Leben der Familie notwendige Geld zu verdienen, ist entzückt davon, eine Frau zu haben, die mit dem Haushaltsgeld wirtschaften kann. Für ihn verkörpert sie Verführung, Lebensfreude und Geselligkeit.

Er bedauert nichts; seine Schwungkraft reicht für zwei, und wenn die Hund-Frau das Haus nur mit ihrer Ausstrahlung erfüllt, dann ist er hingerissen. Die Hund-Frau ist ein treues Wesen. Ihre einzigen Charakterfehler sind vermutlich ihre innere Unruhe und ihr Pessimismus. Der Ratte-Mann muß sich daher die Mühe machen, sie zu beruhigen und zu umsorgen, damit sie sich in Sicherheit fühlt.

Ratte-Mann und Schwein-Frau

Wenn der Ratte-Mann beschließt, einer Schwein-Frau seine Liebe zu erklären, und sie um ihre Hand bittet, dann weiß er, auf was er sich einläßt und wie er die Aufgaben erfüllen wird, die er verpflichtet ist, korrekt wahrzunehmen. Aber wie gut kennt er die Schwein-Frau?

Weiß er, wie sehr sie die Liebe liebt und daß sie immer bereit sein wird, ihn mit offenen Armen zu empfangen, wenn er den Wunsch hat, ihr zu zeigen, daß ihre Heirat ein Glücksfall war? Sie liebt die Art, wie er sich für sie interessiert; sie schöpft daraus große Zufriedenheit und Momente höchsten Genusses. Der Ratte-Mann, der bei der Hochzeit nicht wußte, welche Reichtümer ihn erwarteten, kann sich nur zu seinem Glück und ihrer Liebe gratulieren.

Der Ratte-Mann, der vor gesundem Menschenverstand und praktischem Sinn nur so strotzt, fleißig und in seinem Beruf ehrgeizig ist, ist fähig, das Geld zu verdienen, das notwendig ist, um den Bedürfnissen der Familie gerecht zu werden, und physisch in der Lage, seiner Frau zu zeigen, was die Liebe einer Ratte ist.

Tatsächlich gibt es aber gerade hier die meisten Schwierigkeiten. Er hat sich für eine Lebensgefährtin entschieden, der die Liebe so wichtig ist, daß er manchmal Mühe hat, ihrem Tempo zu folgen. Er wird ihr sagen müssen, daß es jedem passieren kann, daß er einmal müde ist. Die Schwein-Frau wird Verständnis dafür haben, denn sie ist ja so lieb und so treu.

Der Büffel und sein Eheglück

Büffel-Mann und Ratte-Frau

Die Ratte-Frau ist ein kleinmütiges, wendiges und dynamisches Wesen und immer ein wenig beeindruckt von der Unerschütterlichkeit des Büffel-Mannes. Sie denkt vielleicht schneller als er, aber er ist sinnlicher als sie, und schon lange vor ihr wird bei ihm aus der Wirkung, die ihr erster Kontakt auf ihn hatte, der Wunsch wach, noch einmal von vorne anzufangen und immer ein bißchen weiterzugehen.

Sie fertigt ihn ab, er wird raffinierter. Sie lacht, er denkt nach. Sie ist zufrieden, er ist zutiefst befriedigt.

Sie weiß eigentlich sofort, was aus ihrer Beziehung wird und wie lange sie dauern wird; er denkt an die Gegenwart und kostet genüßlich das Vergnügen aus, mit ihr zusammenzusein.

Die Ratte-Frau denkt, daß sie sich den netten Büffel-Mann »leisten« wird, wenn möglich für das ganze Leben. Das wäre ein wundervolles Geschenk. Sie sieht die Zukunft in rosigen Farben. Sie ist noch bei den ersten Kostproben und stellt sich schon ihr Leben zu zweit und ihre gemeinsamen Pläne vor. Sie mit ihrer Lebendigkeit, ihren stechenden Augen und ihren hastigen, aber richtig gesetzten Bewegungen ist leicht von der Ruhe ihres Partners beeindruckt. Nach den Genüssen der ersten Zeit findet sie in ihm eine Standfestigkeit und eine Stabilität, die aus ihm in ihren Augen den Traummann machen. Er gäbe, sagt sie sich, einen ausgezeichneten Familienvater ab. Sie ist der Ansicht, daß sie in ihm einen festen Halt finden wird und daß sie voller Vertrauen ihr kleines nervöses Händchen in seine große, wohlmeinende und empfindsame Hand legen kann.

Sicher wird es Probleme zwischen ihnen geben, wie das in Partnerschaften unausweichlich der Fall ist, aber sie rechnet fest darauf, daß er diese Schwierigkeiten mit Umsicht lösen wird, und sie wird seine Entscheidung gutheißen.

Sie wird an ihm lange seine Liebesregungen und jene Sinnlichkeit lieben können, die ihr beim Zusammensein mit ihm das Gefühl geben, daß seine starken Hände sie zärtlich berühren, sie mit Liebkosungen einhüllen und alles tun, um mit Liebe in ihr, der guten Hausfrau und amüsanten Lebensgefährtin, tausend Empfindungen zu wecken, die ihren ersten Kontakt wieder neu erstehen lassen und sie an ihre gefühlvollsten Momente erinnern.

Büffel-Mann und Büffel-Frau

Der Büffel-Mann ist naturverbunden. Verhalten, zurückhaltend, gesetzt, gelegentlich sehr konformistisch, organisiert er sein Privatleben nach den Regeln, die er sich selbst auferlegt. Er ist nicht so gefühlsbetont, wie man denken könnte, und seine Langsamkeit ist nicht immer beschauliches Nachdenken.

Bei ihm, wie auch bei der Büffel-Frau, steht das Gefühl nicht an erster Stelle. Was ihn glücklich macht, das ist vor allem, all den großen Schwierigkeiten aus dem Weg zu gehen, die mit dem Leben im allgemeinen verbunden sind. Natürlich beklagt er sich auch nicht, wenn er geliebt wird.

Die Büffel-Frau besitzt wie ihr männliches Gegenstück mehr Sinn fürs Praktische als romantische Sentimentalität. Sogar wenn sie noch jung ist und bei jungen Männern Eigenschaften sieht, an die sie noch gar nicht gedacht hatte, sagt sie sich, daß sie im Lauf der Jahre das lernen wird, was sie noch nicht weiß, was zeigt, daß sie frei von jeglicher Ungeduld ist. Und das ist nicht gerade eine Einstellung, die übersteigerte Träumereien mit sich bringt.

Später wird sie einen maßvollen Blick auf die Männer werfen. Dabei wird sie unfehlbar vom Büffel-Mann entdeckt. Wenn er sie bittet, ihm einige Beweise ihrer Gefühle zu geben, dann tut sie dies bereitwillig, weil das so üblich ist, und es ist ihr gar nicht so unangenehm. Sie findet daran sogar ein größeres Vergnügen, als sie geglaubt hätte; die sexuellen Erfahrungen sind ihr angenehm und bringen ihr Freude und Befriedigung.

Sie ist sanft, ernsthaft und liebevoll zu dem, den sie heiratet, vor allem wenn es sich um einen Büffel-Mann handelt; sie zeigt Zärtlichkeit und Zuneigung, und mit ihm zu leben wird ihr schließlich zur schönen Gewohnheit.

Büffel-Mann und Tiger-Frau

»Wie ist es mir nur gelungen, eine solche Frau zu erobern und zu halten?« wird sich der Büffel-Mann immer wieder fragen, wenn er seine wundervolle Frau ansieht, die die Blicke der Menge auf sich zieht. Zuerst bewundert er sie, dann ist er stolz auf sie, und schließlich liebt er sie. Genau in dieser Reihenfolge entwickeln sich bei ihm die Gefühle. Die Probleme beginnen mit dem Alltag. Solange beide ihre ganze Mühe darauf verwendet haben, sich gegenseitig zu erobern, war alles wunderbar.

Die Tiger-Frau legt großen Wert auf ihre Unabhängigkeit und verkündet, sie habe ein Recht auf persönliche Entscheidungen, bei denen sie nur ihrer Neigung und keinem anderen Kriterium folge. Sie sagt, sie habe den Büffel-Mann für sich auserkoren, und er glaubt, er habe ihrer beider Verbindung zustande gebracht und halte ihr gemeinsames Geschick und jede Einzelheit ihrer gemeinsamen Lebensgestaltung in den Händen. Doch ihre Liebe wird, verbunden mit ein wenig Höflichkeit, dafür Sorge tragen, daß unter den beiden Aufschneidern ein Wettstreit entsteht. Ungestüm und von dem Wunsch beseelt, alles sofort kennenzulernen, hat die Tiger-Frau mit Sicherheit schon einige Abenteuer hinter sich, wenn sie sich im Innern für den Büffel-Mann entscheidet. Sie hätte gerne jung geheiratet, aber sie mußte erst einige Erfahrungen sammeln, um sicherzugehen, daß sie nicht die »Auserwählte« sein würde, sondern diejenige, die selbst auswählt. Die Tiger-Frau ist nur selten passiv.

Sie liebt die heftige Liebe, aber sie kostet auch von den Gefühlsaufwallungen, die aufgrund der gegenseitigen Zuneigung dem Liebesakt seine Menschlichkeit erst geben, dieses feine Werben, das ihn über das Animalische erhebt. Für sie bereichert eine echte und nuancierte romantische Schwärmerei die Liebe um vieles. Sie entflieht der Monotonie und der Banalität, aber mit Eleganz. Man kann sich vorstellen, daß der Büffel-Mann in ihr eine Partnerin findet, die ihm sexuell gewachsen ist. Daß sie dies mit ihren Gefühlen verbindet, woran er nicht immer denkt, läßt die Bewunderung, die er für sie hegt, nur noch weiter wachsen.

Um sie zu behalten, wird er sich nicht besonders anstrengen müssen. Er muß nur er selbst sein und außerdem an die Maiglöckchensträußchen und die Gebinde mit einer ungeraden Zahl von Rosen denken, wenn gewisse Daten sich jähren.

Büffel-Mann und Hase-Frau

Wie sehr wird die Hase-Frau davon entzückt sein, die Bekanntschaft eines starken, verliebten und beruhigenden Büffel-Mannes zu machen!

Die Hase-Frau ist eine feinnervige, behende, flexible, unbeständige und nicht sehr selbstsichere Frau; sie ist ängstlich und verzagt bis zu dem Tag, an dem sie den Büffel-Mann betrügt und ihn mehr in Wut versetzt, als es jemand, der stark und kräftig ist, je könnte; sie versteht es sehr gut, ihre manchmal nur vordergründige Zerbrechlichkeit einzusetzen. Um sie bei sich zu halten, hat der Büffel-Mann handfeste Waffen und Methoden. Er ist im allgemeinen der Stärkere und Ruhigere und derjenige, der die besseren Argumente und die zwingendsten Trümpfe gegenüber einem Wirrkopf wie dem Hasen in der Hand hat, der seinerseits leicht unruhig wird und eine Tendenz zur Flatterhaftigkeit hat, der sich nicht immer ganz klar erklärt und für den Logik ein leeres Wort ist.

Keiner der beiden ist im Grunde genommen treu. Aber die Windungen des Lebens und des Schicksals werden von ihnen in verschiedener Weise erlebt. Der Büffel-Mann vertraut darauf, daß schon alles seine Richtigkeit hat, auch wenn er in dieser Hinsicht ein wenig lakonisch bleibt; die Hase-Frau hat vor allem Angst, fürchtet die Zukunft und denkt immer an das Schlimmste. Sie ist weder beständig noch geduldig. Durch zärtliche Gefühle und aufgrund ihres Sicherheitsbedürfnisses kann sie es jedoch werden.

Im tiefsten Innern weiß sie sehr wohl, daß das, was sie am meisten braucht, die Liebe ist. Und dabei kann derjenige, der gibt, in ihrem Fall sicher sein, auch selbst zu empfangen. Sie kann Liebe, Zärtlichkeit, ihre Beharrlichkeit und ihren Wunsch zu gefallen sehr gut ausdrücken.

Die treue und zärtliche Hase-Frau ist, wenn sie ihren Büffel erobert und erst einmal im Haus hat, sehr liebevoll, voller Aufmerksamkeiten und folgt manchmal schalkhaft ihren Launen, um keine Monotonie aufkommen zu lassen, aber es ist gut zu wissen, daß sie melodramatische Ausbrüche furchtbar und Zerwürfnisse entsetzlich findet. So wird sie also zu ihrem Büffel sanft und lieb sein. Und er, der sie nicht verlieren will, wird sich ebenfalls sehr ins Zeug legen.

Büffel-Mann und Drache-Frau

Der Büffel-Mann ist ein im wesentlichen konformistischer Stubenhocker. In seinem Unabhängigkeitsdenken glaubt er, er brauche niemanden; er hat ein unbestechliches Bewußtsein dessen, was man sagen, denken, fühlen und tun muß. Außer in seiner frühesten Jugend rangiert für ihn die Liebe in seinem Denken und Sorgen immer erst an zweiter Stelle. Gegen einige verrückte Abenteuer hat er nichts einzuwenden, aber vor allen Dingen kommt es ihm auf den beruflichen Aufstieg an.

Wenn ihn die Frauen anziehen, dann auf sexuellem Gebiet. Er hat ein heißes Verlangen und muß es befriedigen. So kommt es, daß er, solange er sich darauf konzentriert, sich beruflich zu etablieren, unzählige bedeutungslose, aber sehr amüsante Abenteuer hat. Er ist ein feuriger Liebhaber und wird es lange bleiben. Er ist

bis ins letzte »alltäglich« und wird es bis zu dem Tag bleiben, an
dem ein frischer, fideler und eleganter Tornado, genannt Drache-Frau, durch sein Leben bläst und es völlig durcheinanderwir-
belt.

Wenn die Drache-Frau in das Leben des Büffel-Mannes tritt,
dann ändert sich alles von Grund auf. Sie läßt keinen Stein auf
dem andern. Was alltäglich war, wird außergewöhnlich, und von
nun an werden die bisher glanzlosesten Tage von Unvorhergese-
henem beherrscht.

Nach dieser alles verändernden Begegnung mit der Drache-
Frau ist für den Büffel-Mann nichts mehr so wie vorher; alles
wird schöner, glänzender, unvorhergesehener, erstaunlicher. Sein
Leben wird zu einer endlosen Lustbarkeit. Er vergißt sein Unabhängigkeitsdenken und liegt ihr zu Füßen. Die Befehlsgewalt der
Drache-Frau ist nur durch die Liebe und die Wertschätzung eingeschränkt, die sie für ihren langsamen, vernünftigen, kompeten-
ten, überlegten Mann hegt, der in der Liebe so gut ist.

Büffel-Mann und Schlange-Frau

Die Schlange-Frau, der es nie an Liebhabern oder Verehrern
fehlt, fühlt sich nicht vom ersten Augenblick an zum Büffel-
Mann hingezogen, denn sie findet ihn ein wenig langsam. Dann,
von der Ruhe durchdrungen, die eben diese Langsamkeit verbreitet, begreift sie sehr schnell, daß er von Natur aus und nicht aus
Ungeschicklichkeit oder Schüchternheit so langsam ist.

Dann allmählich läßt sie sich von seiner unerschütterlichen
Massivität und seiner Standfestigkeit auf geistiger Ebene beeindrucken. Ein Büffel-Mann ist natürlich keineswegs dicker als ein
Ratte-Mann! Aber ein Büffel-Mann handelt besonnen, ordentlich, weitblickend und gemächlich, es sei denn, man versetzt ihn
in Wut, was allerdings recht schwierig ist; dann jedoch muß man
seine große Heftigkeit fürchten.

Der Büffel-Mann wirkt beruhigend. Er macht den Eindruck,

als wisse er, was Liebe ist, und ist wohl auch bereit, es dieser netten kleinen Schlange-Frau, die ihren Blick auf ihn geheftet hat,
beizubringen. Sie weiß wohl, daß man bei diesem vertrauener-
weckenden Mann Halt finden kann und daß sich seine Umsicht,
seine Erfahrung und seine Kraft ein ganzes Leben lang nicht er-
schöpfen werden.

Die Schlange ist sich ihrer Treue gegenüber dem Büffel-Mann
nicht absolut sicher. Sie fürchtet manchmal, etwas versäumt zu
haben, was sie unbedingt hätte kennenlernen müssen; es ist also
möglich, daß sie es mit dem ehelichen Bund manchmal nicht so
genau nimmt, aber ist der Büffel-Mann denn treuer? Wenn sie es
als Menschen mit Takt verstehen, dem anderen zu verbergen,
was ihn quälen könnte, ihr gegenwärtiges Glück nicht in ein
Drama zu verwandeln, wenn aus einigen noch verzeihlichen
Fehltritten keine längeren Liebschaften werden, dann können sie
auf eine lange und glückliche Verbindung hoffen.

Die Schlange-Frau hüllt sich ein wenig in Geheimnisse, um
den Büffel-Mann zu halten, und wenn sie auch nicht gerade zum
Mittel der Hypnose greift, so setzt sie doch immerhin eine ordentliche Dosis Überzeugungskraft und Intuition ein. In diesem
Kleinkampf behält schließlich der Büffel-Mann mit seiner Ruhe
und seiner Zärtlichkeit die Oberhand, und ihre Partnerschaft
kann sehr stabil werden.

Büffel-Mann und Pferd-Frau

Keiner würde es wagen, die Ausstrahlung der Pferd-Frau zu
leugnen. Sie glänzt. Sie ist eine ausgezeichnete Erscheinung. Sie
ist äußerst gesellig, und nichts ist ihr wichtiger, als beliebt, akzeptiert und in den Kreis, in den sie neu eintritt, aufgenommen zu
werden. Sie tut alles, was sie dafür tun muß: Sie ist nett zu allen,
drückt sich gepflegt aus und lacht.

Der recht verhaltene und wortkarge, manchmal ein wenig un-
bewegliche Büffel fühlt sich durch ihre Gesellschaft aufgewertet.

Tatsächlich ist er der wertvollere Teil dieses Paares, aber was tut das zur Sache? Er muß nur wissen, daß die Pferd-Frau weniger selbstsicher ist, als man zunächst annehmen würde; man braucht nur berechtigte Kritik zu üben, und schon wird sie unsicher, mißgelaunt, aus der Fassung gebracht und sagt lange nichts mehr. Nicht daß sie »beleidigt« ist, sie ist wirklich verunsichert, verwirrt und aus der Fassung gebracht. Diese leidenschaftliche Frau fürchtet alles, was dem Bild, das sich ihr Mann von ihr macht, abträglich sein könnte. Wenn sie liebt, dann liebt sie nicht nur mit ihrem Herzen und ihrem Geist, sie liebt mit ihrem ganzen Wesen, mit ihrem ganzen Körper, mit allen Gedanken und allen Reaktionen, sie ist nichts ohne diese Liebe. So lebt sie in atemloser Angst, denn alles kann diese Liebe gefährden, die sie als zerbrechlich und als dem kleinsten Zwischenfall gnadenlos ausgeliefert empfindet.

Aber das ist nur die Einbildungskraft einer nervösen und überreizten Frau; der Büffel-Mann wird nicht von einem Tag auf den andern seiner Lebensgefährtin überdrüssig werden; dazu ist er zu beständig, zu ausdauernd und zu anhänglich. Wenn sich herausstellt, daß die Pferd-Frau doch nicht den ungeheuren Wert, die wunderbaren Eigenschaften hat, die er ihr in den ersten Tagen ihres Zusammenseins zuschrieb, ist das auch nicht so schlimm; ein Körnchen Lebensweisheit läßt ihn die Liebenswürdigkeit und den Eifer der Pferd-Frau jenen Eigenschaften vorziehen, von denen er vielleicht träumte und die sie nicht besitzt. Er ist bereit, das zu tun, was seiner Gefährtin gefällt, und sie schenkt ihm dafür einmalige Freuden, mit einer Hingabe, derer nur sie fähig ist.

Sie sind zwar ein ungleiches Paar, aber wenn sie sich Mühe geben und nett zueinander sind, dann kann ihr Glück von großer Dauer sein.

Büffel-Mann und Ziege-Frau

Mit der Ziege-Frau sind wir wieder mitten in der Romantik. Kann der Büffel-Mann, der ein ruhiges und geordnetes Leben liebt, der weiß, wo der gesunde Menschenverstand sitzt, und der ein gesundes Urteilsvermögen besitzt, eine Ziege-Frau lieben, deren Leben aus Sorglosigkeit, Phantastereien und Improvisation besteht? Er wird zuerst erstaunt und dann von ihr eingenommen sein, und wenn er sie erst einmal kennt, wird er nicht mehr ohne sie auskommen können. Das Rätsel der Ziege besteht für einen Büffel darin, daß ihr Innenleben sich ausschließlich nach ihren Gefühlen richtet. Die Ziege-Frau ist im wesentlichen ein zartfühlendes Wesen; sie läßt sich von einer Art Herzensinstinkt leiten, der ihr eigen ist, und keine Empfindung ist ihr fremd.

Man kann sich vorstellen, wie es ihr mit dem schrecklich konformistischen, alltäglichen, eingefahrenen, normalen, mit einem Wort realistischen Büffel ergeht. Er ist kein Träumer. Er hat keine Einbildungskraft. Er lebt und wirkt, und zwar mit einem Hauch von Monotonie, Gleichmäßigkeit, Gewohnheit und einer unveränderlichen Zeiteinteilung. Man begreift, daß sein Zusammentreffen mit der Ziege ihm einen Schlag versetzt hat. Von diesem Schlag wird er sich nicht erholen; er wird gleichzeitig verliebt und erstaunt, entzückt und schockiert, fassungslos und eingenommen und von der ersten Sekunde an auf dem Gipfel der Überraschung und des Glücks sein. Kurz, es ist die Begegnung seines Lebens. Alles erscheint in neuen Farben. Die Ruhe ist dahin, die Sicherheit auch; die Gewohnheiten sind verflogen. Mit Mühe und Not hat er noch die Geistesgegenwart, von Zeit zu Zeit zu atmen, wenn ihm wirklich die Luft ausgeht.

Die Ziege-Frau erwartet vom Büffel vor allem Stabilität und Sicherheit. Sie braucht, allein um zu leben, die Gewißheit, daß ihr nie der Boden unter den Füßen weggezogen wird. Solange sie sich in Sicherheit fühlt, ist die Ziege-Frau dem Büffel-Mann treu. Dies um so lieber, als er ihren Wünschen nachkommt. Aber wenn sie enttäuscht wird, dann wird es gefährlich. Dann ist es durchaus möglich, daß sie einige andere Vorschläge, die ihr gemacht werden, der Aufmerksamkeit für wert hält, und zu ihrem Bedauern müßte sie sich dann vom Büffel-Mann trennen.

Büffel-Mann und Affe-Frau

Der Büffel-Mann ist nicht sehr schnell; er ist besonnen, eher schweigsam und besitzt einen ausgeprägten Sinn für Praktisches, den er aber unter einer geistesabwesenden Miene versteckt. Er hat Gewohnheiten, die jedoch keine Automatismen sind, sondern wohlüberlegte Entscheidungen. Er genügt sich selbst, leidet nie unter dem Alleinsein und wäre ein typischer Junggeselle, wenn er sich nicht von den allgemeinen Gepflogenheiten dazu veranlaßt fühlen würde, wie andere zu heiraten.

Wenn die Affe-Frau in sein Leben tritt, dann wirft das alle Regeln durcheinander, die er sich aufgestellt hat. Sie ist geistreich, amüsant, fröhlich und urwüchsig; dann jedoch geht eine Veränderung mit ihr vor, und sie entpuppt sich langsam als genau die Frau, die er braucht. Noch bevor er selbst es bemerkt hat, hat der Büffel-Mann seine Meinung und sein Lebensprogramm völlig geändert. Er wird häuslich und ein Familienvater. Er hat die Affe-Frau geheiratet.

Die Affe-Frau ihrerseits hat alles getan, um sich die Liebe des Büffel-Mannes zu erhalten. Sie hat sich in Unkosten gestürzt und sich von ihrer besten Seite gezeigt. Ihre Fröhlichkeit und Spontaneität hat sie beibehalten, aber gleichzeitig hat sie mit List und Tücke kochen gelernt!

Von nun an ist das Leben des Büffel-Mannes nicht mehr so, wie es einmal war; manchmal fragt er sich, ob seine Entscheidung richtig war; aber gleich danach, wenn eines seiner Kinder kommt, um ihn zu necken, oder seine Frau aufhört zu scherzen, um ihm einen Rat zu geben und ihn wieder aufzumuntern, dann ist er überzeugt, daß sein Leben eine glückliche Wende genommen hat.

Die Affe-Frau, die entzückt ist, einen Mann gefunden zu haben, der sie schätzt und liebt, hat sich an seiner Seite ein behagliches Leben eingerichtet; sie macht aus ihrem Heim ein kleines Paradies. Nur von Zeit zu Zeit wird ein unüberhörbarer Streit den häuslichen Frieden erschüttern, der sonst ja auch langweilig würde!

Büffel-Mann und Hahn-Frau

Der Hahn-Frau hat es nie an Charme gefehlt, und der Büffel-Mann hat sie, soweit er sich zurückerinnern kann, immer nur von einer Schar von Verehrern umringt gesehen. Für ihn war sie immer eine außergewöhnliche Frau, derer er sich nicht für wert hielt. Und dennoch ist er es, den sie bemerkt, ja mehr noch, er ist es, den sie heiratet. Er fragt sich immer noch warum. Der Hauptgrund liegt in der Ausgewogenheit, die die Hahn-Frau charakterisiert; man kann sie bewundern, mit Blumen überhäufen und mit flammenden Reden überschütten, für sie ist das wichtigste Kriterium, ob der Charakter, die Fähigkeiten und der Lebensweg des Betreffenden es ermöglichen, ihren Lebensunterhalt und die Existenz der Kinder, die sie sich wünscht, zu sichern.

Nun, der Büffel-Mann sieht recht nett aus; er ist stark, methodisch und auf berufliches Fortkommen bedacht; berufliche Überlegungen stehen denn auch an erster Stelle seines Denkens und Sorgens. Wenn er die Hahn-Frau liebt, dann wird er sich um ihr Leben so kümmern, wie er sich um sein eigenes kümmert. Und das ist für die Hahn-Frau die Hauptsache.

Die äußerst mitteilsame und gesellige Hahn-Frau ist immer guter Dinge, und man darf keineswegs glauben, daß sie ihrem Büffel-Ehemann das Leben schwermacht, wenn er seinen Arbeitsplatz verliert oder die Beförderung, mit der man gerechnet hatte, ausbleibt. Sie wird solche Widrigkeiten mit guter Miene hinnehmen, sich bei den Haushaltsausgaben einschränken und ein wenig Geld dazuverdienen. Doch das wird sie verändern. Es reicht ihr nämlich nicht aus, lediglich etwas zur Existenzsicherung beizusteuern, sondern sie strebt eine echte Karriere an; der Büffel-Mann sollte darüber nicht brüskiert sein oder sich aufregen, denn das würde alles nur noch komplizieren. Er muß es akzeptieren, vor allem, wenn er für seinen eigenen Mißerfolg nicht selbst verantwortlich ist. Die Hahn-Frau wird sich nicht daran hindern lassen, schnell aufzusteigen und sich im Beruf bestens zu bewähren, wofür sie Lob und Anerkennung verdient.

Büffel-Mann und Hund-Frau

Die äußerst empfindsame Hund-Frau hält ständig vor Angst, Ungeduld, Furcht oder sogar Freude den Atem an. Wegen der kleinsten Nichtigkeit fängt sie an zu zittern, befällt sie eine innere Unruhe, laufen ihre Gefühle auf Hochtouren. Außerdem ist sie eher pessimistisch, obwohl sie andererseits auch von ansteckender Freude sein kann. Im Grunde genommen rechnet sie immer mit dem Schlimmsten, und das ist vielleicht der Grund für ihr Glück. Denn das Schlimmste tritt nicht ein, und wenn es eintritt, dann sagt sie sich, pessimistisch wie sie ist, daß es noch viel schlimmer hätte kommen können.

Die Ruhe und die Gelassenheit des Büffel-Mannes sind für die Hund-Frau, die in ihrem ständigen inneren Aufruhr nichts weiter will, als sich fröstelnd an seine breite Brust schmiegen und ganz klein in seinen großen Armen verschwinden, eine große Hilfe. Man kann sich nun vorstellen, weshalb die beiden sich lieben. Er beschützt sie, sie braucht ihn.

Es erübrigt sich, die Treue der Hund-Frau, ihre bekannteste Charaktereigenschaft, besonders hervorzuheben. Neben einer solchen Tugend verblaßt die Treue des Büffel-Mannes geradezu; dieses Paar gehört einfach für immer zusammen.

In manchen Astrologiebüchern wird betont, die Hund-Frau wolle sich, unabhängig von der Laufbahn ihres Mannes, auch selbst im Beruf bewähren. Tatsächlich steuert sie darauf hin, und

im allgemeinen auch mit gutem Erfolg. Der Büffel-Mann muß
nur darauf vorbereitet sein, damit ihn dieser Arbeitseifer außer
Haus nicht in Erstaunen versetzt und er dafür nicht vielleicht
eine andere Erklärung sucht. Es liegt ihr ganz einfach. Sie hat
Talente und Fähigkeiten, und sie ist zielstrebig, unabhängig von
der Höhe des Gehalts. Sie arbeitet nicht aus Notwendigkeit, sondern aus Neigung und Interesse.

Davon abgesehen bleibt der Platz, an dem sie sich am wohlsten
fühlt, ihr Heim; dort empfängt sie gerne Freunde, denen sie mit
Stolz ihre Kinder zeigt, während ihr Mann mit einem Lächeln
auf den Lippen dieses Bild seines Glücks betrachtet.

Büffel-Mann und Schwein-Frau

Die Schwein-Frau liebt vor allen Dingen das Leben. Und noch
mehr als das Leben liebt sie die Liebe. Sie mag Zärtlichkeit,
Freundlichkeit, Liebenswürdigkeit, Zuneigung, Liebesleidenschaft und auch Sexualität, kurzum alles, was das Wunder der
Liebe ausmacht, das sie gerne unter den Menschen weiter verbreitet sehen würde. Sie besitzt Sinn für Poesie und ist bereit, mit
Natürlichkeit, Tatkraft und Durchsetzungsvermögen das Leben
zu leben, das sie sich erträumt. Da begegnet sie dem Büffel-
Mann. Von ihm erwartet sie die Erfüllung ihrer Träume. Wird er
ihr diese bringen?

Er findet sie charmant und fesselnd und ist der Ansicht, daß sie
den Kopf voller Illusionen und ein wenig verrückter Träume hat;
dennoch macht er ihr verschiedene tiefempfundene, vernünftige
und verrückte, drängende und respektvolle, scherzhafte und
ernsthafte Anträge, und zum Schluß begreift sie, daß es sich um
einen Heiratsantrag handelt; sie nimmt an. Für sie beginnt nun
das einzige Abenteuer, das sie sich je gewünscht hat. Was sie
nicht bekommen wird, das wird sie sich vorstellen; was sie haben
wird, das wird sie vergöttern. So wird ihr ein Leben wie im
Traum offenstehen.

Nachdem sich die erste Begeisterung gelegt hat, pendelt sich alles ein. Auch wenn die Schwein-Frau eigentlich die Liebe der ganzen Menschheit anstrebt, muß sie sich doch, so will es nun einmal der Brauch, mit dem Büffel-Mann begnügen. Und sie kann es. Der Büffel-Mann ist standfest, unerschütterlich, stark und ausgeglichen; er teilt gerne ihr Bett, und seine Frau kommt nicht zu kurz. In dieser Beziehung ist ihr Traum tatsächlich Wirklichkeit geworden. Da sie das offensichtlich braucht, bereichert er in den ersten Jahren seine Liebesbeweise mit Worten voll romantischer Zärtlichkeit und spricht mit ihr über die großen Anstürme der Seele und die unendlichen Freuden der unzerstörbaren Zuneigung, die einen fürs Leben verbinden. Dann beschäftigen ihn nach und nach andere Dinge. Er bleibt zwar ein ausgezeichneter Liebhaber, doch fängt er langsam an, die kleinen Aufmerksamkeiten, die sie so schätzt, zu vergessen. Die Schwein-Frau glaubt, er werde ihrer müde, und wird ein wenig melancholisch. Dennoch weiß sie, daß sie es gut getroffen hat und daß er das, was er nicht mehr sagt, nie aufgehört hat zu denken, so wie sie nie aufgehört hat zu träumen.

Der Tiger und sein Eheglück

Tiger-Mann und Ratte-Frau

Die kleinmütige, in ihren Bewegungen flinke und schnelle, dynamische und treu ergebene Ratte-Frau versteht es sehr gut, die Aufmerksamkeit eines Tigers auf sich zu ziehen.

Der Tiger-Mann ist charmant, distinguiert und gepflegt und besitzt eine starke Persönlichkeit. Alle jungen Mädchen, die seinen Weg kreuzten, hätten ihn genommen. Er liebt es, Beachtung zu finden, und an dem Tag, an dem er sich die Mühe machte, die Ratte-Frau zu verführen, hat er sie gleich mit Haut und Haaren verschlungen. Ohne Schliche. Nach der Hochzeit bleibt er so,

wie die Ratte-Frau ihn kennen- und liebengelernt hat. Sie himmelt ihn nach wie vor an und möchte, daß er das auch weiß.

Zwischen ihnen gibt es nur ein Problem: Der Tiger-Mann mag
es nicht, wenn man ihn zu sehr mit Beschlag belegt. Die Ratte-
Frau läßt ihn ihre Liebe zu stark spüren, belastet ihn mit ihren
Empfehlungen und Ratschlägen, überhäuft ihn mit Liebkosungen
und bemuttert ihn wie ein verhätscheltes Kind. Es besteht die Gefahr, daß er ohne Vorankündigung das Weite sucht und nie wieder etwas von sich hören läßt. Eine Möglichkeit, ihn bei sich zu
halten, ist für die Ratte-Frau, sich eine Beschäftigung zu suchen,
eine berufliche Laufbahn einzuschlagen, die sie voll in Anspruch
nimmt, so daß er ein wenig alleine ist, bevor sie nach Hause
kommt. Freilich sollte sie nicht so weit gehen, ihn damit unter
Druck zu setzen.

Da der Tiger-Mann treu ist, kann auf diese Art die Verbindung sehr lange halten.

Tiger-Mann und Büffel-Frau

In ihrer fröhlichen und manchmal unruhigen Jugendzeit hatte die
Büffel-Frau manchmal große Sehnsucht nach einem Partner wie
dem Tiger-Mann. Ein solcher Partner ist vielleicht nicht immer
unproblematisch, aber welch ein wundervoller Mensch, und
welch ein Bild von einem Mann!

In dem Moment, da sie eine engere Beziehung zum Tiger
suchte, ergriff dieser jedoch die Flucht, denn er konnte sich an
den Gedanken einer engen Partnerschaft so schnell nicht gewöhnen.

Da zeigte ihm die Büffel-Frau ein wenig demonstrativ die kalte
Schulter, als ob sie ihn seinen verrückten Launen überlassen
würde, und interessierte sich für etwas anderes; wie sie es vorher-
gesehen hatte – so einfach geht das –, ist er neugierig geworden
und mit dem Wunsch, sie besser kennenzulernen, wieder zu ihr
zurückgekommen.

Der Tiger ist ganz besonders brillant, interessant und aktiv, aber er hat ein ungeheures Unabhängigkeitsbedürfnis und einen entsetzlichen Stolz. Das muß man wissen. Und er liebt weder die Leichtigkeit noch die Monotonie. Mit viel Liebe eignet man sich die notwendigen psychologischen Kenntnisse an und kann so die ersehnte Verbindung verwirklichen.

Die Büffel-Frau ist für die Liebe geboren, und wenn sie liebt, ist für sie alles Vergnügen, alles Glück. Zur sexuellen Befriedigung kommen bei ihr Leidenschaft und Gefühlsausbrüche hinzu, und hier befindet sie sich im Einklang mit dem Tiger, der dieselben Neigungen hat. Wirklich unkompliziert ist die Weiblichkeit der Büffel-Frau. Denn nur wenige Frauen mögen ein Sexualleben ohne Worte der Liebe oder ein leichtes Fieber der Leidenschaft.

Nach einigen Jahren wird sich die Büffel-Frau ihrer Natur gemäß eher Verstandesdingen als der Liebe zuneigen, und wenn sie dem Tiger noch immer Befriedigung verschafft, dann in sexueller Hinsicht. In emotionaler Hinsicht ist es nun vorbei, die Gefühle sind erkaltet. Sie wird sich sagen, es sei wichtiger, sich gemeinsam für die Zukunft ein behagliches Leben zu sichern.

Tiger-Mann und Tiger-Frau

Ein Tiger muß einen anderen Tiger zwangsläufig verführen. Wie der Blitz schlägt die Liebe ein, eine leidenschaftliche Liebe. Recht schnell beschließen beide, ihren Lebensweg gemeinsam zu gehen. Aber was wird im Alltag aus ihrer Liebe? Ist es für einen Tiger möglich, das Leben mit einem anderen Tiger zu teilen?

Um einen Tiger zu Hause zu halten, ist schon etwas anderes vonnöten als das geordnete und gleichmäßige Leben, das manche Frauen – und auch manche Männer – zu führen beginnen, sobald sie verheiratet sind. Diese Eheroutine mag lobenswert sein, aber so hat sich der Tiger seine Ehe nicht vorgestellt. Er liebt leise Gespräche in der Kaminecke ebensosehr wie rauschende abendliche Feste. Mit einem anderen Tiger ist er am Ziel seiner Wünsche.

Aber die Tiger-Frau ist nicht die fügsame und anspruchslose Gattin, die man dem herrschsüchtigen und selbstsicheren Tiger-Mann wünscht. Sie liebt es, zu befehlen. Daher gründet sich ihre Ehe auf eine Liebe, in der es permanent kracht. Sie wird die Entscheidungen ihres Mannes akzeptieren, weil er im allgemeinen das tut, wofür auch sie sich entschieden hätte. Aber sie wird entspannter und weniger frustriert sein, wenn sie eine eigenständige berufliche Laufbahn verfolgt; in ihrem Arbeitsumfeld wird sie ihre eigene Entscheidungsfähigkeit einsetzen und ihren Willen kundtun. Zu Hause ist sie dann glücklich, sich wiederum jemandem unterzuordnen, der es besser weiß und der im übrigen nur das will, was sie sich wünscht.

Tiger-Mann und Hase-Frau

Die Hase-Frau ist eine sittsame Frau, und sie ist vor allem für ihre Besonnenheit bekannt. Sie führt gerne ein ruhiges Leben mit einer gewissen Behaglichkeit, wenig Pomp, wenig Unklarheiten und so wenig Änderungen wie möglich. Sie ist sanft und sehr feinfühlig und weiß, was man tun muß, damit man geliebt wird, auch platonisch.

Wenn sie dem Tiger-Mann, diesem schönen und brillanten Mann, mit großem Charme und ebenso großer Vitalität begegnet, so ist sie zuerst argwöhnisch und skeptisch. Aber was sie dann für ihn einnimmt, ist die Großherzigkeit des Tigers, der nicht nachrechnet und anscheinend keine Ausgaben scheut, um sie zu verwöhnen, ins Restaurant auszuführen und kleine, »zu nichts verpflichtende«, aber in Wirklichkeit fürs ganze Leben bindende Geschenke zu machen. Und dann entdeckt sie das sexuelle und erotische Talent des Tiger-Mannes. Auch sie zeigt in dieser Beziehung ausgezeichnete Anlagen, und das ist es vielleicht, was beide zu der Entscheidung führt, gemeinsam zu leben.

Das Glück zwischen beiden könnte fast perfekt sein. Aber der Tiger-Mann entdeckt vielleicht nach einiger Zeit, daß seine Partnerin nicht unbedingt treu ist. Und hier liegt die Achillesferse. Der seelisch tugendhafte Hase ist nicht immer treu. Unsere Hase-Frau macht da keine Ausnahme. Es wird gut sein, wenn sie mehr auf ihren Tiger-Mann vertraut, der durchaus in der Lage ist, Probleme schnell und endgültig zu lösen.

Der Tiger-Mann ist tatsächlich zu allen Opfern bereit, in jeder Beziehung, auch in der Liebe; er wird für jedes Problem eine Lösung finden und nie zögern, auch Leiden auf sich zu nehmen. Das macht seine Liebe aus, und er würde alles tun, um sich diese zu erhalten, auch wenn da ein paar belanglose Abenteuer sind. Großmütig wie er ist, entschuldigt er nicht nur seine eigenen Seitensprünge, sondern auch die seiner Frau. Ein anfälliges, aber trotz allem ziemlich glückliches Paar.

Tiger-Mann und Drache-Frau

Die Drache-Frau hat immer gehofft, mit einem eleganten und brillanten Partner zusammenzukommen, der zum Ausdruck von Gefühlen fähig ist und sich gerne gemeinsamen Sinnenfreuden hingibt. Sie glaubte schon nicht mehr, ihm zu begegnen, doch da kreuzte er in Gestalt des Tiger-Mannes ihren Weg.

Die Drache-Frau erweist sich als in der Liebe sehr begabt. Für sie ist alles Lust, Glück und Zärtlichkeit. Sexuelle Befriedigung ist bei ihr mit Leidenschaft und überschwenglichen Gefühlen verbunden, und so ist ihr Einverständnis mit dem Tiger-Mann vollkommen.

Der ganz besonders brillante, interessante, aktive, aber auch unabhängige und stolze Tiger-Mann liebt keine Leichtigkeit; Glück allerdings verkraftet er sehr gut. Man darf nur nicht warten, bis er genug bekommt, und muß ihn mit irgendeiner unerwarteten Entscheidung überraschen, um die Instinkte des Raubtieres in ihm zu wecken.

Dieses Paar braucht Kinder, damit es auf Dauer zusammenhält, denn beide finden zuviel Gefallen an Veränderungen. Die

Kinder werden ein gemeinsames Band sein, und die Drache-Frau wird mit ihnen sehr verständnisvoll und ermutigend umgehen und nicht versuchen, sie über die Maßen zu bemuttern und mit ihrer Aufmerksamkeit zu ersticken. Sie wird im Gegenteil in ihnen eher den Sinn für Unabhängigkeit und die Kraft fördern, alleine zurechtzukommen. In jedem Fall ist in dieser Ehe der Tiger derjenige, der das Zepter in der Hand hält. Doch hat er, was die Erziehung der Kinder betrifft, dieselben Vorstellungen wie seine Frau; ebensosehr wie sie liebt er es, ihnen einen Sinn für Eigeninitiative und Verantwortungsfreude zu vermitteln. Gemeinsam werden sie den Kindern mit gutem Beispiel vorangehen und aus diesem Grund zusammenbleiben. Tatsächlich kann man sich nicht vorstellen, was sie trennen könnte, wenn nicht die Abenteuerlust sie befällt. Am besten, sie geben sich ihr gemeinsam hin, es gibt nichts Besseres, um die Liebe zu steigern.

Tiger-Mann und Schlange-Frau

Die Schlange-Frau ist unter dem Zeichen der Weisheit geboren. Sie ist sehr intelligent und kann sich eines ausgeglichenen Charakters, einer stabilen Stimmungslage und eines unproblematischen Innenlebens erfreuen. Hinzu kommt, daß sie ihren Charme um sich verbreitet wie eine Rose ihren Duft. Sie ist charmant, wie andere Frauen brünett oder blond sind, und es ist gleichgültig, wie sie aussieht, das nimmt man gar nicht wahr. Man ist von ihr auf jeden Fall eingenommen und hält sie einfach für schön. Im übrigen interessiert man sich nur für ihren Charme. Auch der Tiger, der König unter den Eleganten, der prachtvolle Partner und Traummann läßt sich vom Charme der Schlange-Frau betören. Er liebt sie, er will sie, und er bekommt sie.

Nach und nach, im Laufe der Monate und Jahre ihres gemeinsamen Lebens, weckt der Tiger-Mann, der schön, verführerisch und sehr auffallend ist, bei der Schlange-Frau eine Eifersucht, die sie immer in sich getragen hat, die jedoch ihre Liebesstürme unter den angenehmen Seiten des Lebens begraben hatten. Und Eifersucht ist eine Krankheit. Sie bedarf keines Anlasses, sie ist einfach da. Dem Tiger-Mann wird diese unerfreuliche Erfahrung wohl kaum erspart bleiben. Allerdings hat die Schlange-Frau manchmal auch guten Grund, eifersüchtig zu sein, denn der Tiger-Mann ist nicht immer ein Muster ehelicher Treue.

Was er noch nicht weiß, ist, daß die Schlange-Frau, auch wenn sie eifersüchtig ist, nichts von ihrer Intelligenz, ihrem Urteilsvermögen und ihrer Weisheit einbüßt. Doch sie ist ebensowenig wie er von vorbildlicher Treue. Sie wird leiden, weil sie eifersüchtig ist, aber sie wird auch Leiden bringen, weil sie nicht treu ist. Es wird bei diesem Paar öfter einmal seltsame Tage geben, an denen sie sich hemmungslos wie Kinder streiten und gegenseitig zerfleischen, bis ihnen ihre Intelligenz schließlich sagt, daß sie ihre schöne Jugend mit Geschrei und Streitereien vergeuden, obwohl sie doch nur ein Abkommen zu schließen brauchen. Und genau das tun sie. Entweder geloben sie sich dann, sich nicht mehr zu betrügen und in der Liebe treu zu bleiben, oder sie vereinbaren, daß jeder frei ist, den anderen aber nicht verletzen darf, indem er ihn merken läßt, daß er ihn betrügt. Geheimnisse sind eine sehr nützliche Einrichtung.

Tiger-Mann und Pferd-Frau

Wenn die Pferd-Frau verliebt ist, dann ist sie es mit jeder Faser ihres Körpers, mit jedem Gedanken und jedem Schlag ihres Herzens. Sie ist die Liebe selbst. Und diese Liebe wirft sie dem charmanten Tiger vor die Füße, der gnädig genug war, ihr einen aufmerksamen Blick zu schenken. Was werden sie für ein Paar werden?

Der Tiger hat die Launen eines verwöhnten Kindes. Ohne Zweifel ist ihm klar, daß er gefällt, und so kann er sich Koketterien erlauben. Wir geben daher der Pferd-Frau den Rat, sich nicht zu scheuen, ihm für einige Zeit die kalte Schulter zu zeigen,

sie wird sehen, daß er nachgiebig wie nie zuvor zu ihr zurück-
kommt. Die Lektion wirkt. Er merkt, daß er sie verlieren kann,
und er wird alles tun, um sie zu behalten. Und da sie sich nichts
mehr wünscht, als von dem verliebten Tiger-Mann in Obhut genommen zu werden, ist die Eintracht so gut wie vollkommen.

Sie hat ihre Launen, und er hat die seinen; sie hat Stimmungsumschwünge, er auch. Für ihn reicht es aus, die Pferd-Frau daran
denken zu lassen, wie es wäre, wenn sie mit ihrem ungestillten
Liebeshunger allein bliebe. Was sie betrifft, so muß sie öfter einen
neuen Zeitvertreib oder neue Freuden ersinnen, denn dem Tiger
ist nichts so zuwider wie ein monotones Leben.

So sind ihnen lange Jahre des Glücks sicher.

Tiger-Mann und Ziege-Frau

Die Ziege-Frau ist frei genug in ihren Lebensgewohnheiten, um
sich nicht für eine herkömmliche Ehe zu interessieren. Was sie
vom Leben erwartet, ist Glück, und sie weiß, daß man das nur
selten in der Einsamkeit findet. Wenn sie auf ihrem Weg der
prächtigen und auffallenden Gestalt des Tiger-Mannes begegnet,
dann fühlt sie, daß sie keinen idealeren Partner finden kann.
Leichtlebig wie sie ist, fragt sie nicht danach, wovon sie leben
werden, und sie tut gut daran, denn ein Mann wie der Tiger hat
schon einen festen Lebensplan im Kopf.

Die Ziege-Frau, deren Alptraum Einsamkeit und eine unsichere Existenz sind, findet im Tiger-Mann einen Gefährten ohne
Schwäche und einen fürsorglichen Ehemann, der nie zulassen
wird, daß seine Familie in Not kommt. Und so wird sie in anderen Dingen nachsichtig sein. Auch der Tiger-Mann dürfte an der
Ziege-Frau kaum etwas auszusetzen haben. Sie ist in der Liebe
begabt und jederzeit bereit, es ihm zu beweisen. Und sie bringt
ihren vorzüglichen Geschmack, ihre Lebensfreude und Sorglosigkeit mit ins Haus. Die beiden werden ein recht außergewöhnliches Paar sein.

Sie sind jedoch beide zu unbeständig, um nicht im Laufe ihres Lebens einige Probleme zu haben. Wenn sie Kinder haben, dann wird das ihre Verbindung in hohem Maße festigen, weil beiden daran liegt, ihren Kindern dabei zu helfen, die Freuden des Lebens zu entdecken.

Tiger-Mann und Affe-Frau

Die Affe-Frau wartet nicht wie viele andere junge Mädchen voll innerer Unruhe darauf zu heiraten. Nicht daß sie keine Ehe eingehen will, aber vielleicht weiß sie im Innersten genau, was sie will. Sie ist selten von klassischer Schönheit, hat aber eine starke Anziehungskraft, ist reizvoll und oft hübsch. Sie gefällt, und die Tatsache, daß ihre Gesichtszüge weder gekünstelt noch klassisch schön sind, läßt vermuten, daß ihr das Altern gut bekommt. Sie ist keineswegs bereit, sich dem erstbesten Tiger an den Hals zu werfen. Doch der Tiger, dem sie begegnet, ist eben nicht der erstbeste. Er erweist sich als liebenswürdig und hat Ausstrahlungskraft, und das zählt.

Die Affe-Frau ist, auch wenn sie es nicht glaubt, von diesem Tiger-Mann, der einen langen Blick voller Sympathie auf sie geworfen hat, geblendet. Sie wird sehr schnell ja sagen. Sie käme auch ohne Hochzeit aus, wenn es sein müßte, aber ohne ihn kommt sie von jetzt an nicht mehr aus.

Der ganz besonders glanzvolle, interessante, aktive, unabhängige und stolze Tiger-Mann könnte durchaus eines Tages der Witzeleien und Possen seiner Frau überdrüssig werden und ihr den Rücken kehren, um sich einigen jungen Schönheiten zuzuwenden, die ein gewisses Interesse kundgetan haben.

Die arme Affe-Frau wird dann aus allen Wolken fallen. Aber sie wird sich wieder fassen. Sie spielt weiter die Sorglose, zeigt sich so charmant wie möglich, flattert in den seltenen Momenten, in denen er noch da ist, um ihn herum und spricht in ungezwungenem und höflichem Ton mit ihm. Eine häusliche Szene würde ihn sofort in die Flucht schlagen; die schöne Gleichgültige jedoch, die er jetzt an seiner Seite hat, zieht ihn an, und der Tiger versteht nicht, warum seine Seitensprünge sie nicht aus der Fassung gebracht haben. Das reicht aus, um ihn wieder in feste Bahnen zu bringen. Von nun an richtet er es so ein, daß seine unvermeidlichen Liebschaften unbemerkt bleiben. Und der Friede ist gerettet.

Tiger-Mann und Hahn-Frau

Der Hahn-Frau, die glaubt, sie sei die Eleganteste und vermutlich auch die Schönste von allen, ist es nie in den Sinn gekommen, jemanden zu heiraten, der farblos und banal ist. Sie hofft auf einen glanzvollen Ehemann. Und wenn der Tiger-Mann ihren Weg kreuzt, dann fühlt sie, daß alles so sein wird, wie sie es sich gewünscht hat.

Der aktive, unabhängige und stolze Tiger-Mann hat weder für Oberflächlichkeit noch für Monotonie etwas übrig, noch weniger liebt er es, wenn ihn jemand anscheinend nicht beachtet. Er liebt die Liebe, und er will keine kühle und unnahbare Partnerin.

Die zwei werden die Liebe vielleicht ausprobieren, denn es ist modern, Erfahrungen zu sammeln, und von dem Tag an, an dem sie sich zum erstenmal geküßt haben, wissen sie, daß sie zusammenpassen und sich gefallen. Für dieses dynamische Paar ist alles eitel Freude. Unter Überraschungen, Gelächter und zärtlichen Worten erforschen und entdecken sie sich gegenseitig. Die Hahn-Frau versteht die Kunst, eine sexuelle Beziehung mit Leidenschaft, Gefühlen, Zärtlichkeit und einer Menge herrlicher Spiele zu bereichern. Der Tiger-Mann hat nichts für Oberflächlichkeit übrig, aber das Glück akzeptiert er gerne. Man muß allerdings vermeiden, daß er des Glücks überdrüssig wird; das bedeutet, daß ihn die Hahn-Frau auch einmal alleine spazierengehen läßt, wenn er den Wunsch dazu hat. Bei seiner Rückkehr überrascht sie ihn dann womöglich mit tausend neuen Ideen.

Wenn sie Kinder haben, ist die Dauerhaftigkeit dieser Verbindung gesichert; denn beide sind verantwortungsbewußt und wollen zarte Seelen nicht wegen einer Lappalie verstören.

Tiger-Mann und Hund-Frau

Den als glanzvoll bekannten, aber ein wenig einschüchternden Tiger-Mann wollen alle jungen Mädchen kennenlernen. Die Hund-Frau hat an einen solchen Mann als möglichen Verlobten nie gedacht. Dazu ist sie zu bescheiden. Aber sie ist charmant, und der Tiger-Mann hat sich von ihrer Sanftmut und dieser Bangigkeit, die ihren Blick so tief macht, einfangen lassen.

Die im Jahr des Hundes Geborenen sind Menschen mit großer innerer Verzagtheit. Dennoch kann man auf sie bauen, wenn es um Zukunftspläne geht, denn an erster Stelle ihrer Eigenschaften steht Treue, an zweiter Loyalität. Sobald sie beschlossen haben, gemeinsam zu leben, nimmt die Hund-Frau die Vorstellungen und Interessen des Tiger-Mannes völlig an. Sie wird sozusagen zum Alter ego ihres Mannes und teilt seine Freude, seine Interessen und seine Sorgen. Den Tiger-Mann seinerseits befriedigt diese Verbindung sehr; er fühlt sich von einer treuen Frau angehimmelt, die ihn heiß und innig liebt und sich in angenehmer Weise um das Haus und die Kinder kümmert.

Tiger-Mann und Schwein-Frau

Der Tiger-Mann ist kein Muster an Treue, und es ist sehr selten, daß er sich mit den ehelichen Freuden begnügt, ohne in fremden Gärten zu naschen. Er vergnügt sich, aber der Frau, die er liebt und die er geheiratet hat, hält er eine gewisse Treue. Und auch wenn diese Treue mit anderen Beziehungen gespickt ist, steht seine Schwein-Frau in seiner Zärtlichkeit und seiner Zuneigung immer an erster Stelle.

Wie reagiert sie auf die Seitensprünge ihres Tigers? Nach ihrer Lebensdevise kommt es darauf an, die richtige Wahl zu treffen. Und wenn sie sich für einen Ehemann entschieden hat, der nicht unbemerkt bleibt, dann wundert sie sich nicht, wenn er auffällt, und auch nicht, wenn sie, manchmal durch Zufall, erfährt, daß er gerne dem bedeutsamen Wink einiger ein wenig einsamer junger Mädchen folgt.

Sie zieht es vor, diese Abenteuer zu ignorieren und zu Hause einen entspannten, liebenswerten und liebenden Mann zu haben. Um sie herum herrscht eine ungetrübte Stimmung. Es ist ihr gelungen, bei ihrem Ehemann soviel Gutwilligkeit zu erreichen, daß die häusliche Ruhe gewahrt bleibt.

Sie ist auch ein wenig faul, was erklärt, weshalb sie so ohne weiteres den Dingen ihren Lauf läßt, ohne zu protestieren. Schwierigkeiten geht sie lieber aus dem Weg.

Der Hase und sein Eheglück

Hase-Mann und Ratte-Frau

Unabhängig von der Stärke ihres Charakters und ihrer Persönlichkeit ist die Ratte-Frau psychologisch betrachtet ein kleines, schnelles, dynamisches, eher vergnügtes und entschlossenes Wesen. Wenn sie dem Hase-Mann begegnet, dann bebt sie innerlich vor Zufriedenheit. Er gefällt ihr auf den ersten Blick.

Er hat ihr gegenüber den Vorteil seines Geschlechts. Er ist der Mann, dem in einer Ehe die Frau gerne die Entscheidungsgewalt überläßt. In Wirklichkeit verbirgt sie ihm, worum es ihr geht: Sie ist sehr leidenschaftlich, und das Gefühlsleben ist für sie das Wichtigste. Sie kann rasend verliebt sein. Sie wird dann großmütig, erfinderisch, drollig und fügsam. Mit einem Wort: die charmanteste Partnerin. Der Hase ist erstaunt über eine derart intensive Leidenschaftlichkeit und strengt sich an, seine Frau zumin-

dest sexuell zufriedenzustellen, denn mit der Ratte-Frau ist nicht
zu spaßen. Solange sie liebt, ist alles wunderbar; aber wenn ihre
Liebe lau wird, dann kann sie entsetzlich rachsüchtig werden.
Erfüllt ihr der Hase alle Wünsche, so ist sie meistens treu, beständig, umgänglich und zuvorkommend. Aber man darf sie
nicht enttäuschen. Der Hase-Mann darf nie denken, mit der
Ratte-Frau sei ihm ein Heimchen am Herd begegnet. Sie erhält
sich die Träume ihrer frühen Jugend für lange Zeit, und auch
wenn sie einmal Kinder hat, wird sie das nicht daran hindern, immer wieder an einen Ausbruch zu denken.
Die Ratte-Frau hat eine Charaktereigenschaft, die der Hase-
Mann kennen muß. Es hat den Anschein, als sei sie sehr mitteilsam, aber nur in Ausnahmefällen vertraut sie jemandem ihre tiefsten Gedanken an, jenes heimliche Schuldgefühl, das sie nie zu-
gibt und das manchmal ihre Urteilskraft und ihre Beziehung zu
anderen Menschen beeinträchtigt. Sie hat vielleicht ein heimli-
ches Problem, aber es ist zwecklos, es aus ihr herausbekommen
zu wollen. Dem Hase-Mann muß es genügen, sie seines Vertrauens zu versichern und sie mit Zärtlichkeit zu umsorgen. Das ist
alles, was er tun kann. Es führt zu nichts, wenn er versucht, mehr
zu tun, höchstens dazu, sie noch mehr zu verstimmen. Er muß
sich eben sagen, daß jeder Mensch in sich eine kleine Insel besitzt.

Hase-Mann und Büffel-Frau

Beim schlichten und aufrichtigen Hasen kann man Treue und
Zärtlichkeit, Anstand und noch weitere vorzügliche und reizvolle
Eigenschaften entdecken, die nur darauf warten, geweckt zu
werden. Aber alle diese Eigenschaften brauchen, wie Blumen im
Frühling, Wärme und Pflege.
Die Büffel-Frau wird also lernen müssen, welche Art von
Wärme und welche Pflege man diesen Wesenszügen angedeihen
lassen muß. Schon bei der kleinsten Anstrengung kann sie fest-

stellen, wie zuvorkommend sich ihr Hase aus Dank für solche Aufmerksamkeiten erweist. Schließlich vergißt er nie einen Geburtstag, ergreift jede Gelegenheit, um ein Geschenk zu machen, und weiß ganz genau, was seine Partnerin gerne mag.

Die Büffel-Frau weiß das zu schätzen, zweifellos zunächst einmal einfach nur aus ihrem Hang zum Konformismus heraus; und es macht ihr nichts aus, ihrem Hase-Mann unverblümt zu erklären, daß die Wonnen der Liebe ihr die größte Freude bereiten. Sie möchte gern, daß ihr Partner sie alles lehrt, was sie noch nicht kennt, und sexuelle Freuden sind für sie ein wichtiger Teil ihrer Ehe. Das Erstaunliche bei ihr, und das muß der Hase-Mann wissen, ist, daß sexuelle Freuden ihr zu jeder Zeit willkommen sind; sie bewirken, daß seine Äußerungen von Zärtlichkeit und seine Geschenke angenommen werden, und nicht umgekehrt, wie es früher so heuchlerisch die Konvention wollte.

Davon abgesehen wird die Büffel-Frau, eine ausgezeichnete Hausfrau und liebevolle Mutter, für den Hasen auch eine gute Ehefrau sein. In den fröhlichsten Momenten, wenn die Phantasie die beiden packt, machen sie verrückte Ausflüge oder sitzen lachend beisammen und amüsieren sich köstlich, und nichts kann sie daran hindern, es sei denn ein Körnchen Vernunft des Büffels.

Hase-Mann und Tiger-Frau

Die Tiger-Frau ist intelligent, dynamisch und eigenwillig. Wenn sie verheiratet und Mutter ist, versteht sie es in ganz bewundernswerter Weise, das häusliche Leben zu organisieren und sich um die Erziehung der Kinder zu kümmern. Sie strebt auch beruflich Erfolg an, vorausgesetzt, es ist jemand da, der für sie die Betreuung der Kinder übernimmt. Ihrer Natur gemäß probiert sie in der Liebe gerne verschiedenes aus, doch wenn sie den Hase-Mann erobert hat, wenn sie sich in den Armen dieses charmanten Menschen wiederfindet, der so gerne der Liebe frönt, dann ist ihre Freude grenzenlos. Das Leben wird schön sein.

Sie stellt schon recht bald fest, daß ihr Mann besonnen und tugendhaft ist. Er seinerseits ist über die Reaktionen seiner Ehefrau zwar nicht oft, aber doch manchmal erstaunt, vor allem in ihrem gemeinsamen Liebesleben. Die heißblütige Tiger-Frau scheint manchmal die Lust zu verlieren; er wird sich daher etwas einfallen lassen, sie gewissermaßen neu erobern müssen. Da sie seinen Wünschen im Laufe der Zeit immer weniger nachkommt, bittet er sie um eine Erklärung, doch sie behauptet, sie sei immer noch die gleiche. Wenn man sie jedoch in die Enge treibt, so gibt sie schließlich zu, sie sei nicht dafür geschaffen, eingesperrt zu sein, und langweile sich, sie habe zwar viel zu tun, langweile sich aber dabei. Im übrigen sei sie noch nicht in dem Alter, Langeweile akzeptieren zu können. Sie brauche etwas anderes.

Wenn einer der beiden Partner um jeden Preis eine Veränderung will, dann besteht die Gefahr einer baldigen Trennung. Für den, der immer noch verliebt ist, der immer noch vor Begierde brennt, ist das eine Tragödie. Wenn die Tiger-Frau jedoch in ihrem Beruf engagiert ist, wenn sie in ihrer beruflichen Tätigkeit einen Lebensinhalt finden kann, dann wird sie dem Liebesleben vielleicht nicht mehr denselben Wert beimessen, und ihr Mann findet wieder zu einer relativen Sicherheit zurück. Er wird mit ihr vielleicht nicht mehr jene verrückten Liebestaumel erleben, die ihm soviel Freude bereiteten, aber sie wird mit ihm weiterhin über die Liebe sprechen, da sie ja in der Liebe im Grunde genommen selbst eine Meisterin ist, und auch wenn das nur Worte sind, so ist es doch angenehm, sie zu hören. Und so wird jeder der beiden seinen Beschäftigungen nachgehen und am Abend eine entspannte Stimmung mit nach Hause bringen.

Hase-Mann und Hase-Frau

Die Hase-Frau weiß, was machbar ist und was nicht, ist aber deshalb nicht etwa unromantisch; sie träumt von ausgefallenen Situationen, kommt aber schnell wieder auf praktische Gedanken,

und in den Armen des ersten jungen Mannes, der ihr Herz in
Wallung bringt, schwebt sie in den siebten Himmel.

Dieser Auserwählte ist vielleicht der Hase-Mann. Sie wird ihm
ihre früheren Träume und jetzigen Hoffnungen und Sehnsüchte
anvertrauen, und er wird ihren seltsam unerschütterlichen gesunden Menschenverstand kennenlernen. Sie ist verliebt und leidenschaftlich; ihr Partner wird ihre Sehnsüchte befriedigen müssen,
und das ist nicht leicht. Aber er ist ein Hase wie sie. Wie sie ist er
in der Liebe begabt und hat ein Bedürfnis nach körperlichem
Kontakt. Zwischen ihnen besteht ein solches Einverständnis, und
ihre beiden Körper befinden sich in solcher Harmonie, daß sie
nicht einen Augenblick lang auf die Idee kommen, sich jemand
anderen zu suchen. Sie genügen einander, und sie nehmen sich.

Aber der Hase-Mann ist gedankenlos. Es kommt ihm kaum in
den Sinn, daß man ein regelmäßiges Einkommen braucht, um
einen Hausstand zu gründen. Und so sind die ersten gemeinsamen Jahre sicher nicht frei von Problemen und Diskussionen.
Aber sie sind so optimistisch und romantisch, daß ihr Charme alles wieder einrenkt. Und sie werden Geldverdienen spielen oder
»Vater und Mutter«, wie sie es als Kinder getan haben.

Hase-Mann und Drache-Frau

Wenn die Drache-Frau in das Leben des Hase-Mannes tritt, so
ist das für diesen ein Ereignis. Die Drache-Frau geht nie unbemerkt an einem vorüber, und sie hat einen völlig verrückten
Charme, den man nicht mehr vergißt. Der sittsame und besonnene Hase-Mann jedoch denkt im Hinblick auf die Gründung
einer Familie eher an eine junge, zurückhaltende Frau. Was ihm
da widerfährt, versetzt ihn in Erstaunen. Er fragt sich vielleicht,
ob ihre Partnerschaft stabil genug sein wird, aber es dauert nicht
lange, und er zweifelt nicht mehr daran. Und nachdem ihn diese
Liebe einmal gefangengenommen hat, findet er es ganz normal,
die Drache-Frau zu heiraten und mit ihr Kinder zu haben.

Werden die beiden Eheleute aber zusammenpassen, oder wird es ihnen wie vielen anderen ergehen, die sich geirrt haben, es jedoch nicht zugeben? In der Tat ist es schwierig, einer Ehefrau etwas vorzuwerfen, deren einziger Fehler darin besteht, glanzvoller zu sein als ihr Ehemann. Der Hase hat zwar sehr viel Charme, aber eben doch nicht die offensichtliche und sehr auffallende prachtvolle Erscheinung des Drachens. Sie wird sich daher bemühen, ihren Glanz zu verlieren, zu verblassen, und darauf achten, daß ihr Mann sich nicht beschämt fühlt.

Ihre Verbindung wird ihnen nicht all die Freuden bringen, die sie vom Liebesleben erwarten; sie werden ein Paar wie viele andere sein. Doch ist dies nicht besser, als vorzugeben, nur Verliebtheit sei schuld gewesen, daß sie zusammengekommen seien, und sich gegenseitig anzufeinden?

Der Hase-Mann wird sich wahrscheinlich als nicht sonderlich guter Familienvater erweisen. Er hat nicht damit gerechnet, daß Ehe und Familie ein regelmäßiges Einkommen und ein genau geplantes Leben erfordern. Über Jahre hinweg versichert er, das seien altmodische Ansichten, obwohl er genau weiß, daß er nicht recht hat und daß es nicht lange dauern wird, bis Probleme auftauchen, wenn er sich nicht auf seine Pflichten besinnt.

Hase-Mann und Schlange-Frau

Die distinguierte, elegante und feinsinnige Schlange-Frau gehört nicht zu den Menschen, die man sofort wieder vergißt. Man bemerkt sie und gewinnt sie mehr oder weniger gern, vergessen tut man sie jedenfalls nicht, und zwar um so weniger als sie ein hohes Maß an Intelligenz mit großer Bildung vereint. Der Hase-Mann, dieser nette, angenehme, aber alles in allem eher »mittelmäßige« junge Mann, hegt eine ungeheure Bewunderung für sie. Und die tiefgründige und überlegte Schlange-Frau wird den Hase-Mann vielleicht mitreißen, wenn sie wieder einmal mit anderen endlos über die verschiedensten Probleme diskutiert oder die Welt und die Gesellschaft verändern will.

Die Schlange-Frau ist extrem feinfühlig. Was sie nicht weiß, das errät sie. Was so anziehend wirkt und an ihr so sehr gefällt, sind ihre Ruhe, der Friede und die Harmonie, die sie um sich verbreitet. Sie ist sehr anpassungsfähig und ausgesprochen ausgeglichen, und wenn sie den Hase-Mann wirklich liebt und beschließt, sich von ihm lieben zu lassen, dann ist sie stark genug, um sich ihn mit Haut und Haaren einzuverleiben und ihn fast gegen seinen Willen glücklich zu machen.

Der Hase-Mann darf nicht mit der Schlange-Frau spielen; wenn er sie liebt, muß er es ihr ohne Umschweife sagen; verzichtet er lieber auf eine engere Bindung, so sollte er es sie sehr schnell wissen lassen. Mit einer Schlange-Frau spaßt man nicht. Vor Augen halten muß er sich jedoch auch, daß die zahlreichen guten Eigenschaften der Schlange-Frau einen großen Fehler verbergen, nämlich ihre Unfähigkeit zuzuhören, wenn man mit ihr redet. Und man kann sie nicht überzeugen. Ihre Neigung, sich hinter einer geistigen Taubheit zu verschanzen, ist nicht wenig befremdend. Außerdem ist sie empfindlich. Wenn man ihr widerspricht, fühlt sie sich sofort gedemütigt; sie wird dann aggressiv, und für den Hase-Mann dürfte es nicht angenehm sein, angesichts eines solchen Verhaltens nachgeben zu müssen.

Hase-Mann und Pferd-Frau

Der vor allen Dingen einfache, aufrichtige, loyale und zartfühlende Hase ist ein vorsichtiger Mensch. Aber damit seine Haupteigenschaften zum Tragen kommen, braucht er eine Umgebung voller Vertrauen und Liebe. Schon bei der kleinsten Annäherung der Pferd-Frau regen sich seine Gefühle, und er ist überglücklich; schon bald beschenkt er sie mit dem Reichtum seiner Zärtlichkeit, seiner Fürsorglichkeit und seiner Liebe, denn er weiß sehr wohl, womit man eine Frau beglücken kann.

Die Pferd-Frau braucht das alles, sie braucht Zuspruch und ein echtes Gefühl der Sicherheit. Sie lebt in der Angst, »das« sei nicht von Dauer, ohne eigentlich genau zu wissen, was sie unter »das« versteht.

Wenn er schöne Liebesnächte will, muß der Hase-Mann die Pferd-Frau in die entsprechende Verfassung versetzen, sie beruhigen, ihr gut zureden, ihr ein Gefühl von Sicherheit geben und bestätigen, daß er sie immer lieben wird und daß nichts von dem, was ihr Glück ausmacht, vergehen kann.

Eine solche Verbindung müßte die Pferd-Frau von allen ihren Ängsten befreien, und in ihrer von romantischen und aufregenden Liebesleidenschaften durchdrungenen Ehe dürfte es ein Leben lang keine schwerwiegenden Hindernisse geben.

Hase-Mann und Ziege-Frau

An dem Tag, da er der Ziege-Frau begegnet, ist der Hase-Mann so überrascht, daß er Mühe hat zu glauben, daß es so etwas gibt. Sie ist einfach zu niedlich, zu charmant, zu amüsant und zu vertrauensvoll, als daß es wahr sein könnte, denkt sich der vernünftige Mann.

Schon nachdem sie die ersten Worte gewechselt haben, spricht er mit ihr über »Lebensqualität«. Aber was hat sie nur gesagt und worüber haben sie nur geredet, daß er schon nach einer Stunde die ganze Zeit, in der er sie noch nicht kannte, vergessen hat? Sie kann alles, was mit der materiellen Seite des Lebens zu tun hat, so weit von sich weisen, daß er seinen Augen und Ohren nicht traut. Kann es sein, daß es Menschen gibt, denen ihre materiellen Verhältnisse so unwichtig sind? Er empfindet das als sehr angenehm, denn auch er selbst hat zu diesen Dingen keine besonders enge Beziehung, obwohl er von Zeit zu Zeit auch einmal einen Blick auf seine Kontoauszüge wirft. Doch schon bald wird er bemerken, daß eben diese Kontoauszüge für die Ziege-Frau nicht ohne Interesse sind. Sie lebt nicht nur von Luft, und wenn sie sich dem Hase-Mann anvertraut, dann ist es nur normal, daß er auch etwas für sie tut.

Es dauert nicht lange, und ihre Beziehung wird enger. Nun tritt der Charme der Ziege-Frau mit dem des Hasen-Mannes in Konkurrenz. Sie gefallen sich, sie lieben sich und werden den Bund fürs Leben schließen, um, wie es so schön heißt, in guten und in schlechten Tagen zueinanderzustehen. Doch wenn sie erst verheiratet sind, dann erwartet den Hase-Mann nicht etwa ein chaotisches Hauswesen. Weit gefehlt. Die Ziege-Frau weiß ihre zwei Hände sehr wohl zu gebrauchen und wird alles tun, damit das Haus, das ihre Liebe beherbergt, behaglich ist. Sie ist im wesentlichen ein Gefühlsmensch, ohne jedoch unlogisch zu sein. Und da sie sich gern der Liebe hingibt, wird das Paar wunderbare Augenblicke erleben, die ihm stets in Erinnerung bleiben werden.

Hase-Mann und Affe-Frau

Als sie dem Hase-Mann begegnete, sah die Affe-Frau, die nicht daran dachte, daß das die Begegnung ihres Lebens sein könnte, einen feinsinnigen, zarten, eher in seiner Erscheinung als in der Kleidung eleganten, zierlichen und besonnenen jungen Mann vor sich. Der Hase-Mann ist weder lärmend noch steif, er ist schlicht und fällt in der Menge nicht auf. Aber sobald man beginnt, sich mit ihm zu unterhalten, findet man ihn charmant. Vor allem, wenn man ein junges Mädchen ist, das die jungen Männer gern umschwärmen.

In bezug auf die Ehe schien er eiserne Prinzipien zu haben, und diskrete Anspielungen in der Unterhaltung machten ihr klar, daß er den Wert der Tugend kannte und es ihm lieb wäre, wenn auch seine Frau diesen Wert kennen würde. Dabei stellte sich immer wieder die Frage, ob es wohl klug sei, sein Leben mit dem der Affe-Frau zu verbinden. War er nicht im Begriff, sich in ein Abenteuer zu stürzen? Doch sie beruhigte ihn und erklärte, sie könnten doch aus dem Leben eine schöne Reise machen. Sie gefielen sich, warum sollten sie sich die Freuden des Lebens mit der Vorstellung verderben, es werde vielleicht nicht immer so bleiben? Um so mehr ein Grund, diese Freuden gleich zu genießen. Und diese ihm neue Argumentation, die eigentlich nicht seiner Denkweise entsprach, stimmte den Hasen um.

Wenn die physische Anziehungskraft für eine solche Verbindung spricht, weshalb sollte man ihr dann Bedenken entgegenbringen. Besser, erst einmal zu heiraten, später wird man dann schon sehen.

Wenn sie sich physisch gut verstehen und wenn keiner der beiden verborgene Schwächen aufweist, dann kann ihre Verbindung ebenso befriedigend sein wie viele andere, auch wenn sie vielleicht nicht jeden Abend im siebten Himmel schweben.

Wenn dann das Feuer der ersten Liebesstürme vorüber ist und Kinder da sind, wird sich das Bild ändern. Die Eltern haben in dieser Phase zuviel damit zu tun, ihre Kinder aufzuziehen und ihnen ein schönes Leben zu sichern, als daß sie noch die Zeit hätten, sich Fragen zu stellen. Die Affe-Frau ist so amüsant, wenn sie sich mit ihren Kindern beschäftigt, daß allein dieses Schauspiel einige Opfer wert ist. Und Opfer verlangt jede Ehe.

Hase-Mann und Hahn-Frau

Die im Jahr des Hahns Geborenen sind unverkennbar, und ihre Persönlichkeit ist unverwechselbar. Der Hase-Mann wird das sehr schnell merken. Er, der Unscheinbare, Schnelle, Genaue und Elegante versinkt in entzückte Bewunderung angesichts einer noch eleganteren Hahn-Dame, die gewandt, beeindruckend und schneidig ist. Sie redet gerne und weiß sehr gut, was sie sagt, denn sie ist sehr belesen.

Solange er verliebt ist, merkt der Hase-Mann, der nichts weiter will, als sich mittragen lassen, nicht, daß sie sehr egoistisch ist. Sie sucht ihn für sich aus. Was er denkt und fühlt, ist ihr völlig gleichgültig, wenn er nur das Spiel mitspielt und sie heiratet, damit sie den Status einer verheirateten Frau und Mutter hat.

Es wird alles gutgehen, und die Hahn-Frau wird sich von

ihrem Mann bedienen und anhimmeln lassen. Sie werden Kinder haben, und der Hase-Mann wird sich allein um Schule und Erziehung kümmern müssen. Man kann sich durchaus fragen, ob sich die Funktion der Hahn-Frau darauf beschränkt, schön und gefällig zu sein und zu Hause eine angenehme Atmosphäre zu verbreiten. Solange alles gutgeht, hat man den eigenartigen Eindruck, sie lasse sich immer nur bedienen. Aber wenn sich etwas Schwerwiegendes ereignet, ein offenbar unlösbares Problem auftaucht, dann ist sie es, die mit Kraft und Sachverstand Rat weiß. Sie mag vielleicht an den guten Tagen oberflächlich und untätig sein, aber an düsteren Tagen erweist sie sich als rettender Engel. Hat sie dagegen selbst einmal Schwierigkeiten, so versucht sie, ihre Probleme alleine zu lösen. Denn sie hat den Fehler, niemandem ihr Vertrauen zu schenken, und ist sehr empfindlich.

Hase-Mann und Hund-Frau

Der Hund hat alle guten Eigenschaften, die man sich bei einem Menschen nur wünschen kann. Und dennoch würde der Hund-Geborene zusätzlich gerne noch einige Eigenschaften haben, die auch die Blicke der anderen Menschen auf ihn ziehen. Er wäre gerne schön, geistreich, geschickt und elegant, mit einem Wort so, daß man sich nach ihm umdreht. Er fällt vielleicht nicht sofort ins Auge, doch ist er freundlich, warmherzig, aufmerksam und beharrlich und kennt seine Rechte und Pflichten.

Wenn die Hund-Frau dem Hase-Mann begegnet, dann verwirrt sie sein Stil und seine Eleganz. Der zartfühlende, feinsinnige, lebhafte, sittsame und besonnene Hase-Mann träumt mehr, als er in die Tat umsetzt. Auf das hoch entwickelte Innenleben der Hund-Frau reagiert er mit Verständnislosigkeit. Er findet oft, sie übertreibe ein wenig, schieße über das Ziel hinaus, sei übereifrig und müsse entspannter und gelöster sein. Tatsächlich ist eine der Schwächen der Hund-Frau, daß es ihr an Sorglosigkeit, Leichtlebigkeit und Fröhlichkeit fehlt.

Der Hase-Mann fühlt sich ihr gegenüber der Sorglosigkeit sowie der Vernachlässigung seiner elementarsten Pflichten schuldig. Er findet sich unaufmerksam, aber er hat eigentlich keinen Anlaß, so zu empfinden, denn seine Hund-Partnerin ist einfach so, und er muß sich darauf einstellen. Vorwürfe aber wären ungerecht. Sie verhält sich nicht absichtlich so, sie ist so zur Welt gekommen. Sie verdient sein Vertrauen ganz und gar, und wenn er sie beruhigt, dann wird sie optimistischer werden.

Hase-Mann und Schwein-Frau

Der Hase-Mann begegnet in der Schwein-Frau einem Menschen mit einer großen Liebe für die Natur und die Schönheit. Diese junge Frau besitzt das wertvolle Talent, sich alles, was sie nicht hat, einfach vorzustellen. So erfüllt sie sich ohne großen Aufwand ihre Wünsche. Das Größte in ihrem Leben ist die Liebe, doch die will sie sich nicht nur vorstellen, sondern wirklich erleben. Sie ist sinnlich, leidenschaftlich, phantasievoll und überschäumend vor Leben. Sie will alles, und zwar sofort, und sie scheut keine Mühen, um es zu bekommen.

Dem Hase-Mann sind die Tagträume der Jugend nicht unbekannt, aber er ist sittsam und vorsichtig und träumt von mehr, als er letzten Endes in die Tat umsetzt. Nach mehreren Erfahrungen, die ihm und seinem Streben nach Romantik nicht sonderlich gut bekommen sind, begegnet er der Schwein-Frau und beschließt, sich zu verheiraten. Das Familienleben scheint ihm ein Ziel zu sein, eine Lösung, die seine Ungewißheit beenden wird. Dabei vergißt er jedoch, daß man als Familienvater über ein regelmäßiges Einkommen verfügen muß.

Die Schwein-Frau spricht mit ihm darüber, wie schön es sein wird, zusammen zu leben und sich ein Haus einzurichten, das ihr Heim wird. Damit kann sie ihn jedoch leicht erschrecken. Sie muß ihm diese Notwendigkeit daher sehr behutsam klarmachen, sonst kann es geschehen, daß er verschreckt das Weite sucht.

Wenn er dann erst einmal vor seine Verantwortung gestellt ist, wird er vernünftig werden und schnell merken, daß er eine völlig treue, aber in Liebesdingen anspruchsvolle und manchmal auch eifersüchtige Frau geheiratet hat. Er muß sich daran gewöhnen. Und sie wird ihn auf wunderbare Art dafür entschädigen, denn sie ist nie abgeneigt, wenn es um zärtliche Stunden geht.

Der Drache und sein Eheglück

Drache-Mann und Ratte-Frau

Der Drache-Mann wird kaum Mühe haben, der bescheidenen Ratte-Frau aufzufallen, die glaubt, sie habe weder Charme noch besonderen Glanz. Sie hat damit zwar unrecht, aber ihre Reaktionen werden dennoch von dieser Einstellung bestimmt. In Wirklichkeit ist sie schnell, genau und dynamisch; sie hat einen gesunden praktischen Sinn und die Begabung, die Dinge richtig zu sehen. Sie denkt schneller als der Drache-Mann, der aber selbst auch keineswegs langsam ist. Wenn sie sich zum erstenmal begegnen, dann weiß sie sehr schnell, ob es ihnen bestimmt ist, eine wunderschöne Liebe zu erleben oder ob ihnen nur ein kurzes Abenteuer beschieden ist.

Die Ratte-Frau amüsiert sich und lebt in der Gegenwart, ohne Pläne zu machen, solange sie nicht sicher ist, ob ihr Drache sie »fürs Leben gern hat«. Sie ist klug und realistisch genug, um sich nicht trügerischen Hoffnungen hinzugeben. Aber wenn sie erst einmal der Aufrichtigkeit ihrer gegenseitigen Zuneigung sicher ist, dann sieht sie die Zukunft in den rosigsten Farben: ein Drache! Wie wunderbar! Sie stellt sich schon ihr Leben zu zweit vor und die Pläne, die sie gemeinsam ausführen werden. Sie ist voller Phantasie, er voller Glanz; sie ist schnell, er auch; sie findet in ihm eine Zuversichtlichkeit und eine Sicherheit, die sie vielleicht nicht hat; er schätzt an ihr ihren ausgeprägten praktischen Sinn, die durchaus charmante Einfachheit ihrer Neigungen und die Aufrichtigkeit ihrer Gefühle. Ihre Schnelligkeit gefällt ihm. Diesem aufgeweckten Geist etwas lang und breit zu erklären, ist nicht notwendig.

Sie können ein sehr glückliches Paar werden, wenn sie sich kennen und gegenseitig verstehen.

Drache-Mann und Büffel-Frau

Sobald der Drache-Mann beschloß, mit der Büffel-Frau zu leben, ließ es ihm keine Ruhe mehr, ihr diesen Gedanken nahezubringen. Und das kostete ihn keine allzugroße Mühe, denn Drachen sind eigens dazu geschaffen, andere zu erobern, und überzeugen die anderen im Nu davon, daß diese nie einen größeren Wunsch gehabt haben, als einen Drachen kennenzulernen und dessen Liebe zu gewinnen. Die Büffel-Frau hat darauf sofort »angesprochen«. Sie wollte geliebt werden, und das ist ihr nun gelungen.

Sie ist eine vernünftige und sehr ausgeglichene Frau und hat immer eine Verbindung mit einem farblosen und banalen, eigenwilligen und streitsüchtigen Mann gefürchtet, der zuerst mit oberflächlichen Vorzügen Eindruck auf sie machen und ihr dann das ganze Leben aufgrund grober und unausrottbarer Charakterfehler vergiften würde. Und nun begegnet sie einem Drachen. Wenn sie mit ihm zusammen ist, vergißt sie die unzähligen kleinen Fehler, von denen sie weiß, daß sie sie hat, und von denen sie glaubt, sie würden sofort ins Auge fallen. Wenn er sie ansieht, fühlt sie sich rundum schöner, und in der glutvollen Unterhaltung mit ihm hat sie das Gefühl, ihre Intelligenz habe sich verzehnfacht. Sie ist mit allem, was er ihr vorschlägt, einverstanden und hat nur den einen Wunsch, daß er nicht wieder von ihr weggehen möge. Ist das Liebe, oder hat er sie einfach in den Bann geschlagen?

Langsam ermißt die Büffel-Frau das Ausmaß ihrer Eroberung (denn zu guter Letzt weiß, erfährt oder errät sie, daß sie es war,

die den Drachen erobert hat, und nicht umgekehrt). Sie lebt an
der Seite eines warmherzigen, verständigen, regsamen und eigenwilligen Wesens. In seiner Nähe fühlt sie sich besser, und sie stellt
fest, daß unter seinem Einfluß eigenartigerweise alle jene Eigenschaften wachsen, die sie einander näherbringen.

Die Liebesglut der Drachen steht jener der Büffel in nichts
nach. Das Büffel-Drache-Paar wird sich daher soviel wie möglich den Freuden der Liebe hingeben, und die Büffel-Frau wird
sich nicht darüber beklagen. Ihr Partner ist zu stolz und ihrer zu
sicher, um die Mühe auf sich zu nehmen, sie eifersüchtig zu machen. Und sollte er sie verlieren, würde er sich entehrt fühlen.

Drache-Mann und Tiger-Frau

Gesetzt den Fall, die blendend schöne Tiger-Frau begegnet dem
brillanten Drache-Mann, was wird aus dieser Bekanntschaft werden? Sie werden sich wechselseitig nicht widerstehen können und
sich daher gegenseitig erobern. Jeder wird im anderen einen
Partner finden, der ihm gewachsen ist. Und jeder wird vom andern unterjocht werden, wird ihn schön, feinsinnig, amüsant und
einer großen Liebe für wert befinden. Aber werden diese beiden
außergewöhnlichen Menschen sich ernsthaft ineinander verlieben?

Wenn er jemand anders wäre, so würde sich der Drache-Mann
unausweichlich fragen, wie es ihm gelingen konnte, die Aufmerksamkeit einer so beachtenswerten Frau wie der Tiger-Frau auf
sich zu ziehen. Aber er selbst ist ja ein Drache, also einer der ge-
lungensten Vertreter der Gattung Mensch. Ein Mann, dem es an
nichts fehlt und der einfach gefallen muß.

Die Tiger-Frau ist stürmisch und will alles wissen, und zwar
sofort, und so ist sie in Liebesbeziehungen nicht unerfahren. Sie
hätte gerne sehr jung geheiratet; aber Erfahrungen zu sammeln
dauert seine Zeit. Vor allem, wenn man wie sie sichergehen will,
nicht »ausgesucht« zu werden, sondern sich an der Wahl aktiv zu

beteiligen. Die Tiger-Frau ist kein passiver Mensch. Sie liebt die heftige Liebe, aber sie ist unendlich viel glücklicher, wenn den Zärtlichkeiten gefühlvolle Unterhaltungen vorangehen, die der Sexualität ihren Reiz erst eigentlich geben und sie wertvoller machen. Die Tiger-Frau mag weder Monotonie noch Banalität, und der Drache-Mann findet in ihr eine Partnerin seiner Klasse. Daß sie dem Glanz eher eine gefühlvolle Note zu geben versucht, woran er nicht immer denkt, und daß sie zärtlicher ist als er, mißfällt dem Drache-Mann nicht. Sie können ein aufsehenerregendes Paar werden.

Will er sie behalten, dann muß der Drache-Mann zärtlich und galant sein und an Geschenke und Liebesbriefe denken, wenn sie voneinander getrennt sind.

Drache-Mann und Hase-Frau

Die Hase-Frau ist eine Frau voller Raffinement. Sie ist wendig, leichtfüßig, geschickt, unbeständig und unzuverlässig, wenn es um Treue geht. Sie erscheint Ihnen furchtsam und zerbrechlich, bis zu dem Tag, da sie Sie hintergeht, nachdem sie Sie, zumindest erschien es Ihnen so, um Hilfe und Schutz gegenüber dieser schlechten und bösen Welt gebeten hat.

Der Drache-Mann verfügt jedoch über die Mittel, sie bei sich zu halten. Aber wird er das überhaupt wollen? Er ist der Stärkere, der Ruhigere, der Findigere und vielleicht der Vernünftigere von beiden. Sie hat Tugend und Besonnenheit auf ihrer Seite, er hat seine Lebenskraft und sein strahlendes Äußeres auf seiner Seite. Der Drache-Mann hat ein totales Selbstvertrauen, das durch nichts zu erschüttern ist. Für ihn existieren keine Probleme, außer denen, die die Stirn seiner Frau verdüstern. Denn sie ist weder beständig, noch hat sie Geduld.

Sie darf den Versuchungen, die sich ihr bieten, nicht nachgeben; aus Liebe zu ihrem Drachen, aus dem persönlichen Bedürfnis nach innerer Sicherheit heraus muß sie sich die Beständigkeit und die Geduld aneignen, die ihre Verbindung zusammenhalten werden.

Im tiefsten Innern weiß sie sehr wohl, daß es für sie am wichtigsten ist, geliebt zu werden. Wenn sie sich ein wenig langweilt, so wird sie sich damit vergnügen, neue Mittel zu suchen, um ihre Liebe, ihre Zärtlichkeit und den Wunsch, ihrem Ehemann zu gefallen, auszudrücken. Es geht nicht darum, ihm wie eine Kette am Bein zu hängen, sondern ihn zu verlocken, ihm zu zeigen, daß er das Beste, was das Leben bietet, bei ihr, an ihrer Seite findet.

Wenn sie treu geblieben und zärtlich geworden ist, dann darf sie sich ihr Gefühl der Sicherheit nie anmerken lassen, denn der Drache-Mann muß immer durch einen leichten Zweifel in Atem gehalten werden.

Drache-Mann und Drache-Frau

Hier haben wir es mit zwei Meistern in der Kunst, andere zu erobern, zu tun. Diese beiden sind voller natürlicher Verführungskräfte und haben die Gabe, diese noch mit Kunstgriffen, schönen Reden und Tricks auszuschmücken, die den Gegner schachmatt setzen. Aber da sie gleich stark sind und jeder instinktiv die Schliche des anderen kennt, wäre es für beide nutzlos, sich gegenseitig zu bekämpfen. Wenn sich zwei Drachen ineinander verlieben, werden sie zu einem jener Paare, die undurchlässig sind für alles, was nicht ihr Glück ist, und sie sind in einer solchen Zärtlichkeit, einer solchen Leidenschaft und einem so tiefen Einverständnis miteinander verbunden, daß sie inmitten der restlichen Menschheit zu einer Art Insel, einer Festung oder einem unerreichbaren Berggipfel werden.

Es ist nicht gesagt, daß ihr Haushalt und ihr Konto in Ordnung und sie sich immer völlig einig sind. Denn sie geben sich gemeinsam all ihren verrückten Ideen hin; sie werden leidenschaftliche Liebhaber sein, die mit ihren Launen, ihren Wünschen und

Phantastereien nicht hinterm Berg halten. Ihre sexuelle Beziehung wird in ihrer Art vorbildlich sein und ihre Gefühlsbeziehung ein kleiner Krieg um die Vorherrschaft.

Sie sind beide leidenschaftlich, aber dennoch ist keiner der beiden vor Liebe blind. Sie sind immer ein wenig achtsam gegenüber dem anderen, denn sie kennen wechselseitig ihre Schliche, Gewohnheiten und Vorlieben und wollen nichts weiter, als sich jeden Tag noch mehr lieben als am Tag zuvor.

Wenn auch das Haus und seine Pflege sie nur wenig kümmert, so können sie sich doch durchaus Kinder wünschen. Sie werden ihre Kinder mit großer Freiheit aufziehen und diese daran gewöhnen, sich als Menschen zu betrachten, die bereits sehr früh für das verantwortlich sind, was sie tun, und sehr früh des Vertrauens ihrer Eltern würdig sind.

Drache-Mann und Schlange-Frau

Der Ruf der Schlange-Frau ist einschlägig: Sie besitzt soviel Charme und Verführungskraft, wie man sie sich nur erträumen kann. Sie ist durch und durch bezaubernd. Sie ist es, ohne es zu wollen, sie braucht nur ihrer Natur freien Lauf zu lassen, und schon stellen sich die Worte, Gesten und Verhaltensweisen ein, die die anderen unwiderstehlich bezaubern, ganz von selbst.

Wenn der Drache-Mann der Schlange-Frau begegnet, so nützt es ihm nichts, Widerstand zu leisten. Dem Charme einer Schlange widersteht man nicht. Er mag der alles überstrahlende Drache-Mann sein, aber das ändert nichts daran, daß ihn die Art der Schlange-Frau verwirrt. Er liebt die Liebe und sie auch, und das ist für beide eine Perspektive, der es nicht an Reiz fehlt. Im Austausch von Zärtlichkeiten, in ihrer sexuellen Beziehung finden sie unverhoffte und unerwartete Befriedigung. Sie sind glücklich.

Es ist möglich, daß die Eifersucht der Schlange-Frau ein kleines Problem darstellt. Sie kann jedoch nichts gegen ihre Eifersucht tun und gleicht darin allen Eifersüchtigen. Sie alle behaupten, sie kämen gegen ihre Eifersucht nicht an. Dem von der Schlange-Frau eroberten Drache-Mann gefällt der Gedanke, daß sie ihm Eifersuchtsszenen machen könnte, absolut nicht, also tut er nichts, um solche Szenen heraufzubeschwören; er ist ja glücklich und denkt nur daran, sich sein Glück zu erhalten.

Man kann nicht garantieren, daß eine Schlange-Frau treu ist, aber es ist anzunehmen. Denn es liegt ihr nichts daran, ein Risiko einzugehen. Ihre Verbindung mit dem Drache-Mann ist zu schön und zu interessant, um sie zu gefährden. Trotz der guten Vorsätze kann die Schlange-Frau aber, wenn sie zuviel Muße hat, durchaus der einen oder anderen Versuchung erliegen. Damit nichts geschieht, was zu Mißstimmigkeiten führen könnte, muß der Drache-Mann seinen Wunsch, sie zu erobern, lebendig halten, denn eine Liebeseroberung ist nie sicher; sie muß jeden Tag erneuert werden. Dazu aber wird sich der Drache-Mann, der dies nur zu gerne tut, mit Freuden hergeben.

Drache-Mann und Pferd-Frau

Der Drache-Mann bleibt nicht so ohne weiteres unbemerkt. Auch die Pferd-Frau ist umschwärmt genug, um von ihm bemerkt zu werden, und sie geht gerne auf seine Annäherungsversuche ein.

Die Pferd-Frau hat einen ausgezeichneten Ruf. Sie ist gesellig, interessiert sich für Menschen, geht ohne Überheblichkeit auf andere zu und erhält sich bei alledem eine gewisse Eleganz und würdige Zurückhaltung. Doch trotz ihres Charmes und ihrer Eloquenz lebt die Pferd-Frau in der bangen Angst, sie könnte nicht akzeptiert werden. Es beginnt also damit, daß sie ihre Besorgnis und ihr Mißtrauen anderen gegenüber dem Drache-Mann anvertraut.

Wenn er in dem Moment, da er die Pferd-Frau kennenlernt, beschließt, sein Leben mit ihr zu teilen, so weiß er auch – er

kennt sich schließlich –, daß er keine Mühe haben wird, sie zu erobern. Einem Drache-Mann, der offenbar nur auf der Welt ist,
um weibliche Wesen zu bezaubern, kann auch die Pferd-Frau
nicht widerstehen.

Die Pferd-Frau erkennt bald das Ausmaß ihrer Eroberung,
und ihr wird klar, welche Sicherheit ihr eine Verbindung mit dieser bewundernswerten Persönlichkeit bringen wird. Er wird ihres
Vertrauens aus einem ganz einfachen Grund würdig sein: Er
braucht Liebe. Er braucht eine ihm würdige Partnerin für seine
Leidenschaft. Und in dem Moment, in dem sie die innere Sicherheit hat, die ihr fehlte, wird sie mit einem Partner, der davon genausoviel versteht wie sie selbst, die Freuden einer seltenen sexuellen Harmonie erfahren. Die beiden sind ein Paar, bei dem alles
gut anfängt, und sie können ihr Glück ohne Angst aufbauen.

Drache-Mann und Ziege-Frau

In dem Moment, in dem er sie sah, verliebte sich der Drache-
Mann bis über beide Ohren in die Ziege-Frau. Wegen ihrer
Leichtlebigkeit, ihrer Fröhlichkeit und ihrer Dynamik fand er sie
von Anfang an außergewöhnlich. Er vergaß daher zunächst einmal seine eigenen, nicht unbedeutenden Qualitäten und beschloß, nur noch für sie zu leben. Er empfand das zwingende Bedürfnis, sie zu beschützen und zu verwöhnen.

Die Ziege-Frau sucht in der Ehe Halt und Schutz, denn sie findet die Welt, in der wir leben, hart und schlecht. Und sie hat
Angst vor dem Alleinsein. Während sich die Ziege-Frau dazu
gratuliert, in ihrem Netz einen Mann mit solchen Qualitäten eingefangen zu haben, sagt sich der Drache-Mann, daß ihm mit ihr
seine schönste Eroberung gelungen ist. So steht diese Ehe unter
den günstigsten Vorzeichen.

Tatsächlich kann ihr Leben, von einigen kleinen Meinungsverschiedenheiten abgesehen, in der vollkommensten Glückseligkeit
verlaufen. Dank der Leidenschaftlichkeit des Drache-Mannes

bleibt der Ziege-Frau das Glück der ersten Tage erhalten, und sein eiserner Schutz gibt ihr Sicherheit. Sie hört auf, hektisch zu sein, und findet in der Organisation ihres Hauswesens und später in der Erziehung ihrer Kinder ihr Gleichgewicht.

Drache-Mann und Affe-Frau

Die Affe-Frau, eine im wesentlichen scharfsinnige Frau, läßt sich nicht von Leidenschaft und Illusionen ablenken. Sie sieht und weiß. Dieser Scharfsinn kann in ihrem Liebesleben zu einem Hindernis werden. Es gibt so viele Dinge, über die man hinwegsehen können muß. Und es ist sehr schwierig, über etwas hinwegzusehen, was man mit unerbittlich logischem Scharfsinn bereits gesehen hat.

Abgesehen von diesem Scharfsinn, den sie vor dem Drache-Mann sehr gut zu verbergen weiß, gibt die Affe-Frau ihm gerne zu verstehen, daß sie nur treu ist, solange sie sich nicht langweilt. Es ist besser, wenn er das weiß. Denn wenn sie das Leben mit ihm zu langweilig findet, hat sie bestimmt den Wunsch, nachzusehen, ob nicht auf der anderen Seite der Schranke das Gras vielleicht grüner ist. Und das sagt ihr ihr Scharfsinn; er gibt ihr auch Alarmsignale, sobald sie feststellt, daß der Drache-Mann – sozusagen – ein wenig zerstreut ist.

Der Drache-Mann, der immer sicher ist, der Schönste und Begehrteste zu sein, schätzt den Scharfblick einer Ehefrau nicht besonders, die, wenn er nach Hause kommt, mit einem Blick mehr oder weniger weiß, was er den Tag über gedacht hat. Die Affe-Frau, die den Wert einer »halbwegs« guten Ehe kennt, spielt das Spiel mit und legt einen bewundernswerten Scharfsinn an den Tag: sie sieht nur das, was ihr wissenswert erscheint.

Drache-Mann und Hahn-Frau

Die Hahn-Frau ist schön, wird gerne gesehen, ist von auffälliger Eleganz und glänzt mindestens ebensosehr wie der Drache-Mann, allerdings noch farbenprächtiger. Da sie ein geselliges Wesen und immer zum Lachen aufgelegt ist, ist sie auch immer von einer Schar von Bewunderern umgeben, und der Drache-Mann sitzt auf glühenden Kohlen, wenn er einmal beschlossen hat, sie zu erobern.

Aber ein Drache bleibt nie lange unbemerkt. Er gleicht einem Tornado, und den Eindruck, den er hinterläßt, vergißt man nicht. So bemerkt ihn im Kreis ihrer Bewunderer auch die Hahn-Frau.

Wenn sie sicher sind, daß sie sich lieben, und wenn ihre Leidenschaft ihnen die Muße läßt, sich gegenseitig zu studieren, dann wird die Hahn-Frau die leichte und unbekümmerte Art und die Brillanz des Drache-Mannes rückhaltlos bewundern. Sie wird alles aufbieten müssen, um genauso charmant und bemerkenswert zu sein, wie sie es vor ihrer Bekanntschaft mit dem Drache-Mann gewesen ist. Und das hat sie auch vor, denn sie fürchtet insgeheim, daß er sich nur wegen ihres auffallenden Äußeren für sie entschieden hat.

Sie wird eine achtsame und fürsorgliche Ehefrau sein, der es wichtig ist, ihren Mann ganz und gar glücklich zu machen.

Drache-Mann und Hund-Frau

Der Drache-Mann ist von soviel natürlicher Brillanz, daß man sich wundert, wie er seine Aufmerksamkeit einer Hund-Frau zuwenden kann. Aber auch sie hat Charme. Und ihm ist das nicht entgangen. Auf den ersten Blick scheint sie sehr leicht erregbar, und es tut gut zu sehen, daß man eine junge Frau so sehr in Verwirrung stürzen kann. Trotz ihrer Aufregung wird ihr romantisches Wesen, dem eine tiefe Melancholie zugrunde liegt, spürbar werden. Bildet sie sich das alles nur ein, ist das nur eine Hormonstörung, oder hat sie wirklich einen Grund für ihre ständige Angst? Nichts von alledem. Sie ist wirklich melancholisch. Sie hat das wie alle Hunde von ihren Vorvätern geerbt, denn sie alle denken an den Tod.

Die herrische Art des Drache-Mannes wirkt auf die Hund-Frau einfach beruhigend. Sie hat das unbestimmte Gefühl, daß ihr an der Seite eines solchen Mannes nichts Schlimmes zustoßen kann und daß es angesichts des Glücks, das er ihr bietet, nicht richtig wäre, so melancholisch zu bleiben. Tatsächlich bringt ihr der Drache sehr viel Sympathie und menschliche Wärme entgegen. Und das tut der pessimistischen Hund-Frau besonders gut. Sie hat das Gefühl, daß sie in seiner Gegenwart sicher sein kann.

Sie hat ein ungeheures Schutzbedürfnis. Der Drache-Mann ist vielleicht nicht besonders sensibel oder verständnisvoll, aber er liebt das Leben, er zählt sich zu den Starken und wirkt deshalb beruhigend auf sie.

Ihre Verbindung wird vielleicht schwierig sein, aber die bedingungslose Treue der Hund-Frau wird ihrem gemeinsamen Leben Festigkeit und Bestand geben.

Drache-Mann und Schwein-Frau

Die Schwein-Frau liebt das Leben und die Liebe, Zärtlichkeit, Freundlichkeit, Liebenswürdigkeit, Freundschafts- und Liebeserklärungen – einfach so, ohne deshalb exzentrisch zu sein oder viel Aufhebens zu machen.

Der Drache-Mann ist ein märchenhafter Mann. Er ist brillant, warmherzig und leidenschaftlich; er beeindruckt, ist aber keineswegs distanziert. Er lebt nicht in sich zurückgezogen, sondern interessiert sich für die Menschen. Und sobald er in das Leben eines Menschen tritt, bringt er es völlig durcheinander. Genau das geschieht natürlich auch, wenn er die Schwein-Frau kennenlernt. Sie weiß sofort, daß sie ihn nicht mehr vergessen wird. Er entdeckt, daß sie charmant, sehr fesselnd und voller Illusionen über eine weltumfassende Liebe ist, von der sie mit unbefangener Reinheit träumt. Er entflammt leidenschaftlich für sie und sagt es ihr. Er ist vernünftig und verrückt, drängend und respektvoll, verliebt und drollig; er setzt alles ein, um sie zu gewinnen. Voller Liebe und Bewunderung für sie überhäuft er sie mit seinen Liebesbezeugungen und seinen Geschenken. Sie lebt wie in einem Traum.

Doch schließlich wird er denken, daß sie ein bißchen zu sehr auf dem Boden bleibt, und vielleicht wird er dann anderswo aufregendere Abenteuer suchen. Aber sie ist feinsinniger, als es den Anschein hat. Sie wird sehr schnell merken, was vor sich geht, und mit allen Kräften versuchen, ihren Kurs zu ändern und sich auf ein Niveau zu begeben, das ihrem Ehemann gefällt. Sie tut das ohne Bitterkeit und läßt sich nicht anmerken, daß sie von den Seitensprüngen ihres Drachen weiß. Dabei ist sie so eifersüchtig, daß ihre Zurückhaltung sie große Überwindung kostet. Doch sie wird dafür mit der Rückkehr des Drache-Mannes zur ehelichen Treue oder zumindest mit einer größeren Diskretion bei seinen Vergnügungen belohnt.

Die Schlange und ihr Eheglück

Schlange-Mann und Ratte-Frau

Der Schlange-Mann, dieses Wesen voller Charme und Leidenschaft, ist sehr besitzergreifend. Er ist glücklich, sich mit der Ratte-Frau verbinden zu können, aber er macht ihr sofort klar, daß sie ihn als den Nabel der Welt zu betrachten habe.

Die Ratte-Frau macht psychisch, moralisch und intellektuell den Eindruck eines kleinen Menschen mit wenig Spannweite in Aktion und Reaktion, ist aber charmant und umgänglich. Sie hat Beobachtungsgabe, einen aufgeweckten Geist, ihre Bewegungen sind schnell, und was sie tut, das sitzt. Da sie alles sieht und immer informiert ist, ist sie für ihre Umgebung ein liebenswürdiges Informationszentrum. Sie ist zwar um ihre Person besorgt, aber im allgemeinen fröhlich und gutgelaunt und daher eine Quelle des Wohlwollens und der Vitalität. Obgleich eigenwillig, ist sie ihren verschiedenen Aufgaben, ob als Mutter oder im Beruf, bestens gewachsen.

Sie weiß sehr viel und vor allen Dingen, daß ein Ehemann seiner Frau nicht unterlegen sein will. Daher gibt sie zwar nicht alle ihre Fähigkeiten preis, greift aber nur darauf zurück, wenn es notwendig wird, um die Lage zu retten, ein kleines Desaster zu beheben oder ihrem Mann bei Unannehmlichkeiten ein wenig zur Seite zu stehen. Ansonsten ist sie sehr liebeshungrig. Die Liebe ist in ihren Augen das Wichtigste im Leben. Wenn sie liebt, dann liebt sie leidenschaftlich; sie wird dann großzügig, phantasievoll, drollig und in sexueller Hinsicht die reizendste und lebendigste Partnerin, die man sich nur vorstellen kann.

Der Schlange-Mann kann sich da nur wundern. Er entdeckt täglich neue Qualitäten an ihr. Aber das reizt seine Eifersucht; sie ist sehr gut, zu gut, und das ist zuviel. Besteht nicht die Gefahr, daß sie ihre Glut eines Tages woandershin trägt? Er weiß nicht genau, was er tun soll, um sie zu halten, und sie wird mit Befriedigung feststellen, daß er sich jeden Tag in neue Unkosten stürzt, um ihr zu gefallen; als ob das notwendig wäre! Wo doch eine Schlange gefällt, ohne sich nur die geringste Mühe zu geben!

Die Ehe des Schlange-Mannes und der Ratte-Frau dürfte also in einer recht gelösten Atmosphäre verlaufen.

Schlange-Mann und Büffel-Frau

Für die Büffel-Dame, die sich absolut nicht vom Schlange-Mann einfangen lassen will, gilt in Liebesdingen der Ausspruch NAPOLEONS »Das Heil liegt in der Flucht«. Aber versuchen Sie einmal, einer Schlange zu entfliehen. Sie werden ihr nicht entkommen. Die Büffel-Frau hat also keine Chance.

Was die Schlange will, müssen auch die anderen wollen. Dabei geht sie wendig, listig, psychologisch einfühlsam und intelligent vor; ihr stehen tausend Möglichkeiten offen, und sie hat unzählige Talente, von denen sie weiß, wie man sie einsetzt, um das zu bekommen, was sie will. Die Schlange steht in dem Ruf, sie hypnotisiere und lähme ihre Beute. Nachdem der Schlange-Mann die Büffel-Frau erobert hat, will er sie lähmen. Er würde nicht akzeptieren, daß sie außer Haus herumgeistert. Dazu ist er viel zu eifersüchtig. Er wird also all seine List daransetzen, um seine Ehefrau in der Wohnung oder im Haus zu halten und sie mit langwierigen und kniffligen Arbeiten zu beschäftigen.

Dafür bietet er ihr jedoch auf der anderen Seite angenehme Entschädigungen. Die Büffel-Frau, die die Liebe liebt, ist mit dem Schlange-Mann bestens bedient. Wenn sie das Leben eintönig findet, dann wird er gemütlich mit ihr plauschen, und das ist etwas, was in den Ehen der heutigen Zeit selten geworden ist. Der Schlange-Mann ist eine wunderbare Ausnahme von der Regel. Diese beiden sind ein Paar, das neuen Ideen aufgeschlossen gegenübersteht und bereit ist, freundschaftlich über alles zu diskutieren. Sie wollen sich ihren geistigen Horizont nicht einengen lassen. Das einzige, was das Bild verdüstern könnte, ist das Verhalten des Schlange-Mannes, von dem man sagt, er sei nicht gerade die personifizierte Treue. Doch abends muß er zu Hause sein, diese Dinge gehen also diskret vor sich – tagsüber. Und damit sind seine Möglichkeiten, auf Abwege zu geraten, bereits erheblich eingeschränkt.

Schlange-Mann und Tiger-Frau

Diese beiden liefern sich unter Umständen einen Wettstreit im Versprühen ihres Charmes. Wenn der Schlange-Mann der Tiger-Frau begegnet, ist er ganz ohne Zweifel entzückt. Und sie, die blendend schöne Erscheinung, die daran gewöhnt ist, daß man ihr den Hof macht, zählt den charmanten Schlange-Mann, von dem man sagt, er sei unwiderstehlich, gerne zu ihren Bewunderern. Ihre besten Freundinnen betrachten sie voller Neid, und sie merkt bald, daß er für sie mehr ist als nur ein Flirt. Warum sollten sie nicht ausprobieren, ob sie in der Liebe zusammenpassen, um sich eine wunschlos glückliche Zukunft zu sichern?

Der Schlange-Mann hat sich bereits eine passende Eroberungstaktik zurechtgelegt und ist der Meinung, er habe es mit einem koketten Püppchen zu tun. Wie groß ist jedoch sein Erstaunen, wenn er merkt, daß er es mit einer jungen Frau zu tun hat, die die Begierden ihres Körpers kennt, die in der Lage ist, die Fähigkeiten eines potentiellen Partners zu beurteilen, und die seine Werbung akzeptiert. Sie wird es nicht zu bedauern haben. Ihr ganzer Glanz und ihre ganze Pracht verblassen vor den Talenten des Schlange-Mannes, der ihr die absolute Lust schenkt.

Nach der ersten Zeit allerdings kehrt die Tiger-Frau wieder zu ihrem Püppchen-Charakter und der Schlange-Mann wieder zu seinen Eroberungsgelüsten zurück. Es gibt Zeiten der Krise, da sie ihm ihren Standpunkt klarmacht und ihm erklärt, daß sie seinen Verlust verschmerzen kann; er versucht dann, sie wieder in seinen fast magischen Einfluß zu ziehen. Diese kleinen Ehetragödien gehen im allgemeinen gut aus, aber sie wiederholen sich so lange, bis das Alter den beiden Liebenden die Ruhe und die Gelassenheit eines friedlichen Lebensabends schenkt.

Alles in allem eine Verbindung ohne Monotonie, aber auch nicht ohne Dramen!

Schlange-Mann und Hase-Frau

Die Schlange in der chinesischen Astrologie gehört zu den verführerischsten Charakteren, es erübrigt sich daher festzustellen, daß die Hase-Frau, wenn sie dem Schlange-Mann begegnet, sofort von ihm eingenommen ist.

Ihr Instinkt rät ihr, die Flucht zu ergreifen, sobald sie sieht, daß er ihr ein wenig zu nahe kommt. Nicht ohne Grund, denn die Schlange umschlingt ihre Beute so lange, bis sie merkt, daß sie ihr Opfer bereits fast erdrückt hat, aber dann ist es auch schon zu spät. In der Welt der Menschen würgen die Schlange-Männer ihre zarte Frau natürlich nicht, bis diese tot ist. Sie haben andere Methoden, die sie jedoch ohne zu zögern anwenden, wenn ihre Ehefrau eine Hase-Dame mit dem allseits bekannten Ruf der Leichtfertigkeit ist.

Die Ehefrau des Schlange-Mannes läuft Gefahr, mit Zärtlichkeiten »erstickt« zu werden. Sie wird nie brutale Hände ihren Hals zudrücken fühlen oder Umschlingungen, die sie fesseln und erdrücken; der Vorgang wird vielmehr unmerklich, aber wirksam vonstatten gehen: Sie wird immer seltener ihre Freunde besuchen können, weil sie zu Hause festgehalten wird. Und wenn Freunde sie besuchen, dann in einem Landhaus, das weit weg ist von allem. Dort kommt sie getreu ihren Aufgaben als Mutter nach, und diese Aufgaben lassen ihr keinen Augenblick Zeit, in der Stadt bummeln zu gehen. Es handelt sich daher um eine echte »Entführung«, wobei allerdings Entführer und Entführte eine sehr tiefe Liebe füreinander empfinden.

Schlange-Mann und Drache-Frau

Die Drache-Frau bleibt, wo immer sie geht und steht, nie unbemerkt. Sie hat die Gabe, das Leben der Menschen, denen sie begegnet, völlig auf den Kopf zu stellen. Sie sind von ihr so hingerissen, daß sie nur noch staunen können. Das ist ganz einfach ihre starke Ausstrahlung. Ihr Verhalten ist eine äußerst gelungene Mischung aus Vertrauen in ihren Charme und ihre Eleganz und ständig neu erwachender Leidenschaft; sie liebt es zu lieben, und eine ihrer Hauptbeschäftigungen besteht darin, die Blicke auf sich zu ziehen und schöne junge Männer zu taxieren. In allen Ehren, versteht sich.

Der Schlange-Mann wird die Drache-Frau unweigerlich begehren. Und was eine Schlange will, kann man ihr nur schwer

verwehren. Wenn der Schlange-Mann beschlossen hat, daß die
Drache-Frau ihm gehören soll, dann tut sie gut daran, ja zu sagen. Denn er hat vielfältige Möglichkeiten und unzählige Talente, um sie von seinem Wert zu überzeugen; er agiert mit Taktik und psychologischem Geschick, und die Drache-Frau wird
ihm bald nicht mehr widerstehen können. Im übrigen kann eine
Frau mit einem Schlange-Mann sehr glücklich werden. Er ist ein
Mann, der nicht nur bereitwillig der Liebe frönt, sondern zudem
ein guter Liebhaber ist, und das ist im ehelichen Leben von großer Bedeutung. Die Drache-Frau versteht es perfekt, in ihren Liebesbeziehungen ein wenig Spannung aufrechtzuerhalten. Sie ist
der Ansicht, daß zuviel Sicherheit in der Liebe einen Mann eingebildet macht, und setzt daher alles daran, ihm zu zeigen, daß er
keinerlei Grund hat, übermäßig stolz auf sich zu sein. Was das
Bild verdüstern könnte, ist der Lebenswandel des Schlange-Mannes, der allseits als »Don Juan« bekannt ist. Er ist diszipliniert genug, jeden Abend nach Hause zu kommen. Aber was macht er
tagsüber?

Die Drache-Frau hat einen schweren Stand. Sie sollte dabei
bleiben, für ihn die liebende Ehefrau zu sein, und auf Intrigen
verzichten. Intrigen würden ihr ohnehin kein Glück bringen.

Schlange-Mann und Schlange-Frau

Zwei Schlangen können sich normalerweise nur schwer verbinden, doch in der Liebe ist alles möglich.

Klug wie sie beide sind, dürfte ihnen ihr klares Urteilsvermögen sagen, inwiefern sie dem anderen das ersehnte Glück geben
können. In sexueller Hinsicht werden sie ganz ohne Zweifel unvergleichliche Stunden erleben, und ihre Verbindung kann sich
als außergewöhnlich harmonisch erweisen. Doch im zwischenmenschlichen Bereich ist es durchaus möglich, daß sie Rivalen
sind, da sie dieselben Talente haben und gleich stark sind. Wenn
ihre Liebe stark genug ist und sie klug genug sind, werden sie

deshalb Verbündete und Komplizen. Dann können sie in ihrem jeweiligen Beruf sehr stark werden.

Ihre Liebe wird ohne Geheimnisse, aber auch ohne Widersprüche sein; wenn sie genügend gesunden Menschenverstand besitzen, um sich vernünftig auszusprechen und sich gegenseitig Prioritäten einzuräumen, werden Friede und Glück herrschen. Doch man kann sich vorstellen, wie schwer solche Bedingungen abzustecken und zu erfüllen sind. Der kleinste Fehler kann in einer Katastrophe enden. Sie sind scharfsinnig und werden sich gegenseitig nichts verheimlichen können; doch ist die absolute Offenheit in der Liebe tückisch, wenn die Partner sich einmal nicht völlig perfekt verhalten. Das eifersüchtige und mißtrauische Naturell der Schlange ist eine große Belastung für diese Verbindung.

Es gibt keine generelle Gegenanzeige, aber die Zwänge einer großen und echten Liebe ohne Schatten, ohne dunkle Ecken und ohne Zweifel können unter Umständen zu endlosen Streitereien führen. Es wäre lächerlich, von einer solchen Verbindung abzuraten, aber die beiden Verliebten müssen unbedingt auf die Risiken hingewiesen werden, die sie eingehen. Es ist nicht sehr lustig zu wissen, daß ein offenbar stabiles Glück innerhalb weniger Stunden zusammenbrechen kann.

Schlange-Mann und Pferd-Frau

Die Pferd-Frau ist ein reizendes Geschöpf. Es gibt kaum einen Mann, der sich nicht nach ihr umdreht und den Wunsch hat, sich von ihr erobern zu lassen. Denn die im Pferd-Jahr Geborenen haben ein schönes Äußeres. Man findet sie auf Anhieb sympathisch; sie sind extrem gesellig und haben viele Freunde.

Die Schlange ist nach Auffassung der chinesischen Astrologie so charmant, daß einem nur die Flucht bleibt, wenn man nicht von ihr erobert werden will. Doch fliehen wird die Pferd-Frau wohl kaum, wenn sie dem großen Verführer begegnet. Nichts wird ihr lieber sein, als sich von ihm verführen zu lassen.

Der Schlange-Mann ist vor allen Dingen ein dominierender
Mensch. Er will, daß alle tun, was er will, und er will die Pferd-
Frau für sich allein. Die gesellige Pferd-Frau wird nicht beglückt
sein, niemanden mehr sehen oder besuchen zu können. Doch sie
wird es akzeptieren, besiegt durch die Argumente ihres Schlange-
Ehemannes. Und sie wird in angenehmer Weise dafür entschädigt werden. Sie liebt die Liebe, und ihr Mann wird ihr leidenschaftliche Nächte bescheren. Die in allem exzessive Pferd-Frau
ist bereit zu einer totalen und lodernden Liebe. Ihre glühende
Leidenschaft läßt nichts zurück als die Erinnerung an eine völlige
Entrückung. Angesichts eines solchen Feuers gibt sich der
Schlange-Mann geschlagen; wenn er die Pferd-Frau halten will,
dann tut er gut daran, ihr einige Zugeständnisse zu machen und
sie ihre Familie und ihre Freunde besuchen zu lassen.

Schlange-Mann und Ziege-Frau

Als der Schlange-Mann die Ziege-Frau zum erstenmal sah, war
sie für ihn nichts weiter als ein Häppchen zwischendurch. Dann
verliebte er sich jedoch richtiggehend in sie und dachte sich, es
müsse wunderbar sein, sie an seiner Seite zu haben.

Die zutrauliche Ziege-Frau sagte sich, dies sei eine ausgezeichnete Gelegenheit, um zu einem völlig rechtmäßigen und außerdem verführerischen Beschützer zu kommen.

Wenn die Ziege-Frau zu dem Schluß gekommen ist, nicht
mehr alleine leben zu wollen, dann wird sie gesetzt, überlegt und
vernünftig. Doch ist sie unfähig, ihr Hauswesen so zu gestalten
wie andere: Hausarbeiten, die den meisten Menschen lästig sind,
erledigt sie wie im Spiel; sie bemüht sich, den Freunden ihres
Mannes und später ihrer Kinder eine gute Gastgeberin zu sein.
Aber die Alltagsmühle wird sie nie akzeptieren. Ihr Mann wird
sie immer lieber gewinnen und ihr immer ergebener – ich habe
nicht gesagt treuer – sein, und ihre Kinder werden ihr ihr ganzes
Vertrauen schenken und sie anbeten.

Schlange-Mann und Affe-Frau

Der Affe-Frau ist in ihrem Leben zumindest ein beachtlicher Wurf gelungen. Sie hat den Schlange-Mann in Erstaunen versetzt. Ihre Eigenart ist es, daß sie keine regelmäßige und zwingende Beschäftigung ertragen kann. Sie ist noch versponnener als die Ziege-Frau. In ihrer Nähe hat man den Eindruck, daß alle außer ihr schlafen. Auch der so lebhafte und aktive Schlange-Mann empfindet sich als langsam, verglichen mit dem Tempo der Affe-Frau. Die Affe-Frau, die nicht weiß, daß sie so etwas Besonderes ist, empfindet sich nicht als besonders schnell und findet ihr Arbeitstempo normal. Sie bewundert den Schlange-Mann sehr, und dieser nimmt ihre Bewunderung hin, als stünde sie ihm zu. Sie hat sich bereits in ihn verliebt.

Der Schlange-Mann ist feinsinnig genug, um zu wissen, daß eine Affe-Frau vor allen Dingen ein sehr scharfsinniges Wesen ist. So hochgradiger Scharfsinn ist selten, aber eine echte Gefahr für die Liebe. Man sagt oft, Liebe macht blind. Das muß sie auch. Denn niemand ist vollkommen, und es bleibt häufig gar nichts anderes übrig, als die Augen vor den Schwächen des geliebten Menschen zu verschließen, wenn man sich dessen Gefühle erhalten will. Die Affe-Frau, die alles mit vollendetem Scharfsinn sieht, hat Schwierigkeiten, über die Fehler ihres Partners hinwegzusehen. Unweigerlich sieht sie, was die Qualitäten des Schlange-Mannes schmälert: sein Mißtrauen und seine Eifersucht. Und diese winzigen Feststellungen zerren und nagen an ihren Gefühlen und lassen diese schwinden. Da sie dieser Entwicklung keineswegs heldenmütig widersteht, wird sie ihrem Mann gegenüber zunächst gleichgültig und beginnt schließlich, ihn zu verabscheuen. Der Schlange-Mann sollte, wenn er feststellt, daß er sich in eine Affe-Frau verliebt hat, diese Eigenheit kennen und darauf achten, nicht die Kritik seiner Partnerin auf sich zu ziehen. Besser noch ist es, wenn er, da er ja vorgewarnt ist, sofort ein ernsthaftes Gespräch mit ihr führt, sie über seine Fehler aufklärt und sie fragt, ob sie ihn so ertragen wird.

Schlange-Mann und Hahn-Frau

Die Schlange ist eine beeindruckende, gewitzte, verständige und kluge Person; sie handelt wendig, findig und intelligent. Und sie versprüht einen solchen Charme, daß man ihn förmlich berühren und fühlen kann.

Die Hahn-Frau ist, unabhängig von der Höhe ihres Einkommens, äußerst elegant. Das liegt mehr an ihrem Stil als am Wert dessen, was sie trägt. Unbestritten verwendet sie auf ihre Kleidung sehr viel Sorgfalt. Sie liebt die Unterhaltung, und aus dem, was sie sagt, spricht sehr viel gesunder Menschenverstand. Sie ist nur unnachgiebig, wenn sie etwas ganz genau weiß, läßt sich aber im Zweifelsfall auch gerne eines Besseren belehren.

Dem Schlange-Mann gibt sie gekonnt zu verstehen, daß sie nichts dagegen hätte, ihre Zukunft mit der seinen zu verbinden, und so erspart sie ihm die ersten zögernden Annäherungsversuche. Sollte er keine Anstalten machen, sie um ihre Hand zu bitten, so läßt sie ihn unter Umständen ohne Umschweife wissen, was sie von einer gemeinsamen Zukunft hält. Nicht selten trifft sie selbst die Entscheidung und zieht den geblendeten, manchmal immer noch zögernden Partner einfach mit sich.

Das ist purer Egoismus. Wenn sie selbst die Wahl trifft, dann handelt sie in ihrem eigenen Interesse und nicht um diesen Menschen, der es nicht wagt, sich zu erklären, glücklich zu machen.

Zwischen den beiden wird alles gutgehen. Die Hahn-Frau besitzt nicht nur einen starken Willen, sondern auch sehr viel gesunden Menschenverstand, und sie ist klug genug, um das, was sie selbst zuwege gebracht hat, ihre Ehe, nicht wieder zu zerstören. Sie setzt alles daran, ihren Mann glücklich zu machen und ihm eine Stütze zu sein. Ihre physische Beziehung ist vollkommen, ihr Alltag verläuft friedlich.

Der Schlange-Mann kann sich gar nicht mehr wünschen, denn sie tut alles, damit er glücklich ist. Ohne weiteres nimmt sie die Pflichten und Verantwortungen wahr, die zu übernehmen sie sich bereit erklärt hat, als sie seine Frau werden wollte. Ihre persönlichen Probleme löst sie ganz allein, was ihr Mann manchmal für übertriebenen Stolz hält.

Schlange-Mann und Hund-Frau

Der Hund-Frau ist die sensationellste Tat ihres Lebens gelungen, als sie die Eroberung des Schlange-Mannes machte. Er ist ein junger Mann, der sehr gut weiß, was er wert ist. Ohne Unterlaß zählt er bei den Mädchen seines Alters die Stimmen, mit denen er rechnen kann. Das ist vergnüglich für ihn. Und wenn er beschließt, sich eine Frau zu suchen, dann wird er die Qual der Wahl haben, denn sie umschwärmen ihn alle. Außer der Hund-Frau!

Die Hund-Frau ist eine eifrige Frau, die von einem starken Willen beseelt ist. Sie muß sich nur in ihrem Wohlwollen anderen gegenüber ein wenig bremsen, um nicht Gefahr zu laufen, die anderen zu langweilen. Auch fehlt es ihr an Sorglosigkeit und Frohsinn.

Aber wie denkt sie über den Schlange-Mann? Sie findet ihn vielleicht ein wenig hektisch. Er wirft ihr vor, es fehle ihr an Feuer bei der Erfüllung ihrer ehelichen Pflichten; in ihren Liebesstunden ist sie nicht gerade von großer Initiative, und das stellt ihn vor Probleme. Er fragt sich, ob sie so wenig weiß oder ob sie so gedankenlos ist oder was sie wohl sonst hat. Er wagt nicht zu denken, es könnte sie einfach nicht interessieren. Dabei ist es bei ihr nicht Unwissenheit, sondern vielmehr Ablehnung und Zurückschrecken vor etwas, das ihr in Anbetracht der Freuden, die es schenkt, in einem Leben, das doch unabwendbar eines Tages zu Ende gehen wird, fehl am Platz erscheint.

Er wird seine ganze Liebe einsetzen müssen, um sie zu einer weniger dramatischen Sicht des Lebens zu bewegen.

Schlange-Mann und Schwein-Frau

Die Schwein-Frau ist in jeder Hinsicht eine Anbeterin der Natur
und liebt die Schönheit in all ihren Formen. Sie hat sehr viel
Phantasie, und solange sie nicht hat, was sie will, träumt sie davon. Auf diese Art erfüllt sie sich ihre Wünsche, ohne daß es sie
allzuviel kostet. Das Wichtigste im Leben ist für sie die Liebe.
Die Liebe ist etwas Großes, man muß sie kennengelernt haben,
um sagen zu können, man habe wirklich gelebt. Nachdem sie davon geträumt hat und sie sich in ihrer Vorstellung in den kühn-
sten Bildern ausgemalt hat, begegnet sie dem Schlange-Mann.
Endlich hat sie das Paradies gefunden.

Sie wird dem Schlange-Mann eine ausgezeichnete Partnerin
sein. Sie werden sich sehr gut verstehen. Sie werden durch ihre
kostbare Liebe tief verbunden sein und jene Stürme geteilter Leidenschaft kennenlernen, die ein Leben erfüllen. Alles in allem
wird die Liebe ihre große Beschäftigung sein. Sie wird wie ein
großer See sein, in dem die beiden alle ihre Sorgen und Diskussionen ertränken. Und manchmal wird sogar die Schwein-Frau es
sein, die ihren Ehemann unterweist.

Ihr völliges Einverständis und ihr Glück machen die Schwein-
Frau zu einer sehr treuen Gefährtin. Was sollte sie sich denn
noch mehr wünschen? Wer würde ihr mehr Freude schenken als
ihr Ehemann?

Wenn das Leben in anderen Bereichen weniger zufriedenstel-
lend verläuft, so werden die zwei es nicht einmal merken. Wenn
der Schlange-Mann manchmal an Ausbruch denkt, dann wird
das schnell vorübergehen, die Schwein-Frau wird ihn zurückzuhalten wissen. Für sie erfüllt die Liebe ihr ganzes Denken und
Sorgen, und sogar wenn Kinder da sind, wird sie keine Mühe haben, freie Stunden für ihren Mann zu finden, und das leidenschaftliche Paar wird, fern von neugierigen Blicken, weiter der
Liebe huldigen.

Die Kinder der Schwein-Frau werden verhätschelt und umhegt; schon früh wird man ihnen beibringen, wie schön das Le-

ben ist, wenn es nur von Liebe überstrahlt ist. Und der Schlange-Mann wird nicht nur diese einmalige Liebe genießen, sondern sich auch im aufregenden und nicht ungefährlichen Beruf des Familienvaters üben.

Das Pferd und sein Eheglück

Pferd-Mann und Ratte-Frau

Die Ratte-Frau ist ein niedliches Geschöpf; sie hat die Psyche einer kleinen, feingliedrigen und zumindest dem Anschein nach unauffälligen Frau und läßt sich leicht von imponierendem Aussehen und entsprechendem Auftreten beeindrucken. Sie ist schnell und dynamisch und hat eine emsige, findige und pfiffige Art. Aufgeweckt wie sie ist, hat sie konkrete Vorstellungen, denkt sehr praktisch, und was sie tut, hat Hand und Fuß. Es versteht sich von selbst, daß sie angesichts des heißblütigen Pferdes ein wenig eingeschüchtert ist.

Wenn der Pferd-Mann verliebt ist, dann ist er es ganz und gar, und er hat eine solche Angst davor, seine Liebe könnte nicht erwidert werden, daß er am ganzen Leib zittern würde, wenn es ihm nicht schließlich doch gelänge, sich zu beherrschen. Er hat den heftigen Wunsch, das geliebte Wesen zu erobern; aber er hat auch nichts dagegen, wenn der Spieß umgedreht und er selbst erobert wird.

Es versteht sich von selbst, daß ihr Leben nicht ohne Probleme verlaufen wird, vor allem solange sie jung sind. Ein im Jahr des Pferdes Geborener heiratet im allgemeinen sehr früh. Er hat also beim Eintritt in das Eheleben noch keine reife und geformte Persönlichkeit, ihm fehlt die Lebenserfahrung. Ein sehr junger Pferd-Mann, das sollten die eventuellen Ehefrauen wissen, ist ein heißblütiger kleiner Wirrkopf, der noch nicht so richtig weiß, was er will. Er muß noch viel lernen, und die Ratte-Frau scheint

für das Leben wesentlich besser gerüstet zu sein als er. Aber sie
wird Geduld haben, seine Unerfahrenheit ertragen und ihm helfen.

Pferd-Mann und Büffel-Frau

Die Büffel-Frau mit ihrem tolpatschigen, manchmal schwerfälligen und immer langsamen äußeren Erscheinungsbild wird recht
erstaunt sein, wenn sie den Pferd-Mann, diesen außergewöhnlichen Menschen, den sie da in ihrem Netz gefangen hat und mit
dem sie sich fürs Leben einrichtet, richtig kennenlernt. Es entgeht
ihr nicht, daß er brillant, springlebendig, treu und loyal ist. Mit
Sicherheit ist er sportlich, vielleicht auch draufgängerisch, seine
Dreistigkeit ist von der Art, wie sie die Frauenwelt ergötzt, und
schön ist er auch noch.

Sie wird bald merken, wie intensiv seine Gefühle sind, und sie
wird erkennen, daß ihn die Liebe ganz gefangennimmt und er
mit einem kaum vorstellbaren Feuer liebt, ja so sehr liebt, daß es
ihm geradezu den Atem raubt. Seine Begierde ist fordernd und
ungeduldig, und es paßt zu ihm, daß ihn die Liebe oft auf den ersten Blick packt. Er hat dann das unbezwingbare Bedürfnis, das
zu bekommen, was er will, nicht etwa ein Abenteuer, sondern die
Büffel-Frau in ihrem ganzen Sein. Wenn er liebt, dann für immer
oder zumindest den größten Teil des Lebens. Wer ihm nachgibt,
der bindet sich für immer. Sich von ihm wieder zu trennen ist
schwierig, und es ist besser, es gar nicht erst ins Auge zu fassen.

Um die Büffel-Frau zu bekommen, war er zu allen Verrückt-
heiten bereit. Aber die heroischen Zeiten, in denen man die be-
gehrte Frau entführte und sie im tiefen Wald in einer geheimen
Höhle versteckte, sind vorbei. Er kann darüber wehklagen, daß
es heute gesitteter zugeht, aber beruhigen wird er sich deshalb
nicht. Er will sie, und er nimmt sie, zumindest tut er alles, um sie
zu bekommen.

Er ist ziemlich egoistisch. Wenn er liebt, dann tut er das zu-

allererst für sich selbst, und dann erst für sie. Die Büffel-Frau
muß sich daran gewöhnen. Sie wird dafür entschädigt werden.
Wenn sie die Liebe liebt, dann ist sie am richtigen Platz. Ersatzlö-
sungen zu erwägen hat keinen Sinn. Sie bekommt davon schneller genug als er.

Sie wird ihr Pferd am Gängelband haben. Für sie tut er alles.
Er ändert seine Frisur oder sein Berufsleben, schließt sich in
einem Elfenbeinturm ein oder begibt sich auf die Wanderschaft,
er wird Vegetarier oder ein Zen-Jünger; kurz gesagt, er tut alles,
um sie zufrieden zu sehen, so romantisch, leidenschaftlich, unbekümmert und verliebt ist er.

Pferd-Mann und Tiger-Frau

Die Tiger-Frau ist eine sehr lebhafte, ziemlich draufgängerische
Frau, die gerne ihr Unabhängigkeitsstreben demonstriert. Da sie
ungestüm ist und alles vom Leben und seinen Freuden wissen
will, hat sie es vermutlich nicht versäumt, einige Erfahrungen zu
sammeln, als sie im entsprechenden Alter war. Ihr Wunsch war es
immer, jung zu heiraten, und zwar einen Mann, dessen Vorstellungen sich mit den ihren decken. Der Pferd-Mann scheint ihr
durchaus dazu ausersehen, der Mann ihres Lebens zu werden.

Woran der Pferd-Mann immer denken sollte ist, daß ihr in
ihren Liebesbeziehungen die Präliminarien sehr wichtig sind. Sie
liebt es, wenn die Umgebung stimmt und man sich um sie bemüht
und ihr mit Worten und Gebärden zeigt, daß man sie bewundert,
respektiert, ihr zu Füßen liegt und sie mit Zärtlichkeiten und
Liebe verwöhnen wird, bis ihre Bedürfnisse gestillt sind. Die
Liebe muß immer wieder ein Fest für sie sein.

Einem solchen Paar, dessen Verbindung durch sexuelle Befriedigung zustande kommt, dürften über Jahre hinweg die Rezepte
fürs Glücklichsein nicht ausgehen.

Der Pferd-Mann braucht keine großen Anstrengungen zu unternehmen, um die Tiger-Frau zu halten. Wenn er ganz einfach

nur er selbst bleibt, hat er die allerbesten Aussichten.

Pferd-Mann und Hase-Frau

Wie ist die Hase-Frau wirklich? Sie ist feinsinnig und leichtfüßig, eine Elfe, eine Fee. Aber ebenso wie eine Fee kann sie unversehens verschwinden. Eines Tages kreuzt sie den Weg des Pferd-Mannes. Er ist schön und glanzvoll. Er bemerkt sie, sie folgt ihm. Wird sie ihm ein Leben lang folgen, oder wird sie zwischendurch Seitenwege einschlagen und andere Liebesabenteuer suchen?

Die Hase-Frau weiß ihre Zerbrechlichkeit sehr gut einzusetzen. Wenn der Pferd-Mann ein ruhiger Mensch wäre, dann hätte er sie in der Hand. Dummerweise ist er jedoch heißblütig und phantasievoll; er übertreibt die Ereignisse, dramatisiert sie leicht und macht aus dem geringsten Zwischenfall eine Tragödie. Aber vor allen Dingen fehlt es ihm an Selbstvertrauen. Er weiß, daß eine gewisse Ausstrahlung von ihm ausgeht, aber im Grunde genommen glaubt er nicht, daß er sie verdient. Und so glaubt er, wenn die Hase-Frau unbeständig ist und ihn betrügt, er habe es nicht anders verdient.

In Wirklichkeit hat die Hase-Frau ständig Angst, und am meisten vor dem Alleinsein. Sie hat weder Beständigkeit noch Geduld, aber ein großes Bedürfnis nach Zärtlichkeit und Sicherheit. Gewiß, Zärtlichkeit findet sie beim Pferd-Mann, aber Sicherheit nicht unbedingt, denn die besitzt er ja selbst nicht. Außerdem graust ihr vor Melodramen, der Pferd-Mann aber macht aus allem ein Melodrama. Er muß also, will er sich die Liebe seiner Frau erhalten, ruhiger werden und ihr das geben, was sie braucht, jene Sicherheit, die ihnen beiden fehlt.

Pferd-Mann und Drache-Frau

Wird sich der Pferd-Mann mit seinen Ängsten, seiner Heißblütigkeit, seiner Ausstrahlung und seiner Eleganz mit der Drache-
Frau verstehen?

Schon in ihren jungen Jahren zweifelt die Drache-Frau nicht
daran, daß sie voller Qualitäten steckt und die jungen Männer sie
außergewöhnlich finden. Später wird ihr dann bewußt, daß sie
auf Männer, insbesondere die ihres Alters, eine ungeheure Wirkung ausübt. Sie sieht sich als kleine, lebendige, heiße Flamme,
die, wo immer sie geht und steht, alles erleuchtet und die Menschen völlig verwandelt zurückläßt. Auch wenn sie bemerkt, daß
sich der Pferd-Mann für sie interessiert, geht sie davon aus, daß
sie sein Leben verändern wird. Das wäre richtig, wenn der Pferd-
Mann ein Mensch mit einem geregelten Leben wäre. Aber der
Pferd-Mann hat schon so viele Ungereimtheiten in seinem alltäglichen Leben, daß er vielleicht der einzige ist, den die Drache-
Dame nicht umwirft.

Sie wirft ihn nicht um; und sie bringt auch sein Leben nicht in
Unordnung, aber dennoch verändert sie es gründlich, und zwar
endgültig. Er, der immer bereit war, der Liebe alles zu opfern,
hat nun endlich ein Ziel: der Drache-Frau alles zu Füßen zu legen. Man kann sich denken, daß sie nichts dagegen haben und an
seiner Seite wunschlos glücklich sein wird.

Es gibt Paare, die vollkommen sind. Pferd-Mann und Drache-
Frau gehören dazu.

Pferd-Mann und Schlange-Frau

Wenn der Pferd-Mann die Schlange-Frau kennenlernt, weiß er
sofort, daß es ihn gepackt hat und er soeben seine Freiheit, wenn
nicht sogar seine Identität verloren hat. Er drückt es natürlich
nicht so kraß aus. Es liegt ihm daran, sich noch einen Teil seiner
männlichen Würde zu erhalten; er will die Schlange glauben ma-

chen, er sei es gewesen, der sie erobert habe. Aber sie weiß, wie
es wirklich war.

Die Schlange-Dame ist das bezauberndste Wesen, das die
Schöpfung je zuwege gebracht hat, und dem Pferd-Mann wird
sehr schnell klar, welche Freuden auf sie beide zukommen. Ihm,
dem Unbeständigen, Leidenschaftlichen, Ängstlichen und Unsicheren geht auf, daß er endlich einen Grund hat, innere Sicherheit, Ruhe und Gelassenheit zu finden.

Der Pferd-Mann sollte jedoch wissen, daß die Schlange-Frau
einen kleinen Fehler hat. Sie ist eifersüchtig. Es ist durchaus normal, daß eine liebende Frau fürchtet, man könnte ihr ihren Gefährten wegnehmen, aber muß das denn gleich dazu führen, daß
der sehr kontaktfreudige Pferd-Mann mit keiner anderen Frau
als seiner eigenen reden darf?

Wenn ihr Glück von Dauer sein soll, dann geht das nur, wenn
die Schlange-Frau aufhört, ihre Eifersucht zu zeigen, ja sie sollte
vernünftig genug sein, sie sich völlig abzugewöhnen. Dies um so
mehr, als der Pferd-Mann, wenn man ihm keine Schwierigkeiten
bereitet und wenn zu Hause nicht ständiger Kleinkrieg herrscht,
eine so verführerische Frau wie die Schlange-Frau nicht verlassen
wird.

Pferd-Mann und Pferd-Frau

Beide sind schön, elegant, heißblütig, liebeshungrig und zielstrebig, und sie lieben sich. Ob sie wohl miteinander glücklich sind?

Sie haben dieselben Neigungen, aber das sind weder einfache
noch ruhige Neigungen. Sie werden beide von einer beinahe ra-
senden Leidenschaft aufgewühlt, die sie Liebe nennen. Man kann
zu Recht die Ansicht vertreten, Liebe gebe es nie zuviel, und sie
könnten daher sehr glücklich sein. Doch das geht nicht ohne
Probleme, denn sie haben beide das Bedürfnis nach Sicherheit.
Wenn aber jeder voller Angst steckt und beim andern Beruhigung sucht, dann sind sie beide schlecht dran.

Wer wird dann wen beruhigen? Wenn sie sich beide einen wahrhaften Wettstreit in Angst, Zweifel und Unruhe liefern, können sie nicht mehr länger zusammenbleiben, sonst vernichten sie sich gegenseitig.

Einer von beiden muß stärker, sicherer und ruhiger sein als der andere, so daß er diesen in dessen unbestimmter Unruhe mit ausreichenden Argumenten beschwichtigen kann.

Damit zwei so ähnliche Menschen wie zwei Pferde zusammen glücklich werden können und immer wieder etwas Neues zu entdecken haben, müssen sie unbedingt das Haus voller Kinder haben.

Pferd-Mann und Ziege-Frau

Als er der Ziege-Frau begegnete, erlebte der Pferd-Mann vermutlich das große Staunen seines Lebens. Er hat sich noch nicht wieder von der Überraschung erholt, da sind sie schon verheiratet. Er kann sich nur wundern. Zunächst einmal weil er, der immer voller Angst ist, nicht einmal mehr die Zeit hat, an seine Ängste zu denken; und dann, weil sie seinen Schutz braucht und er nicht gedacht hätte, daß er dieser Aufgabe gewachsen wäre. Das Kuriose an dieser Verbindung ist, daß jeder vom andern die Erlösung vom Alleinsein und außerdem Sicherheit erwartet.

Jeder der beiden Partner dieser Paarkonstellation hat seine eigene Persönlichkeit; und das Paar selbst hat eine eigene, dritte Persönlichkeit, eine seltsame Einheit, die mit ihrer Hochzeit entsteht. Schon am ersten Abend wird das spürbar, und von da an bleibt es dabei. Sie ist gleichzeitig Bindeglied, Basis, Symbol und Schutz.

Man hält die Ziege oft für einen eigennützigen Menschen und sieht in ihrer Heirat die Suche nach einem Aufstieg. Das ist nicht immer der Fall; das Wesentliche für die Ziege-Frau ist Sicherheit, und die kann ihr das Pferd geben.

Pferd-Mann und Affe-Frau

Ein im Jahr des Affen Geborener ist so scharfsinnig, daß man ihn manchmal für einen »Sehenden« hält. Wenn die Affe-Frau sich damit einverstanden erklärt, den Pferd-Mann zu heiraten, ist ihr die ängstliche und zappelige Art des jungen Mannes also absolut nicht unbekannt.

Das Problem des Paares wird darin liegen, daß sie die Dinge in unterschiedlicher Weise beurteilen. Der unlogische, romantische, einfallsreiche und gefühlsbetonte Pferd-Mann wird mit der Affe-Frau eine Frau an seiner Seite haben, die die Logik selbst ist und nichts zulassen wird, was sie nicht erklären kann.

Der außerordentliche Scharfsinn der Affe-Frau ist bei Verhandlungen ganz ohne Zweifel von Nutzen. Aber ansonsten dürfte er wohl dazu führen, daß das alltägliche Leben jeder Poesie beraubt wird und Traum und Phantasie daraus verbannt sind. Und sieht man nicht vor allen Dingen auch die Fehler des Ehegatten zu gut, wenn man mit einem solch perfekten Scharfsinn ausgestattet ist?

Die Lage des Pferd-Mannes wird nicht immer rosig sein. Doch dürfte er in der unerschütterlichen Logik seiner Frau manches finden, womit er seine persönlichen Zweifel bekämpfen kann. Er wird unkompliziert und so direkt wie möglich sein und viel Aufrichtigkeit in seinen Lebensstil legen müssen, um der Spitzfindigkeit seiner Frau keinen Aufhänger zu geben. Und sie darf die Phantasie ihres Mannes nicht mutwillig zerstören. Ihr fehlt es ja auch nicht an Einfallsreichtum, und sie sollte ihren Mann diesbezüglich eher ermuntern. Das wird die poetische Seite ihres Lebens sein.

Pferd-Mann und Hahn-Frau

Die Hahn-Frau ist verrückt nach schönen Kleidern. Seit ihrer frühen Jugend war sie immer von einem Hofstaat verliebter Bewunderer umringt, die sich an ihre Seite drängten und um einen Blick oder ein Wort bettelten. Aber als sie dem Pferd-Mann begegnete, fühlte sie eine unerwartete Erregung. Das imponierende Aussehen und die Eleganz eines Pferdes können in der Tat auch nicht unbemerkt bleiben. Da man selbst nie genau weiß, welche Wirkung man auf andere ausübt, wußte die Hahn-Frau vielleicht gar nicht, daß auch sie bei dem glanzvollen jungen Mann einen starken Eindruck hinterlassen hatte. Er sah in ihr eine außergewöhnliche Frau und fragte sich, ob er wohl ihrer würdig sei.

Die Hahn-Frau, die äußerst mitteilsam und gesellig ist, ist ein zufriedenes und heiteres Wesen mit einem goldenen Charakter, genau das, was der Pferd-Mann, der sich seiner Sache nie sicher ist und immer ein Unheil fürchtet, braucht. Sie wird sein geistiger und vermutlich auch tatsächlicher Halt sein. Sie wird ihm versichern, daß, wenn er in Geldnöte kommen sollte, sie deshalb nicht jammern und ihm Vorwürfe machen, sondern sich auf die Suche nach einer Beschäftigung machen werde, die gut genug sei, um ihr zuzusagen, und gut genug bezahlt, um ihr gemeinsames Einkommen aufzubessern.

Eine Schwierigkeit, die unter Umständen nicht sofort zutage tritt, ist die nicht immer ganz zweifelsfreie Treue der Hahn-Frau. Sie sollte sich vor sich selbst in acht nehmen, wenn sie kein Drama heraufbeschwören will. Denn der Pferd-Mann nimmt diese Dinge nicht so leicht.

In dieser Paarkonstellation ruht alles auf den Schultern der Hahn-Frau, zumindest solange noch keine Kinder da sind.

Pferd-Mann und Hund-Frau

Wenn diese beiden ihre Gefühle füreinander entdecken, schlagen ihre Herzen im gleichen Takt.

Der jungen Hund-Frau, die dabei ist, das Leben zu entdecken, mangelt es nicht an Charme. Sie regt sich schnell auf und hat daher Verständnis für den Pferd-Mann, der wie sie immer in innerem Aufruhr ist und wegen der kleinsten Kleinigkeit zu zittern beginnt. Sie ist pessimistisch; er lebt in ständiger Angst und Unsicherheit.

Doch die Liebe verändert den Menschen. Und vielleicht sehen die beiden das Leben anders, wenn sie ineinander verliebt sind. Sind ihre Ängste erst einmal bewältigt, so wird ihre Ehe sehr friedlich verlaufen, und sie werden andere Dinge zu tun haben, als über eventuelle Befürchtungen nachzubrüten.

Die Hund-Frau ist vor allen Dingen von vollendeter Treue; und mehr will der Pferd-Mann ja gar nicht, denn die Gewißheit, aufrichtig und für ein ganzes Leben geliebt zu werden, gibt ihm Kraft und Ruhe. Er seinerseits muß wiederum die Hund-Frau beschwichtigen, die sich außerdem bemüht, die Tragik des Lebens zu vergessen, indem sie Kinder zur Welt bringt. Dank der aufrichtigen Liebe, die sie sich entgegenbringen, finden sie den inneren Halt, den sie schon immer suchten.

Pferd-Mann und Schwein-Frau

Man trifft nur wenige Menschen, die das Leben so lieben wie die Schwein-Frau. Das Leben und die Liebe, Zärtlichkeit und Freundlichkeit, Liebenswürdigkeit und Zuneigung, Liebesleidenschaft und Sexualität. Es fehlt ihr weder an Energie noch an Durchsetzungsvermögen. Auch an Willenskraft fehlt es ihr nicht. Und sie wird vom Pferd-Mann alles erwarten, denn er hat von sich aus ihre Nähe gesucht.

Der im allgemeinen nervöse und sehr leicht zu erschütternde Pferd-Mann bringt seine Zeit damit zu, sich zu fragen, ob er gefällt und ob er das Richtige tut, um sein Glück zu festigen. Diese Frage stellt er sich schon während der Schulzeit, später im Beruf, bei seinen Freizeitbeschäftigungen und in der Liebe. Nichts gibt ihm Sicherheit, er hat immer Angst, alles werde schiefgehen.

Die Schwein-Frau fragt ihn geschickt und sehr liebevoll aus und versteht schließlich, warum er immer so aufgeregt ist. Insgeheim nimmt sie sich vor, ihn zu beruhigen und aufzuheitern. Und wie alle verliebten Frauen setzt sie ihren Plan auch in die Tat um. Sie bietet alle Reize einer hübschen Frau auf, greift zu den Waffen und geht in Feuerstellung. Es beginnt ein sehr liebenswerter Zweikampf, der ihr die Liebe bringt, von der sie träumt, und ihm die Sicherheit, die er braucht, um seinen wirklichen Platz im Leben zu bestimmen und zu finden.

Die Ziege und ihr Eheglück

Ziege-Mann und Ratte-Frau

Die Ratte-Frau ist ein lebhaftes und exaktes Persönchen, das sich keinerlei Illusionen macht und nicht die Absicht hat, das eigene Leben auf einer romantischen Idee aufzubauen. Sie hält sich für mittelmäßig und relativ unbedeutend. In Wirklichkeit ist sie jedoch schnell und geschickt; sie hat einen offenen Geist und verfügt über eine realistische Sicht der Dinge. In dem Moment, da sie dem Ziege-Mann begegnet, sagt ihr etwas, daß sie ihn lieben wird, und sie tut ihr mögliches, um von ihm wiedergeliebt zu werden. Das gelingt ihr auch, denn sie ist charmant und stellt keine Ansprüche.

Ihre erste Fühlungnahme verläuft bestimmt nicht unbefriedigend. Sie mag sein Feingefühl; und er weiß instinktiv, was man einer Frau sagen muß, damit sie sich nicht gegen die Liebe sträubt.

Muß eine erste Unterhaltung aber bereits zwangsläufig der Beginn eines langen gemeinsamen Lebens sein? Ganz sicher nicht. Die Ratte-Frau ist zufrieden, der Ziege-Mann fühlt sich geschmeichelt. Aber in Wirklichkeit sind sie nicht dafür geschaffen, sich zu verstehen; er ist zu versponnen, sie hat zuviel Sinn für Praktisches. Sie werden angenehme Augenblicke miteinander verbringen, und dann wird jeder wieder seines Weges gehen.

Sollten sie unbedingt zusammenbleiben wollen und heiraten, so
wird es oft Streit geben, und die Ratte-Frau wird es gegenüber
dem Ziege-Mann an Kritik nicht fehlen lassen.

Ziege-Mann und Büffel-Frau

Die Büffel-Frau ist eine ernsthafte, langsame, überlegte und sehr
ausgeglichene Frau. Wenn sie über ihre Zukunft nachdenkt,
dann steht für sie bereits prinzipiell fest, daß sie keinesfalls einen
Mann heiraten will, der ihr zu ähnlich oder zu ernsthaft ist. So
löst der Ziege-Mann bei ihr einfach Verwunderung aus. Auf ihn
treffen ihre Vorbehalte bestimmt nicht zu. Er ist nicht der Mann,
mit dem sie Kinder bekommen wird, mit denen man Jahr für Jahr
in den Ferien ans Meer fährt, immer zur gleichen Zeit und immer
an denselben Strand. Der Ziege-Mann ist genau das Gegenteil
dessen, was sie so fürchtete.

Sie ist mit all seinen Plänen einverstanden. Und wenn er einmal ihre Hilfe braucht, so wird sie ganz für ihn dasein. Sie wird
auf seine Zeiteinteilung achten, auf seinen Schlaf, auf seine Gesundheit, sein Haus in bester Ordnung halten und ihm Stunden
der Entspannung und der Ruhe sichern. Sie wird seinen Optimis-
mus wachhalten und sich wunderbare Erholungspausen für ihn
ausdenken. Sie wird sparsam sein, wenn es sein muß, und kokett,
wenn er es will; sie wird zu allem bereit sein, solange er charmant, fröhlich, unbekümmert und romantisch ist. Stolz und
glücklich wird sie ihn ihren Freundinnen präsentieren, und diese
werden sie beneiden.

Ziege-Mann und Tiger-Frau

Die junge Tiger-Frau ist eine sehr auffallende Erscheinung. Sie
ist schön, hat ein gekonntes Auftreten und eine Art, sich zu bewegen, die die Aufmerksamkeit der Männer auf sich zieht und fes-

selt. Sie ist das, was man eine »blendende Erscheinung« nennt. Und der Ziege-Mann, der nicht umhin kann, sie zu bemerken, würde dieses wunderbare Geschöpf sehr gerne für sich allein besitzen.

Wenn er nicht so unbekümmert wäre, dann würde sich der Ziege-Mann vermutlich fragen, wie es ihm wohl gelungen ist, die Aufmerksamkeit einer so glanzvollen Frau auf sich zu ziehen. Und er würde feststellen, daß auch er Qualitäten besitzt, die eine Frau glücklich machen können, die in der Liebe nichts auslassen will. Er ist nicht langweilig, und er versteht es, alles mit unnachahmlichem Charme auszudrücken. Er hat alles, was gefällt, und er nimmt diese Festung, die nur darauf wartet, gestürmt zu werden, mit Leichtigkeit ein.

Was das materielle Leben angeht, so gibt es mit einer Tiger-Frau keine Probleme; sie hat immer eine Beschäftigung in Reserve, mit der sie ihren Teil zum Haushaltsbudget beitragen kann, und will sich nicht von der kleinlichen Frage nach Geld daran hindern lassen, einen so charmanten jungen Mann zu heiraten. Sie tut gerne kund, daß sie ihre Unabhängigkeit braucht, aber andererseits weiß sie auch, daß das Glück ein kostbares Geschenk ist, für das kein Verzicht zu groß ist.

Sie wird ihren Mann nicht bitten, ihre materielle Lage zu verbessern; sie wird mit seiner Liebe zufrieden sein, und wenn er ihr schöne Kleider schenkt, wird das Glück für sie grenzenlos sein.

Ziege-Mann und Hase-Frau

Was der Hase-Frau am Ziege-Mann gefällt, ist, daß ihm jegliche Art von Logik völlig abgeht. Sein Leben wird beherrscht von Gefühlen und Sexualität. Fröhlich und leichtlebig kommt er als Fremder in die Realität hereinspaziert, und man fragt sich, was er da eigentlich will. Die Hase-Frau jedoch ist überzeugt, er sei nur ihretwegen gekommen, um sie zu lehren, was Liebe ist. Und er ist ein ausgezeichneter Lehrmeister.

Wer von den beiden ist nun dem grauen Alltag besser gewachsen? Keiner. Es braucht schon die ganze innere Stärke der Hase-Frau, um sie von Zeit zu Zeit zu konkreteren Beschäftigungen zu bewegen als denen, die die Liebe bietet. Sie weiß, daß man zuweilen aufstehen, sich waschen, essen und zur Arbeit gehen muß, um etwas nach Hause zu bringen, wovon man leben kann.

So seltsam das auch erscheinen mag: Der Ziege-Mann sucht in der Ehe Schutz. Er will sich in dieser großen und harten Welt nicht alleingelassen fühlen, ohne jeglichen Halt. Die Hase-Frau übernimmt also diese Rolle. Sie ist dazu gerne bereit, denn sie hat schnell begriffen, daß der Ziege-Mann zwar ein zauberhaftes und magisches Wesen ist, das einem viel Freude bringt, aber kein Finanzier.

Er seinerseits scheint der Auffassung zu sein, daß seine Hauptaufgabe darin besteht, der Hase-Frau herrliche Liebesnächte zu bereiten. Was kann sich eine Frau mehr wünschen? Geld vielleicht? Wozu denn? Der Ziege-Mann kommt mit wenig aus; er ist dünn, ja dürr und hat kaum Bedürfnisse. Für ihn gibt es kein höheres Glück, als sich das Leben nicht unnötig kompliziert zu machen.

Wenn die Hase-Frau dies alles akzeptiert, werden sie ein lustiges, versponnenes, fröhliches und verliebtes Paar werden.

Ziege-Mann und Drache-Frau

Die Drache-Frau betrachtet sich als einen Menschen voll überraschendster und sensationellster Qualitäten. In den Blicken der Jungen und später der Männer liest sie, welche Wirkung sie auf diese hat: eine keineswegs alltägliche Wirkung.

Wenn sie in das Leben des Ziege-Mannes tritt, herrscht zunächst große Verwirrung, alles gerät durcheinander und aus den Fugen; dann zieht die Liebe ein. Der Ziege-Mann ist lange erstaunt über seine Eroberung. Diese so außergewöhnliche Frau verwirrt ihn so sehr, daß er sich gar nicht überlegt, auf was er

sich eigentlich einläßt, wenn er sie zur Frau nimmt. Dann nämlich wird er nicht nur für ihr tägliches Auskommen, sondern für
noch ein wenig mehr als das zu sorgen haben. Um diesen Verpflichtungen gerecht zu werden, ohne zu wanken, muß der
Ziege-Mann schon sehr verliebt sein, denn die Drache-Frau ist
kostspielig.

Für ihn beginnt nun ein Leben voll Mühsal. Das Beste, was er
tun kann, um seine Lage zu verbessern, ist es, ein größeres Kapi-
tal anzuhäufen, mit dessen Hilfe er sich selbständig machen
kann, so daß er keinen Vorgesetzten über sich hat. Ohne ein Gefühl des Zwangs wird er nämlich wesentlich mehr leisten, und
wenn er es geschickt anstellt, gelangt er auf diese Weise zu
Wohlstand und vielleicht gar zu dem Reichtum, den er seiner
wundervollen Frau gerne bieten möchte. Das ist der Preis für
eine glückliche Ehe mit der Drache-Frau.

Die Drache-Frau ihrerseits wird dem Ziege-Mann ihren Glanz
und ihre Pracht bringen; sie wird seinen Freunden eine gute
Gastgeberin sein und sich bemühen, sein Leben so zu gestalten,
daß es beiden gefällt.

Ziege-Mann und Schlange-Frau

Von der Schlange-Frau heißt es, sie habe soviel Charme und sei
so verführerisch, wie man es sich nur erträumen könne. Ihr Geba-
ren und ihre Geisteshaltung zeigen ganz deutlich, daß sie den
Wunsch hat zu gefallen. Jeder bemerkt das, außer dem Ziege-
Mann. Denn er hat sich sofort in sie verliebt. Er ist entschlossen,
ihr alles, was er besitzt, und auch sich selbst ganz und gar zu Füßen zu legen.

Die Schlange-Frau ihrerseits wird versuchen, seine Aufmerksamkeit auf sich zu lenken, ohne zu ahnen, daß er bereits Feuer
gefangen hat. Er liebt die Schlange-Frau in seiner tanzenden,
fröhlichen und leichten Art, während er doch sonst derjenige ist,
der sich lieben läßt.

Die Schwierigkeiten entstehen, wenn für das Paar das praktische Leben beginnt. Sie lieben sich und werden sich lieben; doch
der Ziege-Mann hat nicht den geringsten Sinn für die praktischen Alltagsnotwendigkeiten, die nun einmal unumgänglich
sind. Zum Glück besitzt die Schlange-Frau gesunden Menschenverstand. Sollte der Ziege-Mann Hilfe brauchen, dann wird er sie
von ihr bekommen. Sie achtet auf seine berufliche Stellung, ist
für ihn Sekretärin, Buchhalterin, vielleicht sogar Chauffeur. Sie
sorgt für eine regelmäßige Zeiteinteilung und regelmäßige Mahlzeiten und kümmert sich um seine Geldangelegenheiten. Wenn
er krank ist, pflegt sie ihn, und wenn der Tag zu Ende geht, ist
sie bereit, ihn zu zerstreuen, mit ihm auszugehen und ihn zu lieben. Kurz, sie übernimmt die Rolle der perfekten Ehefrau. Solange sie dessen nicht müde wird, wird die Verbindung zwischen
den beiden halten, und sie werden glücklich sein. Sollte es jedoch
einmal anders kommen, so hat sich – hoffentlich – die Gewohnheit des Zusammenlebens bereits eingespielt.

Ziege-Mann und Pferd-Frau

Mit dem Ziege-Mann ist es immer dasselbe. Er verliebt sich, heiratet, und dann ist er nicht in der Lage, die Aufgaben eines Fami-
lienvorstandes wahrzunehmen. Er macht sich nicht klar, daß in
den meisten Fällen dem Mann in einem Haushalt die Sorge für
das Auskommen der Familie zukommt. Man sieht ihm diesen
Fehler nach, weil er charmant und sehr liebenswürdig ist. Aber
die junge Frau, die in einem Moment des Taumels beschließt, ihr
Leben mit dem des Ziege-Mannes zu vereinen, muß damit einverstanden sein, dann auch die Verantwortung des Familienvor-
standes zu übernehmen.

Es liegt in der Natur des Ziege-Mannes, von seiner Frau materielle Unterstützung zu erwarten. Es geht dabei keineswegs nur
um Geld. So etwas würde er nicht tun. Aber im praktischen Leben ist er überhaupt keine Hilfe, und für die Pferd-Frau ist es, als

sei sie ganz allein im Haus. Außerdem muß sie sich um den Ziege-Mann, seinen Lebensunterhalt, seine Mahlzeiten, den Terminplan und dergleichen Dinge mehr kümmern. Unter Umständen besteht die Hauptbeschäftigung der Pferd-Frau für einige Zeit darin auszutüfteln, wie sie das alles unter einen Hut bekommen kann. Das war weder im Ehevertrag noch im Gesetz noch in den Gelübden vorgesehen, die man sich in der Kirche gab. Aber heißt es während der Trauungszeremonie nicht: »In guten wie in schlechten Tagen«?

Der Ziege-Mann ist so liebenswürdig, daß man es nie bedauert, wenn man etwas für ihn tut. Die Pferd-Frau darf in ihrer Umgebung nur niemandem erzählen, wie ihre Ehe in Wirklichkeit aussieht, und so wird es niemand bemerken. Sobald sie davon spricht, wird sie ständig aufgestachelt werden, ihrem Mann Vorwürfe zu machen; das aber kann alles zunichte machen, und die Ehe, die in Liebe und Wonne begonnen hat, wird unter solchen Umständen zur täglichen Hölle werden.

Ziege-Mann und Ziege-Frau

Wenn sich diese beiden jungen Leute zum erstenmal begegnen, haben sie keine große Mühe, sich gegenseitig richtig einzuschätzen. Sie sehen sofort, daß sie vom gleichen Schlag sind, beide kapriziöse Phantasten und Künstler, einfach Menschen, die sich nicht zu eng in das »System« einzwängen lassen wollen.

Man braucht nicht danach zu fragen, wer hier wohl die Entscheidungen treffen und wer die Rolle des Familienoberhauptes wahrnehmen wird. Denn keiner von beiden wird es tun. Nicht aus Überzeugung, sondern weil sie sich einfach lieber dahintreiben lassen, recht und schlecht durchs Leben schlendern und Unangenehmes auf den nächsten Tag verschieben. Sie werden ein lustiges und ungewöhnliches Paar sein, eben ein Künstlerpaar.

Möglicherweise sind sie hellsichtiger, als wir sie hier beschreiben. Wenn es notwendig wird, kann die Ziege-Frau sich als durchaus tähig erweisen, ein eigenes Unternehmen auf die Beine zu stellen, das gut läuft und nicht unbeträchtlichen Gewinn abwirft. Was die beiden charakterisiert, ist, daß es ihnen ganz offensichtlich völlig an Methode und Regelmäßigkeit fehlt und sie die Angewohnheit haben, ständig zu jammern und verstimmt zu sein.

Ihre Kinder werden ein traumhaftes Leben haben, weil sie nicht streng beaufsichtigt werden. So werden sie erhebende Momente erleben.

Ziege-Mann und Affe-Frau

Der Ziege-Mann übertrifft die Affe-Frau vermutlich noch an Phantastereien und Sprunghaftigkeit. Für sie, die Hellsichtige, ist diese Ehe keine Ehe wie jede andere. Das wird ihr sehr schnell klar. Logisch wie sie ist, wird sie es angesichts der unlogischen Denkweise des Ziege-Mannes schwer haben zu vermeiden, daß schon in den ersten Tagen ihres gemeinsamen Lebens Meinungsverschiedenheiten entstehen. Sie sind nie derselben Meinung. Zum Glück ist die Frau des Hauses hellsichtig und logisch; sie wird sich bewähren; sie wird die nötigen Einkäufe besorgen und immer und zu allem eine sehr einsichtige Meinung abgeben.

Vielleicht wird der Ziege-Mann an den Tagen, da er schlecht gelaunt ist, dazu neigen, seiner Frau ihre übermäßige Hellsichtigkeit vorzuwerfen, sein Recht auf Irrtum zu verteidigen und ihr zu sagen, es gehe ihm auf die Nerven, ständig von diesem ein wenig zu scharfsichtigen Blick abgeschätzt zu werden.

In Wirklichkeit sucht der Ziege-Mann in der Ehe einen Schutz. Denn die im Jahr der Ziege Geborenen zweifeln so sehr an sich selbst, daß sie das Bedürfnis haben, beschützt zu werden. Eigentlich ist es die Regel, daß in einem Paar der Mann die Frau beschützt. Hier dürfte es umgekehrt sein. Das kann für den Ziege-Mann vielleicht manchmal peinlich und unter Umständen zum uneingestandenen Grund für kleine Streitereien werden.

Ziege-Mann und Hahn-Frau

Der Ziege-Mann, der eine Künstlernatur ist, ist von der Aufmachung der Hahn-Frau geblendet. Sie kleidet sich mit ungezwungener und dennoch erfreulich anzusehender Eleganz. Wenn er ihr seine Liebe gesteht, freut sie sich, daß er sich für sie entschieden hat. Er ist ihr sympathisch, und sie hat das Gefühl, daß sie sich in ihn verlieben kann.

Die Hahn-Frau ist äußerst mitteilsam und gesellig, und der Ziege-Mann, der das Alleinsein ebenfalls nicht liebt, wird mit ihr zusammen an der Gesellschaft vieler Freunde Gefallen finden. Sie ist sehr charakterfest, weiß sich ihrer Hände zu bedienen und ist sehr dienstbereit. Im Haus kümmert sie sich um die ganze Organisation und die anfallenden Arbeiten. Ihr Geschick ist für den Ziege-Mann eine Beruhigung.

Wenn das Haushaltsbudget ein wenig knapp ist, so macht es ihr nichts aus, sich eine Arbeit zu suchen, und sie bleibt nie in einer untergeordneten Position stecken; in dem Moment, da sie beschließt zu arbeiten, beginnt für sie eine Karriere. Sie sieht zu, daß sie eine Arbeit bekommt, die es ihr erlaubt, elegant auszusehen, und die gut genug bezahlt ist, um zur Deckung der Haushaltskosten beizutragen.

Der Besuch der Freundesscharen in ihrem Haus wird nun vielleicht seltener werden, da die Hahn-Frau tagsüber nicht da ist, um alles vorzubereiten. Aber dafür können sie sich mehr leisten, und die Geldsorgen sind verflogen. Der Ziege-Mann muß es hinnehmen, sonst droht ihm der Mißmut seiner Frau.

Ziege-Mann und Hund-Frau

Was den Ziege-Mann charakterisiert, ist ein Zug, den auch die Ziege-Frau besitzt, der aber bei einer Frau weniger auffällt, und zwar das Bedürfnis, beschützt zu werden. Wie könnte eine zarte, launenhafte und sensible Ziege-Frau mit empfindsamem Gemüt auch kein Bedürfnis nach Geborgenheit haben? Man findet das nur natürlich. Wenn der Ziege-Mann jedoch dasselbe Bedürfnis an den Tag legt, dann wird er belächelt. Die Frage ist, was für eine Frau für ihn in Frage kommt, die ihn beschützt. Vielleicht eine Polizistin oder eine Amazone? Das würde ihm wohl kaum behagen.

Um einen Mann zu beschützen, dürfte es ausreichen, ihm vor Augen zu führen, daß er genauso wie seine Mitmenschen in der Lage ist, sich zu verteidigen. Die Hund-Frau, obwohl sehr ängstlich, wird diese Rolle sehr gut spielen.

Im Zusammenleben mit der Hund-Frau findet der Ziege-Mann Friede und ein ungetrübtes Dasein. Sie ist vor allen Dingen treu. Und vielleicht hat ihm gerade die Nähe eines so treuen Wesens gefehlt.

Die Hund-Frau ist ohne Zweifel nicht von außergewöhnlicher Schönheit, aber sie kann sich in der Eintönigkeit des Alltagslebens als interessant und amüsant erweisen. Und sie ist eine ausgezeichnete Hausfrau; sie verwaltet seine Finanzen und gibt ihrem Zuhause Gemütlichkeit und Wärme; mit ihren Kindern geht sie sanft und mütterlich um.

Der Ziege-Mann wird endgültig beruhigt sein, und die Hund-Frau wird um sich herum das finden und verbreiten, was wir uns alle wünschen, nämlich Glück.

Ziege-Mann und Schwein-Frau

Niemand liebt das Leben mehr als die Schwein-Frau. Und sie liebt die Liebe und jegliche Äußerung von Zuneigung und Zärtlichkeit. Sie ist eine leidenschaftliche Frau und wartet mit brennender Ungeduld auf denjenigen, der ihr das Glück bescheren wird.

Wenn sie dem Ziege-Mann begegnet, setzt sie auf diese Beziehung die größten Hoffnungen, sie schwelgt in Träumen und Illusionen. Der Ziege-Mann ist wirklich bezaubernd. In ihm hat sie jemanden gefunden, der in und mit seinen Empfindungen lebt, der sich von seinen Gefühlen und Launen leiten läßt. Die Schwein-Frau sieht ihren Traum in Erfüllung gehen: ein erfülltes Zusammenleben, frei von Zwängen, das wunderbare Glück der Liebe.

Schon bald bemerkt sie jedoch, daß der Ziege-Mann das Bedürfnis nach Geborgenheit hat; das tut seiner Männlichkeit keinen Abbruch, er ist nun einmal so, und er hat diese Sicherheit immer in der Ehe gesucht. Sobald ihr das klar geworden ist, nimmt die Schwein-Frau, weit davon entfernt, sich entmutigen zu lassen und sich verletzt zu fühlen, die Dinge in die Hand. Dazu fehlt es ihr weder an Energie noch an den entsprechenden Fähigkeiten. Sie beginnt damit, daß sie im Haus und in allen Familienangelegenheiten das Regiment übernimmt, mit aller Energie, die dazu notwendig ist. Dann bemüht sie sich, dem Ziege-Mann mehr Selbstvertrauen zu geben. Schon bald erscheint es ihr natürlich und normal, ihrem Mann zu helfen. Und wann immer den Ziege-Mann die Angst befällt, findet er seine Frau mit ihrer ganzen Klugheit und Liebe an seiner Seite.

Wenn sie Kinder haben, dann ist alles in bester Ordnung. Der Ziege-Mann wird für sie zum Familienvater, und sie bewundern ihn. So wird er von seinen Ängsten völlig geheilt.

Der Affe und sein Eheglück

Affe-Mann und Ratte-Frau

Wenn auch die Menschen nur selten Ähnlichkeit mit den Tieren haben, durch die sie im chinesischen Tierkreis symbolisiert werden, so fühlt sich die Ratte selbst in physischer Hinsicht doch so, wie wir uns ihr Totemtier vorstellen: klein, grau und unscheinbar. Dabei ist sie sowohl in dem, was sie tut, als auch in dem, was sie denkt, lebendig und präzise. Sie hält sich zwar für unbedeu-

tend und glanzlos, in Wirklichkeit hat sie jedoch Herz und einen
sehr wachen, offenen und lebendigen Geist; sie ist im allgemeinen intelligent und sieht die Dinge realistisch. Sich selbst beurteilt
sie bisweilen zu streng; dann aber hat sie auch wieder das Gefühl,
voller Grazie und Leben zu sein, und rechnet fest damit zu gefallen.

Wenn sie den Affe-Mann kennenlernt, versucht sie instinktiv,
sich von ihrer besten Seite zu zeigen, denn dieser junge Mann
voller Lebendigkeit und voller lustiger Ideen amüsiert sie und gefällt ihr. Sie ist feinsinnig genug, um ihn zu erobern. Ihre erste
Fühlungnahme dürfte im allgemeinen nicht unbefriedigend verlaufen, es sei denn, der Affe ist zu neckisch und zu spöttisch.
Aber er ist jung, er fühlt, daß er der Liebe begegnen kann, und so
ist er vergnügt, einfach und liebenswert.

Es hat den Anschein, als habe die Ratte-Frau die Entscheidung
in der Hand, denn sie ist zwar zurückhaltender, aber auch realistischer, konkreter und entschlossener als der Affe-Mann. Die erste Unterhaltung mit ihm gefällt ihr. Sie ist zufrieden und denkt,
er müsse es auch sein und sie um ein Wiedersehen bitten. Das zu
erreichen, läßt sie sich etwas kosten; sie gibt sich den Anschein,
als denke sie nicht eine Sekunde lang an die Zukunft. Sie hat
nichts gegen seine Scherze, die – so sagt sie sich – ihrer beider
Leben aufheitern werden. Doch sie denkt bereits an die Heirat,
während der von Natur aus unbesonnene Affe-Mann immer
noch einfach nur die Annehmlichkeit des Augenblicks genießt.

Affe-Mann und Büffel-Frau

Der Affe-Mann, der noch mehr als ein romantischer Liebhaber
ein feinsinniger und hellsichtiger junger Mann ist, heiratet die
Büffel-Frau in jungen Jahren oder nie. Das bedeutet, daß lange
Jahre gemeinsamen Lebens, also der Geduld und der Scheuklap-
pen vor ihm liegen, die ihn daran hindern sollen, sich von den
Abenteuern, die sich ihm unweigerlich bieten werden, verleiten

zu lassen. Er heiratet also im allgemeinen schon früh, und böse
Zungen sagen von ihm, er tue es zu einer Zeit, in der er noch
nicht jene Hellsichtigkeit besitze, die man ihm normalerweise
nachsagt; andernfalls würde er nicht heiraten. Lassen wir die
Neider reden, und bewundern wir dieses Paar.

Der Affe ist zwar nicht von Natur aus treu, aber aus Liebe und
vielleicht auch aus Bequemlichkeit wird er es und bleibt es oft
auch. Die beiden werden Kinder haben, und der Vater wird sie
sehr lieben, denn es liegt in seiner Natur, junge Menschen zu lieben. Vor allen Dingen liebt er es, sie das zu lehren, was er weiß,
um ihnen Fehler zu ersparen, kurz, sie aufzuziehen.

Für die Büffel-Frau ist weniger das Gefühl als die Sexualität
vorherrschend; sie liebt sexuell, bevor sie mit dem Herzen liebt
und noch lange bevor sie mit dem Verstand liebt. Auf ihren Affe-
Ehemann macht sie manchmal einen leicht zerstreuten Eindruck,
denn sie vergißt Festtage und Geburtstage, aber sie ist dennoch
eine gute Ehefrau, die jederzeit stürmisch und freudig auf die
Annäherungsversuche ihres Mannes eingeht. Sie ist die Säule
eines Heims voller Vergnüglichkeit und Phantasie, das der Affe-
Mann mit Leben erfüllt. Sie müßten eigentlich wunschlos glücklich sein. Doch wer sagt, daß sie das nicht sind?

Affe-Mann und Tiger-Frau

Man kann sich die Überraschung vorstellen, die das ungewöhnli-
che Verhalten des Affe-Mannes bei der Tiger-Frau auslöst. Er ist
nicht von ihr beeindruckt, wie es im allgemeinen diejenigen sind,
die ihr in ihrer ganzen Herrlichkeit, in ihrem Kreis von Bewunderern und Anbetern begegnen, ihr, die von allen seit ihrer zarte-
sten Kindheit darin bestärkt wurde, daß sie sehr schön und etwas
Besonderes sei. Und das ist richtig. Inmitten der anderen jungen
Mädchen ihres Alters »leuchtet sie wie der Mond inmitten der
Sterne«.

Als erwachsene Frau wird die Tiger-Frau zu einer blendend

schönen Erscheinung. Manche Frauen sind so, und sie versteht es besser als alle andern, sich als »Star« zu geben. Ihre Art zu gehen, ihre Stimme, ihre Ausdrucksweise, ihre Blicke, ihre Frisur, ihre Hände, alles zeigt, daß sie sich selbst über die andern stellt. Sie hat jenen Charme und jene Aura, die manche Frauen so gut zu verbreiten wissen. Der Affe-Mann ist schlicht geblendet.

Was ihr gemeinsames Leben betrifft, so stellt die Tiger-Frau keinerlei Fragen. Sie ist klug und geschickt genug, um immer eine Beschäftigung zu finden, die es ihr ermöglicht, das Haushaltsbudget aufzubessern. Geldverlegenheiten sind ihr äußerst unangenehm, und sie verbirgt ihr Bedürfnis nach Unabhängigkeit nicht, was vielleicht jeden andern, nicht aber den Affe-Mann aus der Ruhe bringt. Er weiß, daß er die Tiger-Frau bei sich halten kann, solange er ihr das Gefühl läßt, sie sei frei und er halte sie nicht. Eine »Tigerin« läßt sich nicht einsperren. Und so sagt er ihr, ganz im Gegenteil, sie sei an seiner Seite frei, und er bleibe ebenso frei. Und ihre Treue versetzt alle Welt in Erstaunen!

Affe-Mann und Hase-Frau

Da die Hasen von Natur aus leichtlebiger, sorgloser, unlogischer und weniger hellsichtig sind als die Affen, wird es ausreichen, wenn die Hase-Frau die angesichts männlicher Autorität zurückhaltende und bescheidene Frau spielt, so daß Außenstehende zu dem Schluß gelangen, der Mann dominiere.

Sie ist leichtlebig, er ist intelligent; sie hat nur ein Minimum an Methode, er ist klarsichtig; sie kann sich auch zu etwas zwingen, was ihr eigentlich mißfällt, er gibt lieber Befehle, als daß er sie entgegennimmt.

Das erste Problem, das sich bei ihrem Zusammensein stellt, ist gleich ein grundlegendes: Die Hellsichtigkeit des Affe-Mannes wird der Hase-Frau keinerlei Freiheit lassen. Wie aber kann die Liebe unter solchen Voraussetzungen von Dauer sein?

Um sich gut zu verstehen, haben sie keine andere Möglichkeit, als sich gegenseitig genau kennenzulernen und sich so zu akzeptieren, wie sie sind. Wenn die Hellsichtigkeit des Affe-Mannes ihm seine Frau so zeigt, wie sie ist, dann wird ihm dieselbe Hellsichtigkeit auch sagen, sie sei nicht schlechter als andere. Warum sollte er eine Ehe aufgeben, um anderswo dieselben Mißlichkeiten zu finden? Wenn er seine Frau verläßt, dann allenfalls, um allein zu bleiben.

Wenn die Hase-Frau bemerkt, daß ihr Mann ungeduldig wird, kann sie ihm eine Ecke lassen, in der er mit seinen persönlichen Beschäftigungen für sich allein ist; oder ihn einfach, wenn er das Bedürfnis danach hat, einige Zeit lang seine Späße und seine Hellsichtigkeit anderswo zum besten geben lassen. Danach werden sie wieder zusammenfinden und zufrieden sein.

Affe-Mann und Drache-Frau

Der Geist der Drache-Frau ist offen genug, um vor einer endgültigen Bindung gemachte Erfahrungen zu akzeptieren, und sie entpuppt sich in der Kunst der Eroberung als wahre Meisterin. Sie wird den Affe-Mann verführen, aber wird er sie danach heiraten? Wahrscheinlich, wenn er jung ist. Später wird er nicht mehr heiraten, ganz einfach weil er, wie wir schon bemerkt haben, dann zu scharfsinnig dazu ist. Solange er jung ist, ist ihm seine hohe Auffassungsgabe noch nicht ausreichend bewußt. Seine Entscheidung wird durch einen physischen Drang diktiert, den man den »Ruf des Geschlechts« nennt. Und so heiratet er die Drache-Frau.

Der Affe-Mann ist keine treue Natur; er kann seiner Frau ein großes Gefühl der Liebe entgegenbringen und sie gleichzeitig mit jungen Mädchen betrügen, die ihr nicht das Wasser reichen können, ihn aber amüsieren. Das wird nicht lange dauern, wenn sich die Drache-Frau die Mühe macht, einige Vergnügungen zu erfinden, um ihren Mann zurückzuhalten. Entweder tut sie dies, oder aber sie zieht es vor, sich ihrerseits anderweitig umzusehen.

Nicht lange, und es wird sich ein Überdruß einstellen, der die Untreue schwieriger macht als die Treue; wenn es die Drache-Frau richtig angestellt hat, bleibt der Affe-Mann schließlich am heimischen Herd. Das wird auch sie dann tun, obgleich sie Hausarbeiten nicht sonderlich mag.

Die beiden werden Kinder haben, denn der Affe-Mann hat Kinder sehr gern, und er wird ihnen ein ausgezeichneter Vater sein. Es liegt in seiner Natur, junge Menschen zu lieben, und insbesondere gibt er gern an sie weiter, was er weiß.

Bei der Drache-Frau wird die Sexualität ein wenig gegenüber den Gefühlen überwiegen, und sie wird den Vater ihrer Kinder üppig für die Mühe entschädigen, die er sich mit ihnen gibt!

Zu guter Letzt werden sie ein fröhliches Heim voller Lachen haben.

Affe-Mann und Schlange-Frau

Eine Beziehung zwischen einer Schlange-Frau und einem Affe-Mann ist ausgewogen und gestaltet sich in herkömmlicher Weise. Die Schlange-Frau ist klug und feinsinnig, der Affe-Mann ist hellsichtig und pfiffig.

Angesichts dieser Übereinstimmung wird die Schlange-Frau als kluge Frau handeln und dem Affe-Mann nach außen hin die Führung überlassen. Sie könnte seine Entscheidungen akzeptieren und dabei betonen, daß sie sich nicht unterwerfe, sondern der gleichen Meinung sei. Doch das wäre ungeschickt. Am besten ist es, sie akzeptiert seine Entscheidungen und erklärt sogar, er sei voll gesunden Menschenverstandes und wisse sehr viel. So beschert sie beiden ein ungetrübteres Dasein. Das hat nichts mit Männerherrschaft zu tun, sondern einfach mit Besonnenheit und gesundem Menschenverstand.

Beide Zeichen eignen sich für ein Familienleben. Sie finden in ihrer Liebesbeziehung einen angenehmen Einklang, und des öfteren beenden sie einen Wortwechsel mit diesem körperlichen Einklang, nach dem jeder bereit ist, dem andern recht zu geben. Sie schätzen sich gegenseitig, und ihre Reaktion auf vorangegangene Unstimmigkeiten ist es, sich gegenseitig so zu akzeptieren, wie sie sind; in der Tat sind beide hellsichtig genug, um ihre jeweils eigenen Fehler und die des Partners zu kennen. Beide lieben Kinder, denn sie sind im Geist jung und voller Frohsinn. Sie werden sich also sehr gut mit ihren Kindern verstehen und deren Vertrauen gewinnen.

Sie sind weder beständiger noch schöner noch tugendhafter als andere Paare, aber beide besitzen einen festen und lauteren Charakter, der sie instandsetzt, aus freien Stücken zu entscheiden, ob sie lieber zusammenbleiben und sich ertragen oder ihre Zukunft an einem Tag, an dem sie die Nerven verlieren, in einem Kampf aufs Spiel setzen wollen. Sie stehen beide über derartigen Gewöhnlichkeiten.

Um sich gegenseitig das Leben leichter zu machen, trennen sie sich durchaus auch einmal unter irgendeinem Vorwand für einige Tage, damit sich unausgesprochene Meinungsverschiedenheiten durch die Abwechslung lösen; wenn sie dann wieder zusammenkommen, haben sie ihre kontroversen Standpunkte vergessen.

Affe-Mann und Pferd-Frau

Der Affe-Mann ist nicht nur ein romantischer Liebhaber, sondern auch ein feinsinniger und hellsichtiger junger Mann, der hinter seiner spleenigen Fassade sehr wohl weiß, was Logik ist. Er möchte ein Mädchen heiraten, das noch sehr jung ist. Er ist nicht unbedingt von Natur aus treu, aber aus Liebe kann er es werden, und nach einigen Jahren wird es ihm dann zur Gewohnheit.

Er ist glücklich, wenn sie Kinder haben. So wird er das, was er über das Leben im allgemeinen und die Liebe im besonderen weiß, weitergeben können.

Ist er aber für die Pferd-Frau ein befriedigender Liebhaber?

Seine Frau ist sehr liebeshungrig, sie liebt die Liebe mindestens genausosehr wie den Gegenstand dieser Liebe. Man muß sie zufriedenstellen. Das begreift er sofort. Sie ist eine unruhige Natur, und er muß sie beschwichtigen, bestärken und ihr ein Leben bringen, das ausgewogen genug ist, um sie von ihrer angeborenen Ängstlichkeit zu heilen.

Wenn es diesem Liebespaar nach einigen Jahren des Zögerns und Probierens gelingt, sich in einem gemeinsamen Leben einzurichten, dann sind sie ein Paar, das von Eintönigkeit und Langeweile weitgehend verschont bleibt. In materieller Hinsicht gibt es jedoch möglicherweise einige Probleme. Der Affe-Mann ist nicht der Typ des Musterbeamten. Es ist möglich, daß die Pferd-Frau ebenfalls Hand anlegen muß, um das Einkommen der Familie aufzubessern. Sie wird das gerne tun, denn sie ist immer mit Feuereifer und Schwung dabei und liebt einen gewissen Komfort.

Ihr gemeinsames Leben wird etwas Künstlerhaftes haben, in jedem Fall aber sehr nonkonformistisch sein.

Affe-Mann und Ziege-Frau

Die Ziege-Frau erwartet von der Liebe alles und ist auffallend empfänglich für die Ausstrahlung anderer. Dem Charme des Affe-Mannes kann sie nicht widerstehen, und das dürfte sie kaum verbergen können.

Der Affe-Mann, der durchaus ein gesundes Urteilsvermögen besitzt, auch wenn er sich nach außen hin ein wenig wunderlich gibt, liebt die Ziege-Frau sehr und heiratet sie sehr jung. Sie haben also ein langes gemeinsames Leben vor sich. Da der Affe-Mann kein Mensch von vollendeter Treue ist, wird er Mittel und Wege finden müssen, um seiner Frau Kummer und Verstimmung zu ersparen, die ihr sicher wären, wenn sie wüßte, daß er sie betrügt; oder aber er wird treu werden müssen. Wenn sie Kinder haben, wird ihre Verbindung schwieriger werden, aber auch belebter, lebendiger und alles in allem glücklicher.

Gibt der Affe-Mann der Ziege-Frau das, was sie von ihm erwartet? Sie ist sehr liebeshungrig und liebt die Liebe; stellt er sie in dieser Hinsicht zufrieden, so wird sie sanft und frohsinnig sein. Wenn nicht, wird sie anfangen zu jammern und zu schmollen. Und dann wird jeder im Haus unglücklich sein. Andererseits muß er lernen, dieses unruhige Wesen darin zu bestärken, sich ein Leben zu schaffen, das möglichst frei von Problemen ist, so daß seine Frau ruhiger wird und sich geborgen fühlt.

Sie haben die Voraussetzungen, eine glückliche und dauerhafte Ehe zu führen; doch muß der Affe-Mann in beruflicher Hinsicht vernünftig werden und seine Laufbahn festigen.

Affe-Mann und Affe-Frau

Diese beiden müssen sich zwangsläufig ineinander wiedererkennen, und ihre jeweiligen Stärken und Schwächen können ihnen wechselseitig nicht unbekannt sein. Zwischen den beiden besteht entweder unumschränkte Harmonie oder völlige Verständnislosigkeit. Wenn sie sich ineinander wiedererkannt haben, wenn sie sich lieben und wenn sie beschließen, eine Familie zu gründen, dann heißt das, daß sie sich so akzeptieren, wie sie wissen, daß sie sind.

Zu entdecken gibt es für sie nichts; es ist ihnen schnell klar geworden, daß sie sich bereits durch und durch kennen. Die einzigen Unterschiede, die zwischen ihnen bestehen könnten, kommen durch den Einfluß der Elemente und des jeweiligen Weggefährten zustande. Sie werden einen echten und sehr schlagkräftigen Bund bilden. Nicht nur die Liebe, die sie zueinander hingezogen hat, hält sie zusammen, sondern auch gemeinsame Vorstellungen und Ansichten; ihrer beider Intelligenz und Effizienz kommt zusammen. Sie dürften die vollendete Verbindung schaffen und können den Traum so vieler eng verbundener Paare verwirklichen, gleichzeitig Liebende, Freunde und Komplizen zu sein. Sie werden sich das Leben nicht gegenseitig schwermachen,

denn instinktiv wird der eine das vermeiden, was dem anderen
mißfällt.

Werden sie treue Ehegatten sein? Aller Erfahrung nach nicht.
Treue verlangt eine andere Persönlichkeitsstruktur. Doch wenn
der eine den anderen betrügen sollte, dann wird dieser es merken
und ihm verzeihen, denn alles ist besser, als sich zu trennen,
wenn man so eng verbunden ist.

Affe-Mann und Hahn-Frau

Der Hahn-Frau fehlt es nicht an Charme. Sie ist schön, liebt es,
bemerkt zu werden, ist nicht gerade unauffällig gekleidet und
umgibt sich mit einem Hofstaat von Bewunderern, unter denen
sie schon bald den Affe-Mann wegen seines aufgeweckten Gei-
stes und seiner charmanten Art bemerkt. Wenn sie die Initiative
ergreift und er jung genug ist, um keinen Rückzieher zu machen,
heiraten sie.

Da er keine treue Natur ist, kann der Affe-Mann bis über
beide Ohren in die Frau verliebt sein, die er geheiratet hat, und
sie gleichzeitig mit anderen Frauen betrügen, die ihr bei weitem
nicht das Wasser reichen können. Aber die Hahn-Frau muß sich
das nicht gefallen lassen. Wenn sie die Charakterzüge ihres Affe-
Ehemannes erst kennt, wird sie die Entscheidungen zu treffen
wissen, die angebracht sind.

Sie sind nur selten miteinander allein. Einladungen und der Ar-
beitseinsatz des Affe-Mannes lassen nur sehr wenig Zeit für ein
Zwiegespräch. Wenn man dann auch noch die Zeit abzieht, die
sie damit zubringen, zärtlich zueinander zu sein und sich zu lieben, bleibt recht wenig für jene Gespräche, in denen man Ein-
drücke und Meinungen vertieft und in gemeinsamen Vorstellungen geistig verbunden ist.

Eine weitere Schwierigkeit, die zwischen ihnen auftreten
könnte, ist Geldmangel. Das bringt die Hahn-Frau jedoch nicht
in Verlegenheit. Es macht ihr nichts aus, sich eine Arbeit zu su-

chen, und wenn sie eine Beschäftigung findet, dann bleibt sie nicht lange in einer untergeordneten Position, sondern fängt an, wirklich Karriere zu machen. Zu Hause wird sie dann nicht mehr so oft sein. Immer elegant, ruhig und eigenwillig, liebenswürdig und aufgeschlossen, wird sie Mittel und Wege finden, die Erfolgsleiter schnell hinaufzuklettern und eine Menge Geld zu verdienen.

Affe-Mann und Hund-Frau

Für die junge, leicht erregbare, aber reizende, in dem, was sie tut und sagt, maßvolle Hund-Frau wird es die große Freude ihres Lebens sein, wenn sie erfährt, daß sie die Liebe eines Affe-Mannes geweckt hat, dieses immer ein wenig schalkhaften Lebemannes, den sie wegen seiner Spöttleien fürchtet. Sie weiß nicht, wie sie sich das erklären soll: nichts an ihr dürfte den Affe-Mann anziehen, und trotzdem liegt er ihr jetzt zu Füßen!

Werden sie sich wirklich tief und für lange Zeit verbinden können? Wenn man verliebt ist, hat man nicht mehr dieselbe Persönlichkeit und dieselben Gewohnheiten, man ist nur noch für den anderen da, und Sitten und Gebräuche können daran ebensowenig ändern wie Klassen- und Vermögensunterschiede. Der Affe-Mann, der sich in die Hund-Frau verliebt hat, verändert sich, er hört auf zu scherzen und versucht, den Idealismus zu verstehen, der diese junge Frau beseelt; er lernt, sich mit der Frau, die er liebt und von der er akzeptiert werden will, in Einklang zu bringen.

Ein wirkliches Verschmelzen der beiden wird auf Dauer schwierig sein; was dieses ungleiche Paar zusammenhält, ist die Liebe, und dies sollten sie sich immer vor Augen halten, denn sie ist das Fundament dieser Verbindung, und außer ihr gibt es zwischen ihnen nicht viele Bereiche des Einverständnisses.

Wenn sie Kinder haben, wird es leichter sein, ihre Verbindung aufrechtzuerhalten. Mit Sicherheit wird es Unstimmigkeiten über die Erziehung der Kinder geben, aber die zwei werden sich einigen, und das Leben der kleinen Familie wird ohne große Probleme seinen Gang nehmen.

Affe-Mann und Schwein-Frau

Die Schwein-Frau gehört zu den liebeshungrigsten Wesen, die es gibt. Sie hat keine hohen Ziele und wird mit einer glücklichen Familie zufrieden sein, ungeachtet des Einkommens, denn sie ist bereit, ebenfalls Geld zu verdienen, wenn es daran fehlen sollte. Ein behagliches Leben und eine gute Ausbildung der Kinder sind ihre höchsten Ziele. Und natürlich die Liebe.

Sie wird sehr glücklich sein, dem Affe-Mann zu begegnen und ohne weiteres damit einverstanden sein, ihr Leben mit dem seinen zu verbinden. Er ist nicht außergewöhnlich schön, beeindrukkend oder glanzvoll, aber amüsant und voller Leben und Ideen.

Da es der Schwein-Frau weder an der Energie noch an der Sachkenntnis fehlt, wird es ihr ein leichtes sein, die Führung des Hauses und der Familie in die Hand zu nehmen, wobei sie ihren Mann in dem Glauben läßt, sie erwarte alles von ihm. Die beiden haben gute Aussichten, eine Ehe ohne Komplikationen zu führen.

Sobald sie ihm Kinder schenkt, wird er sich in einen aufmerksamen Vater verwandeln, und es wird ihm Spaß machen, ihnen etwas beizubringen und sie heranzubilden. Die Schwein-Frau könnte sich alles in allem nichts Besseres erträumen. In gefühlsmäßiger Hinsicht werden ihre Wünsche in Erfüllung gehen; und ansonsten verdient der Affe-Mann, auch wenn er keine Beamtenmentalität hat, das Geld, das sie für ein behagliches Leben der kleinen Familie brauchen.

Der Hahn und sein Eheglück

Hahn-Mann und Ratte-Frau

Ratte und Hahn haben beide ein heftiges Temperament. Aber als sich der Hahn-Mann von der jungen Ratte-Frau erobern ließ, war ihm davon ebensowenig anzumerken wie der Ratte. Dieser Charakterzug offenbart sich erst nach einigen Monaten des gemeinsamen Lebens. Es wird daher gut sein, wenn dann jeder seinen Partner so akzeptiert, wie dieser ist. Die Ratte-Frau wird sich ernsthaft Mühe geben müssen. Sie besitzt gesunden Menschenverstand und eine gewisse Bescheidenheit, sie wird nachgeben, wenn es Streit gibt, und dann wird sie mit Geduld und Gelassenheit den Hahn-Mann daran gewöhnen, die Dinge ruhiger und distanzierter zu sehen.

Im Laufe des Lebens werden sie soweit kommen, sich gegenseitig zu unterstützen und zu schätzen; die Jahre werden ihnen zeigen, wie sie wirklich sind, und sie werden wahrscheinlich eine Ehe führen, in der es sehr lebhaft zugeht. Das Wichtigste ist, daß der Vernünftigere der beiden Sinn für Humor entwickelt und diesen Sinn auch dem andern einflößt. Dies dürfte eine Ehe sein, in der nie Langeweile aufkommt!

Die Ratte-Frau wird das außereheliche Treiben ihres Hahn-Mannes nur schwer ertragen; aber ist das nicht ein notwendiges Übel, der Beweis dafür, daß ihr Mann schön und anziehend ist? Die einzige Lösung für sie wird es vermutlich sein, sich darüber zu freuen. Manche Frauen können das sehr gut. Wenn man ihnen von diesem oder jenem Seitensprung ihres Mannes erzählt, können sie ungerührt sagen: Ich weiß, er ist so charmant; sobald er ein wenig liebenswürdig ist, fallen ihm die Frauen sofort in die Arme ... Eine gute Antwort für böse Zungen, was aber die Ratte-Frau nicht daran hindern wird, recht scharfe Krallen zu zeigen, um solche Seitensprünge zu strafen. Ihr Kommentar: Sieh wenigstens zu, daß man es nicht erfährt!

Hahn-Mann und Büffel-Frau

Die Büffel-Frau wird nicht aufhören, sich zu fragen, wie es ihr
nur gelingen konnte, die Aufmerksamkeit des Hahn-Mannes auf
sich zu ziehen. In der Tat ist bei diesem Paar unbestritten der
Ehemann glanzvoller und eleganter als seine Frau.

Die Büffel-Frau ist langsamer, aber sehr viel überlegter als der
Hahn-Mann. Sie fragt sich bang, ob ihre Ehe mit dem Hahn-
Mann, der so verschieden von ihr ist, glücklich werden kann.
Doch sie hat einen Charmeur erobert. In seiner Nähe vergißt sie
die tausend Mängel, die sie zu haben glaubt; sie fühlt sich schön
und will für ihn auch schön sein. Bald fühlt sie, wieviel Macht sie
über diesen Mann hat, den sie liebt, den sie erobert hat und den
alle ihre Freundinnen am Anfang bewunderten und ihr noch immer neiden.

Sie weiß, daß der Hahn-Mann trotz gelegentlicher Seitensprünge liebenswürdig, warmherzig, hilfreich und geschickt ist
und sie beschwichtigt, wenn sie beunruhigt ist. Sie bemerkt sehr
schnell, daß er verschwenderisch ist und daß es ihre Sache ist, das
Geld zu verwalten. Sie sieht, daß sie zwei Möglichkeiten hat: entweder zuzusehen, wie das Geld dahinrinnt, und sich auf den
Standpunkt zu stellen »Komme, was wolle«, oder aber Tag für
Tag das Geld zusammenzukratzen und Wunder an Organisation
und Sparsamkeit zu vollbringen. Sie merkt jedoch schnell, daß
ihr Mann Geld zwar schnell ausgibt, aber es auch zu verdienen
versteht. Das ist ihr ein Trost und eine Hoffnung.

Hahn-Mann und Tiger-Frau

Wenn zwei funkensprühende Wesen sich begegnen, dann gibt es
ein Feuerwerk. Und genau das geschieht, wenn der Hahn-Mann
der Tiger-Frau begegnet.

Die Tiger-Frau, eine blendende, elegante, geistvolle und herrische Erscheinung, hat dem Hahn-Mann ein sanftes und freundli-

ches Lächeln geschenkt, weil er ihr gefiel. Abgesehen von einem
anderen Tiger, vielleicht auch einem Drachen, kann sie nur mit
einem Hahn auskommen. Die anderen jungen Männer sind ihr
zu einfach und zu farblos, zu unbedeutend und zu langweilig.
Und so geht sie auf die Annäherungsversuche dieses jungen
Mannes, der ein so schönes Äußeres hat, mit Freuden ein.

Die Tiger-Frau verkündet sonst gerne, sie sei unabhängig, und
behauptet, sie brauche niemanden. Doch gegenüber dem Hahn-
Mann ist sie klug genug, dies zu verschweigen. Sie läßt sich erobern. Was tut es im Endeffekt schon zur Sache, wer wen erobert. Sie kennt den Ruf des Hahn-Mannes, aber sie kennt auch
sich selbst, und sie sagt sich, Tiger seien unbesiegbar. Soll sich
der Hahn-Mann getrost anderweitig amüsieren, sie wird schon
dafür sorgen, daß er sich mit ihr noch mehr amüsiert. Zwischen
diesen beiden selbstbewußten Menschen kann eine große und
edle Liebe entstehen, auch wenn sie nicht immer auf Rosen ge-
bettet sind.

Der Liebe werden sie gemeinsam mit Leidenschaft frönen,
manchmal auch mit Besessenheit, als ob sich beide für die außerehelichen Abenteuer des jeweils anderen rächen wollten. Alles in
allem werden sie jedoch ein reizendes, lebendiges und entschieden »modernes« Paar abgeben.

Hahn-Mann und Hase-Frau

Feinsinnig, anmutig, schnell und leichtlebig: das ist die Hase-
Frau. Sie ist zwar sittsam, aber nicht unbedingt ein Muster an
Treue. Das ist einer ihrer zahlreichen Widersprüche. Der Hahn-
Mann findet sie ängstlich und zerbrechlich, bis sie ihn eines Ta-
ges betrügt. Aber soweit sind wir noch nicht; sie haben sich ja ge-
rade erst kennengelernt.

Der Hahn-Mann weiß, daß er schön und stark genug ist, der
Hase-Frau Geborgenheit zu geben. Wenn der Blitz eingeschlagen hat oder nachdem er beschlossen hat, eine Familie zu grün-

den, bietet der Hahn-Mann seinen ganzen Charme auf, zeigt seine ganze Kraft und jene Qualitäten, die die Hase-Frau veranlassen, bei ihm zu bleiben. Er ist ruhig, kennt seinen Wert und weiß, daß er bewundert wird. Weshalb sollte sie also riskieren, ihn zu verlassen?

Das Hahn-Hase-Paar hat einen Mangel, der nicht sofort sichtbar wird: beide Ehegatten stehen in dem Ruf, untreu zu sein und den Erfolg beim anderen Geschlecht immer von neuem zu suchen. Wenn sich die Eheleute einfach aus Langeweile gegenseitig betrügen, ist dem leicht abzuhelfen: es reicht in diesem Fall aus, vorgewarnt zu sein. Dann wird sich jeder bemühen, den anderen abzulenken und seinen Einfallsreichtum zu zeigen, damit kein Gegenspieler ihn an erotischem Erfindungsreichtum übertrifft.

Hahn-Mann und Drache-Frau

Seit er von der Existenz dieses außergewöhnlichen Wesens, der Drache-Frau, weiß, denkt der Hahn an nichts anderes mehr als daran, sie für sich allein zu besitzen.

Es muß nicht unbedingt sein, daß die Drache-Frau, so sensationell sie auch ist, eine gute Hausfrau abgibt und ein gemeinsames Leben besonders gut organisieren kann. Ihre Geldangelegenheiten werden wahrscheinlich nicht immer auf den Pfennig genau stimmen, und das beiderseitige Einverständnis wird vielleicht nicht immer so sein wie in den ersten Tagen, aber was gibt es da bei einem Hahn und einem Drachen für Kompensationsmöglichkeiten! Die Leidenschaft! Sie verbindet sie und macht aus ihrem Leben das außergewöhnlichste Leben der Welt. Sie werden sich leidenschaftlich lieben und sich allen ihren Phantasien hingeben. Für Langeweile wird keine Zeit bleiben. Es ist möglich, daß man in diesem Haus nicht oft von ernsten Dingen spricht, aber es ist sicher, daß man viel von Liebe sprechen wird. Eine·leidenschaftliche und verrückte Liebe, eine Liebe, die von Charme und echter Zärtlichkeit genährt wird, eine einmalige Liebe.

Trotz ihrer Leidenschaft werden sie sich einen Rest gesunden Menschenverstandes und gleichermaßen einen Rest von Mißtrauen erhalten. Sind sie Schauspieler, oder meinen sie es ernst? Manchmal macht sich in ihren Beziehungen ein leiser Zweifel breit, obwohl keiner von beiden Nebensächlichkeiten sonderlich ernst nimmt, wobei unter Nebensächlichkeiten gegenseitige Treue und Geldfragen zu verstehen sind.

Die Kinder jedoch werden sie lehren, erwachsen zu werden. Auch wenn das Haus nicht besonders groß ist, kann darin Platz für alles sein: Familienleben und Liebesnächte.

Hahn-Mann und Schlange-Frau

Der Hahn-Mann fällt bei einer Veranstaltung durch seine blendende Erscheinung auf. Wenn er der Schlange-Frau zu einem Zeitpunkt begegnet, da sie beide noch frei sind, dann dürfte ihre Verbindung unausweichlich sein, so sehr sind sie füreinander geschaffen.

In der Schlange-Frau mit ihrer Klugheit und Feinsinnigkeit sieht er die weiblichste und verführerischste Frau seiner Umgebung. Der Hahn-Mann ist für die Schlange-Frau trotz seiner auffälligen Kleidung, die aber immer seinen guten Geschmack verrät, der Mann, auf den sie gewartet hat, der Mann, der sie augenblicklich erobern und in den Bann schlagen wird. Sie weiß, daß er verlangen kann, was immer er will, sie wird nicht in der Lage sein, es ihm abzuschlagen!

Zwei hohe Qualitäten, Aufrichtigkeit und Offenheit, treten beim Hahn-Mann zutage. Er ist von ausgesprochener Liebenswürdigkeit, auch wenn seine Offenheit manchmal ein wenig brutal ist. Er selbst ist ein wenig empfindlich, denkt aber nicht immer daran, daß die anderen es auch sein könnten. Es kann passieren, daß er verletzend ist, aber er ist so liebenswürdig, daß man ihm ohne weiteres verzeiht. Die Schlange-Frau ist ganz und gar bereit, das hinzunehmen.

Sie akzeptiert es, wenn er ihr ab und zu gründlich die Meinung sagt, denn schon jetzt kann sie nicht mehr ohne ihn leben. Aber das kommt nicht oft vor. Die Schlange-Frau hat viele Qualitäten und wenig Fehler, er macht ihr also nicht so ohne weiteres Vorwürfe; und wenn andere auf seine Bissigkeit hinweisen, läßt sie nicht zu, daß man ihn kritisiert. »Das macht mir nichts aus«, sagt sie, »denn er hat ja recht.« Genausoleicht würde sie sagen: »Das macht mir nichts aus, denn es stimmt ja nicht.« Ja, ja, die Liebe . . .

Hahn-Mann und Pferd-Frau

Wenn die Pferd-Frau liebt, dann liebt sie mit jeder Faser ihres Körpers und mit ihrer ganzen Seele. Und der Hahn-Mann, der voll gesunden Menschenverstandes ist, gibt sich einige Mühe, sich als ihrer würdig zu erweisen und sie zu halten.

Die Pferd-Frau ist eine glanzvolle und sehr gesellige Frau, sie liebt die Menschen und steht ihrer Umgebung im allgemeinen positiv gegenüber, denn sie interessiert sich für ihre Mitmenschen und ist kommunikationsfreudig. Es ist ihr sehr wichtig zu spüren, daß ihr ihre Mitmenschen Sympathie entgegenbringen, doch bei alledem bleibt sie zurückhaltend.

Bei ihr bringt der Hahn-Mann seine Federn auf Hochglanz und läßt sein vielsagendes Farbenkleid leuchten. Er ist sehr gewandt und weiß immer, was man sagen muß und was zu tun ist. Er hat nur eine Angst, nämlich von dieser glanzvollen und reizenden Frau zurückgewiesen zu werden. Denn die Pferd-Frau hält sich bedeckt. Er weiß nicht, daß sie in ständigem Zweifel lebt und sich ihrer selbst nie sicher ist.

Wenn sie merkt, daß ihr Sympathie entgegengebracht wird, ist ihre Freude unendlich groß.

Der Hahn-Mann ist also der Sieger, aber er muß dennoch einige Vorsichtsmaßregeln ergreifen, damit er akzeptiert wird und die Verbindung beider eine Quelle des Glücks wird. Er muß zunächst einmal der Pferd-Frau die Gelassenheit vermitteln, die ihr fehlt. Und vor allen Dingen muß er vermeiden, sie in irgendeiner Weise zu kritisieren, und mit Ratschlägen und Anweisungen sparsam umgehen.

Hahn-Mann und Ziege-Frau

Die Ziege-Frau überrascht den Hahn-Mann. Er, der Selbstsichere, der aller Welt Wohlwollen und Dienstbereitschaft entgegenbringt, kann über das Verhalten dieses jungen Menschen, der ständig von einem bösen Wolf verfolgt zu werden scheint, nur staunen. Die Ziege-Frau ist nun einmal so. Alles macht ihr Angst, und jede Angst weckt in ihr das Bedürfnis nach Hilfe. Sie sucht eine gefühlvolle Umgebung, die sie aufbaut und ihr Geborgenheit gibt. Sie braucht keine körperliche Kraft, sondern Gefühle. Wenn sie sicher ist, zärtlich geliebt zu werden, dann wird auch sie wiederlieben, und wenn sie sich geborgen fühlt, dann kann sie sich entfalten.

Sobald er weiß, was die Ziege-Frau braucht, hört der Hahn-Mann nicht mehr auf, sie zu beruhigen und zu beschwichtigen; dazu entfaltet er seine ganze Gutherzigkeit. Die Ziege-Frau wird nur noch von einem Leben an seiner Seite träumen.

Sowohl die Ziege-Frau als auch der Hahn-Mann geben sich gerne der körperlichen Liebe hin. Das wird ihre Verbindung noch weiter festigen. Sie gefallen sich, und auch wenn sie nicht verheiratet sind, ist ihrem Zusammensein Glück beschieden. Ein wunderbarer Glücksfall: Der Hahn-Mann wird zu Hause das haben, was er für gewöhnlich für viel Geld außer Haus sucht.

Hahn-Mann und Affe-Frau

Der Hahn-Mann ist schön und verführerisch; und er liebt es, schön zu sein und zu verführen. Er hat oft mehrere Abenteuer nebeneinander und dürfte ein Befürworter der Polygamie sein, aber nicht wie ein Mormone, sondern eher wie ein Orientale. Doch im Abendland ist dies nicht der Brauch. Wenn er heiraten will, muß er sich jedoch für eine einzige Frau entscheiden. Die Affe-Frau ist diejenige, von der er glaubt, sie habe am meisten von dem, was er Qualität nennt.

Die Affe-Frau, eine äußerst hellsichtige Frau, läßt sich nicht so leicht in Erstaunen versetzen und begeistert sich auch nicht so ohne weiteres für irgend jemanden. Doch wenn sie die Bekanntschaft des Hahn-Mannes macht, hat sie Lust, sich in seine Arme zu schmiegen, aufzuhören, alles zu verstehen, und sich von ihm die Welt erklären zu lassen.

Die Affe-Frau wird dem Hahn-Mann treu sein, solange sie sich nicht langweilt. Dieses schreckliche Gefühl der Langeweile, das sie manchmal befällt und dem auch mit viel Arbeit nicht abzuhelfen ist, kann sie auf direktem Weg in die Arme eines anderen Mannes treiben, der zwar in nichts mit dem Hahn-Mann vergleichbar ist, aber den ungeheuren Vorteil hat, dazusein, wenn man ihn braucht, und sie so zu unterhalten, wie sie es sich wünscht. Um eine solche Entwicklung zu vermeiden, ist nichts wichtiger als häufige zwanglose Gespräche, in denen jeder seiner Meinung freien Lauf lassen und in aller Einfachheit sagen kann, was er denkt. Der Hahn-Mann erfährt auf diese Art vieles über die Wünsche und Sehnsüchte der Affe-Frau. Er entdeckt dann auch, daß seine Frau in ihm liest wie in einem offenen Buch und daß er ihr nichts verbergen kann. Sie deutet das oft an, aber er sollte sich darüber nicht hinwegsetzen. Dann werden sie in Glück und Frieden leben.

Hahn-Mann und Hahn-Frau

Zwei Hähne kennen sich schon, bevor sie sich überhaupt begegnen.

Sie sind beide charmant, zuvorkommend, lieben gute Manieren und schöne Kleider, sind temperamentvoll, praktisch veranlagt, aber verschwenderisch und treiben sich gerne ein wenig herum; man kann sich gut vorstellen, daß sie sehr jung heiraten und sich über alles amüsieren oder aber später heiraten, schon einige Lebenserfahrung haben und ihre Lebensanschauungen miteinander konfrontieren. In beiden Fällen können sie ein reizendes Paar werden, ein malerisches und munteres Leben führen, ohne Hoffnung darauf, ein Vermögen zu machen. Denn das liegt nicht in ihrer Art; sie werden bestenfalls vermeiden, in Geldnöte zu kommen, und dafür sorgen, daß ihre Kinder angemessen aufwachsen.

In ihrem Zusammenleben wird keine Schwermut aufkommen, sie werden sich amüsieren, sie werden sich stürmisch lieben, und sie werden sich auch zanken, wegen Geld oder aus Eifersucht. Das Einfachste für sie ist es zu versuchen, ein geregeltes Leben aufzubauen und Seitensprünge zu vermeiden. Es wird gut für sie sein, schnell Kinder zu bekommen; das wird ihr Verantwortungsbewußtsein stärken und ihrer Familie ein gesundes Gleichgewicht bringen.

Hahn-Mann und Hund-Frau

Wenn man die Hund-Frau anspricht, so hat man den Eindruck, man bringe sie völlig durcheinander; das ist für den Hahn-Mann nicht unangenehm. »Ich verwirre sie«, sagt er sich hoffnungsfroh und denkt bei sich, damit habe er auf dem Weg zu ihrem Herzen schon die halbe Strecke zurückgelegt. Die Hund-Frau legt in ihre Aufgewühltheit eine sehr amüsant reservierte und romantische, manchmal auch melancholische Note. Träumt sie? Hat sie Gründe dafür, traurig zu sein? Die Chinesen sagen, sie denke an den Tod, und das mache sie nachdenklich und erkläre den tragischen Schimmer in ihrem Blick.

Der Hahn-Mann, der mit aller Welt gut auskommt, ist sehr auf die Gemütsverfassung der Hund-Frau bedacht; er bemüht sich, sie mit seiner Liebe glücklich zu machen. Er zeigt soviel guten Willen, daß die Hund-Frau ihr Vertrauen in das Leben wiedergewinnen kann. Sie hat ein ungeheures Schutzbedürfnis, und ihr geliebter Hahn ist für Kämpfe gut gerüstet.

Sie mag von vollendeter Treue sein, doch der Hahn-Mann hat in dieser Hinsicht einen schlechten Ruf; aber die Hund-Frau ist ein ruhiges Wesen, die Streitereien brechen deshalb gar nicht erst aus.

Für die Hund-Frau ist das Wesentliche in der Ehe, den anderen gut zu kennen und ihn soweit wie möglich zu respektieren. Aber sie weiß auch, daß wir alle unsere kleinen Fehler haben; die Hund-Frau ist diejenige, die die Dinge sieht und durchschaut, und so ist beiden eine ungetrübte Ehe beschieden.

Hahn-Mann und Schwein-Frau

Der Hahn-Mann, ein Lebemann, ist guter Dinge; er findet das Leben schön. Die Schwein-Frau liebt das Leben über alles, und im Leben selbst liebt sie die Liebe. Sie ist zärtlich, sanft und liebenswürdig und hat keinen anderen Wunsch, als sich geliebt zu wissen, Kinder zu haben, Mutter und später Großmutter zu werden. Wird sie dem Hahn-Mann gefallen?

Er ist verliebt, eingenommen, hingerissen; er heiratet sie in der Hoffnung, mit ihr eine herkömmliche Familie zu gründen, in der abends die Kinder am gemeinsamen Tisch sitzen.

Man kann sich vorstellen, daß in diesem Haushalt alles eine feste Ordnung hat und keine größeren Probleme auftauchen. Natürlich ist der Hahn-Mann in Geldangelegenheiten ein wenig gedankenlos, aber er schafft es immer, genug zu verdienen, um die Ausgaben für die Familie bestreiten zu können. Es kann auch vorkommen, daß er seine Pflichten als Ehemann und Familienvater vergißt. Aber sobald er nach Hause kommt, findet er dort seine perfekte Ehefrau, die für ihn einen gemütlichen Abend vorbereitet hat. Die Schwein-Frau schafft Frieden und bringt den

Ihren Freude. Was kann sich der Hahn-Mann mehr wünschen? Ist sie seinen Abenteuern gegenüber gleichgültig? Nein, sie weiß gar nichts davon. Ihre Ahnungslosigkeit erspart ihr eine Traurigkeit, die ihr schlecht bekommen würde und auch ihrem Mann gegenüber äußerst undiplomatisch wäre.

Der Hund und sein Eheglück

Hund-Mann und Ratte-Frau

Die Ratte-Frau, eine junge, gepflegte und sehr zurückhaltende Frau, ist wirklich bescheiden und hält sich nicht gerade für unvergleichlich. Sie besitzt eine gewisse Aggressivität, aber diesen Zug verbirgt sie sorgfältig, wenn der Hund-Mann ihre Nähe sucht. Erst nach einiger Zeit des gemeinsamen Lebens wird er ihn bemerken.

Die Aggressivität der Ratte-Frau rührt vielleicht daher, daß sie glaubt, sie sei klein und schmächtig und in der großen weiten Welt ein wenig verloren. Dabei vergißt sie, daß sie mit ihrem gesunden und praktischen Verstand bestens gerüstet ist. Sie kennt sich in allem ein wenig aus, und sie wird immer zusehen, daß ihr Haus in Ordnung ist und sie saubere und gut erzogene Kinder um sich hat.

Wenn sie sich für den Hund-Mann entscheidet, erkennt sie das Ausmaß ihrer Macht darin, wie glücklich er ist. Sie weiß, was er wert ist; ihnen beiden wird ein freudvolles Leben beschieden sein. Sie bindet sich sehr stark an ihn. Um ihn glücklich zu machen, muß sie ihm helfen, seine Ängste zu überwinden. Sie kann ihn lehren, sich zu entspannen und Selbstvertrauen zu gewinnen. Er muß davon überzeugt sein, daß die Ratte-Frau treu ist, daß ihre Verbindung von Dauer ist und daß sie ihn nicht verlassen wird. Der Hund-Mann mag nichts Unvorhergesehenes; damit hängt teilweise auch seine Ängstlichkeit zusammen. Er braucht ein Leben, in dem alles nach Plan verläuft und in dem es keine Überraschungen gibt.

Später, wenn die beiden Kinder haben werden, wird der Hund-Mann reichlich Gründe finden, seine Besorgnis zu nähren. Aber er wird der allerbeste Vater sein.

Hund-Mann und Büffel-Frau

Der Hund-Mann sucht keine Abenteuer. Er ist allem gegenüber aufgeschlossen und zugänglich, solange er frei ist, doch wenn er heiratet, ändert sich dies, und er ist nur noch für seine Frau da. Er ist ein Ausbund an Treue. Er hält das für normal und natürlich, und man fragt sich, ob er wohl jemals davon gehört hat, daß es Ehen gibt, die durch die Seitensprünge oder die Untreue eines der beiden Ehegatten getrübt werden. Davon weiß er nichts, es interessiert ihn nicht. Seine Gefühle sind schon durch seine pessimistische Natur und dadurch, daß er immer in Alarmzustand ist, genug in Bewegung.

Er hat einen Fehler, den man kaum wagt, ihm vorzuwerfen, weil er so viele Qualitäten hat: er ist eifersüchtig, er will wissen, ob man ihn liebt; und er ist unruhig und nervös; er fragt sich ständig, welches Unheil wohl über sein Haus hereinbrechen wird, und man weiß nie, wie seine Gemütsverfassung in der nächsten Stunde aussehen wird.

Er ist jedoch so verliebt, so gefühlvoll, so zärtlich, so empfindsam, daß man nicht anders kann, als ihn zu beschwichtigen und zu streicheln und ihm ein um das andere Mal zu versichern, daß man ihn liebt, und ihm schließlich ein Zeichen dafür zu geben, wie sehr man sich zu ihm hingezogen fühlt. In der Büffel-Frau findet er eine ideale Partnerin für eine solche Zweisamkeit.

Die Büffel-Frau nämlich liebt die Liebe um ihrer selbst willen. Sie kann nur heiraten, wenn sie sich zu jemandem physisch hingezogen fühlt; sie könnte sich nicht, wie Frauen in früherer Zeit, mit einer »Vernunftehe« abfinden.

Sie ist gut organisiert, methodisch, energisch und sehr kompetent in allem, was mit Frauen- und Hausangelegenheiten zu tun hat. Der Hund-Mann hat die richtige Wahl getroffen. Sie ist eine gute Gastgeberin, versteht sich auf Krankenpflege, sorgt für die gute Erziehung der Kinder und hat auch noch Abend für Abend die Lust, die Kraft und die Fähigkeit, sich mit ihrem Mann liebevoll zu unterhalten, ihm von diesem und jenem zu erzählen, ihn zu beschwichtigen und ihm schließlich großzügig alle Liebesbekundungen zu geben, die er sich nur wünschen kann.

Zwei sich treuergebene Menschen, zwei zärtliche Zuneigungen vereint, was will man mehr?

Hund-Mann und Tiger-Frau

Als es dem Hund-Mann gelang, die Aufmerksamkeit der Tiger-Frau auf sich zu ziehen und dann in ihr genug Liebe für ein gemeinsames Leben »in guten und in schlechten Zeiten« zu wecken, war er selig vor Bewunderung angesichts der blendenden Erscheinung der Frau, die die Seine wurde. Er zitterte vor Freude, aber auch aus Angst bei dem Gedanken, sie sei zu gut für ihn und er würde nie, niemals »gut« genug sein, um sie zu halten. Dann wurde alles geregelt, und die Tiger-Frau trat endgültig in das Leben des Hund-Mannes.

Nachdem sich die erste Begeisterung gelegt hat, beginnt die Tiger-Frau, Unabhängigkeitsgelüste zu äußern. Sie will sich nicht gebunden fühlen; der geringste Zwang versetzt sie bereits in einen Zustand beklagenswerter Nervenkrisen. Zum Glück ist der Hund-Mann, was Treue angeht, ein mustergültiger Ehemann. Auch wenn die Tiger-Frau sich einige Seitensprünge, einige Verstöße gegen den ehelichen Bund zuschulden kommen läßt, hat er weiterhin Vertrauen zu ihr und bleibt unverändert ihr sehr treuer und sehr ergebener Gefährte. Er zeigt sich immer gefühlvoll, zärtlich, liebevoll und zartfühlend; er stellt keine Fragen und macht keinerlei Anspielungen auf die Stunden, in denen die Tiger-Frau alleine weggeht, ohne ihm zu sagen, was sie vorhat. Sollte sich in seinen Worten eine leichte Eifersucht bemerkbar machen, so braucht sie ihm nicht zu antworten. Er stellt sich selbst die Fragen und gibt sich die Antworten und entschuldigt die Tiger-Frau immer. Sie kann ihm dann nur bestätigen, daß es für ihn keinen Grund gibt, sich zu beunruhigen, daß sie ihn liebt und daß ihr gemeinsames Glück das einzige ist, was sie sich wünscht. Sie gibt ihm zu verstehen, wie sehr sie sich körperlich zu ihm hingezogen fühlt, und sagt ihm gerne, wie schön ihre Stunden zu zweit für sie sind. Der Hund-Mann mit seiner pessimistischen und unruhigen Natur findet darin Trost und schöpft in ihrem Austausch von Zärtlichkeiten neue Kraft.

Hund-Mann und Hase-Frau

Wenn sie die Bekanntschaft des Hund-Mannes macht, entdeckt die Hase-Frau einen für sie äußerst interessanten Menschen. Sie findet in ihm einen jungen Mann, der sich nicht um sein Äußeres kümmert, aber mit Sicherheit ein sehr wertvoller Mensch ist. Das Mißliche an ihm ist, daß er immer verdrossen aussieht, so wie jemand, der gerade schwer verärgert worden ist. Und man fragt sich, ob er tatsächlich verstimmt ist oder ob das mit dem Adrenalinspiegel oder der Drüsenfunktion zusammenhängt. Ebenso wie ihm Unvorhergesehenes ein Greuel ist, ist er auch treu. Er ist so treu, daß er, wenn er einer jungen und charmanten Frau den Hof macht, gewiß nicht auf ein Abenteuer aus ist, sondern die Heirat im Auge hat. Ein Hund spielt nicht mit der Liebe, er heiratet.

In der stillen Zweisamkeit entpuppt er sich als zärtlich, aufmerksam, sinnlich und sogar leidenschaftlich. Voraussetzungen genug, um eine romantische und liebesbegabte Hase-Frau zufriedenzustellen. Nur einen Fehler hat er: Immer wieder leidet er unter einer Angst, die verlangt, daß die Hase-Frau ihn ihrer Liebe versichert und ihm bestätigt, sie sei glücklich mit ihm. Nach und nach wird die Hase-Frau, die ihrerseits geschickt und tugendhaft ist, feststellen, daß der Hund-Mann nie zufrieden ist. Denn erstens ist er eifersüchtig, und zweitens hat er ein unbeständiges Gemüt und verbringt die Zeit damit, sich auszumalen, was für eine Katastrophe passieren könnte. Er behauptet, das tue er nur, um auf das Schlimmste gefaßt zu sein, und nichts und niemand kann ihm klarmachen, daß es vielleicht überhaupt keine Katastrophe gibt.

Was macht man mit einem solchen Menschen, wenn man selbst von Natur aus furchtsam ist? Nichts. Man wartet. Man hebt die glücklichen Ereignisse hervor und redet nicht weiter über die schlechten. Wenn man jemanden genug geliebt hat, um ihn zu heiraten, dann muß man ihn auch ertragen können.

Hund-Mann und Drache-Frau

Die Drache-Frau wird von der Leidenschaft beherrscht; ihr Feuer ist ein Feuer der Liebe. Doch sie läßt sich nie blenden; eher dürfte sie diejenige sein, die die anderen blendet, die Grauen, Farblosen, alle jene, die nicht wie sie Flammen speien und ein in allen Farben schimmerndes Schuppenkleid tragen. Man muß viele Bedingungen erfüllen, um in den Besitz eines solchen Schatzes zu kommen. Und die Drache-Frau hat eine sehr genaue Vorstellung von dem, was geschehen soll, wenn sie verheiratet ist.

Der Hund-Mann hat einen besonders schlichten, geradlinigen und klaren Charakter. Den Sinn für Treue, der in ihm steckt, treibt er sehr weit, und er wird ihn nie ablegen. Sein größter Fehler ist, daß er an seinem Glück zweifelt; auch nachdem er die Liebe der Drache-Frau errungen hat, wird bei ihm ein ganz klein wenig Traurigkeit zurückbleiben: Er hat immer Angst, denn er ist pessimistisch. Außerdem ist der Hund-Mann eifersüchtig. Wenn er sich mit einer so außergewöhnlichen Frau wie der Drache-Frau vereint sieht, kann er nur daran denken, daß andere versuchen werden, sie ihm wegzunehmen. Wird sie mit ihm glücklich genug sein, um nicht auf etwas anderes zu hoffen?

Wenn er sich in seinen Anfällen von Unruhe fragt, welches Unheil auf ihn lauert, erwacht seine Eifersucht.

Der Hund-Mann ist jedoch so verliebt, so liebevoll, so zärtlich
und so empfindsam, daß man dem Wunsch, ihn zu beruhigen,
ihn zu streicheln, ihm immer wieder zu sagen, daß man ihn liebt,
und ihm Beweise seiner Zuneigung zu geben, nicht widerstehen
kann. Mit der Drache-Frau hat er eine Partnerin, die, wenn sie
auch nicht immer sanftmütig ist, doch in der Lage ist, ihm stürmisch und erfolgreich ihre Liebe zu beweisen. Auch wenn ihre
Verbindung auf den ersten Blick nicht besonders passend erscheint, wird doch die bedingungslose Treue des Hund-Mannes
die Ehe beider fest und dauerhaft zusammenhalten.

Hund-Mann und Schlange-Frau

Die Schlange-Frau weiß, seit sie denken kann, daß sie gefällt.
Man hat es ihr immer wieder gesagt, wie sollte sie es da nicht wissen. Das könnte sie absolut unausstehlich machen, aber das ist sie
nicht; sie hat dieses Stadium überwunden und steht scheinbar
über solchen Oberflächlichkeiten. Scheinbar. Was sie so gut wie
sicher weiß, ist, daß ihr Charme und ihre Schönheit es ihr ermöglichen müßten, selbst über ihre Zukunft zu entscheiden.

Wenn sie dem Hund-Mann begegnet, errät sie sofort, daß sich
hinter seinem manchmal nachlässigen Äußeren und seinem unzu-
friedenen Aussehen eine charmante Natur verbirgt, die sie sich
beeilt zu entdecken. Er ist vielleicht nicht selbstsicher, aber er ist
treu, zärtlich und liebenswürdig, und seine Liebe bringt er in vollendeter Weise zum Ausdruck.

Es fehlt ihm nicht selten an Frohsinn, und wenn er fröhlich ist,
dann sieht es eher so aus, als habe er über sein sonst trauriges Gesicht eine Maske gezogen. Die Schlange ist jedoch klug genug,
um zu sehen, daß der Hund-Mann ein wunderbarer Mensch ist,
wenn man sich die Mühe macht, hinter seinen schönen und be-
sorgten Blick zu sehen.

Seine Gemütsverfassung schwankt, aber das rührt vielleicht daher, daß er nicht glücklich ist. Feinsinnig wie sie ist, wird die Schlange-Frau auch den geringsten Kummer zu vermeiden wissen und alles daransetzen, ihren lieben großen Hund heiter zu stimmen und auch seine letzten Sorgenfalten zum Verschwinden zu bringen.

Hund-Mann und Pferd-Frau

Den in einem Pferd-Jahr Geborenen fällt das Alleinsein schwer; sie wollen deshalb früh heiraten. Die Pferd-Frau war also, als sie den Weg des Hund-Mannes kreuzte, absolut empfänglich für die Liebeserklärungen dieses sympathischen jungen Mannes. Sie ist sehr gefühlsbetont, fragt nicht viel nach Prinzipien und folgt den Regungen ihres Herzens.

Als sie das Verhalten dieses jungen Mannes beobachtete, fragte sich die Pferd-Frau, was er wohl mit anderen jungen Leuten anfange; denn es sah nicht so aus, als könnte er mit ihnen einträchtig lachen oder sich mit ihnen zusammen amüsieren. In Wirklichkeit erkundete der Hund-Mann die Welt und versuchte, junge Mädchen kennenzulernen, um sich eine Frau zu suchen und einen Hausstand zu gründen. Er wollte heiraten.

Wenn er erst verheiratet ist, dann ist er ein Muster an Treue, aber er ist auch eifersüchtig. »Sie ist schön«, sagt er sich, »und ich bin es nicht. Bestimmt findet sie jemanden, den sie mir vorzieht. Ich werde sie verlieren.« Diese Vorstellung läßt ihn alle möglichen Entwicklungen ahnen, die eintreten könnten. Seine Wut wiederkäuend, geht er ins Büro, voller Angst kommt er zurück. Er ist unausstehlich. Er sieht ein, daß er nicht vollkommen ist, aber er liebt sie doch so! »Das ist kein Grund, sich so aufzuführen«, schnaubt sie verärgert.

Die Pferd-Frau wird also tun, was sie kann, um ihn zu beruhigen. Er ist so liebenswürdig und so anhänglich. Er ist das Abenteuer, auf das sie gehofft hatte, die Erfüllung ihrer Träume. Sie beschwichtigt ihn, verkneift sich hier und da das Weggehen und umhegt ihn mit jener Zärtlichkeit, die ihr so sehr eigen ist.

Hund-Mann und Ziege-Frau

Die Ziege-Frau ist völlig ihren Gefühlsschwankungen unterworfen. Dazu kommen die unlogischen und unerklärlichen Schwankungen ihrer Launen. Sie ist auffallend empfänglich für die Wellen, die die Menschen aussenden, die in ihre Nähe kommen. Sobald man ihr gegenüber Gefühle der Freundschaft, der Zärtlichkeit und der Liebe äußert, hellt sich ihr Gesicht auf, sie strahlt und zeigt eine solche Freude, daß man bedauert, sich damit so lange Zeit gelassen zu haben. Auf diese Weise wird sie den ersten Mann lieben, der ihr gegenüber Interesse und Zuneigung bekundet.

Den Hund-Mann kann man nicht gerade als glanzvollen und ungezwungenen jungen Mann bezeichnen. Es fehlt ihm an Wagemut, und wie bei Menschen, denen das nicht liegt, geht es, wenn er sich ausgefallener und munterer geben will, als er eigentlich ist, daneben, und er wird als unbeholfen angesehen. Nicht aber von der Ziege-Frau, wenn er die richtigen Worte gefunden hat, um die Tür zu ihrem Herzen zu öffnen.

Solange er in die Ziege-Frau verliebt ist, läßt der Hund-Mann seine wenigen Fehler nicht erkennen. Auch wenn er seine Fehler nicht kennt, gibt ihm die Liebe ein, seine schlechten Seiten zu unterdrücken und sich in vorteilhaftem Licht zu zeigen.

Später, wenn die Ziege-Frau die Unzulänglichkeiten des Mannes sieht, den sie geheiratet hat, wird sie sich sagen, sie müsse ja sehr in ihn verliebt gewesen sein, daß sie nicht einen einzigen seiner Fehler bemerkt habe. Sie hat ein perfektes Gespür für alles, was auch nur im mindesten mit dem Gefühlsleben zusammenhängt; sie wird dem Hund-Mann nie Vorwürfe machen, daß er ihr seine Eifersucht verheimlicht hat. Durch seine Loyalität gestärkt, wird sie sich nie an seinen ungerechtfertigten Verdächtigungen stoßen. Wenn man die Freude hat, das Herz eines Hund-Mannes zu besitzen, tut man alles, um diesen Mann zu behalten und glücklich zu sehen.

Hund-Mann und Affe-Frau

Die Affen sind als besonders hellsichtig bekannt. Hindert sie das möglicherweise daran zu lieben? Die Affe-Frau hat die Fähigkeit, ganz klar zu sehen, ob sie diesen oder jenen jungen Mann heiraten kann. Wenn der Hund-Mann seine ersten Schritte auf sie zu macht, weiß sie sofort, worauf er hinauswill. Wird sie ja sagen? Obwohl sie nicht das Gefühl hat, irrsinnig in ihn verliebt zu sein, fühlt sie, daß das noch kommen kann. Sie beeilt sich also, sich ein Bild vom Hund-Mann zu machen. Denn wenn sie sich wirklich in ihn verliebt, so wird sie ihre Hellsichtigkeit und ihre Objektivität verlieren, und es wird zu spät sein.

Der Hund-Mann ist nicht frei von Fehlern, stellt sie fest. Er ist launisch und stets beunruhigt, und unvorhergesehene Ereignisse sind ihm ein Greuel. Aber sie weiß, daß sie mit ihm wird auskommen können. Und sie entdeckt an ihm hohe Qualitäten: seine unglaubliche Liebenswürdigkeit, seine bemerkenswerte Treue und seinen ernsthaften und ungeheuren Wunsch, alles richtig zu machen. Sie nimmt ihn so, wie er ist, und so wie er ist, liebt sie ihn.

Der Hund-Mann hat genügend Trümpfe im Spiel, um sich mit der Affe-Frau auf eine gefahrlose Partie einzulassen. Er weiß, daß sie glanzvoll, pfiffig, hellsichtig, feinsinnig und verwegen ist; er weiß auch, was er wert ist, und er nimmt sich vor, ihre Liebe mit größter Sorgfalt aufrechtzuerhalten und darauf bedacht zu sein, daß ihre Verbindung jeden Tag wieder neu entsteht, auch noch nach langen Jahren des gemeinsamen Lebens.

Hund-Mann und Hahn-Frau

Der Hund-Mann, dieses ernsthafte, nachdenkliche und manchmal ein wenig traurige Wesen, begegnet der Hahn-Frau. Sie ist
so verschieden von ihm, daß er im ersten Moment nicht versteht,
wovon sie spricht. Aber Worte sind nicht alles; mit viel Liebenswürdigkeit und Beharrlichkeit überzeugt der Hund-Mann die
Hahn-Frau davon, ihn zu heiraten.

Wenn sie erst einmal verheiratet sind, wird die Liebesleiden-
schaft gedämpft, und der Hund-Mann findet ebenso wie die
Hahn-Frau wieder zu seiner wirklichen Persönlichkeit zurück.
Diesen Schock muß man verkraften können. Der Hund-Mann ist
eifersüchtig. Warum sollten nicht auch andere junge Männer für
dieses reizende Wesen Feuer fangen, das er liebt und zu seiner
Frau gemacht hat? Dieser Gedanke jagt ihm einen gehörigen
Schrecken ein; gleichzeitig umschmeichelt ihn seine schöne Frau
immer wieder. Er ist der glückliche Auserwählte einer jungen
Frau, die er immer von einem Hofstaat verliebter junger Männer
umgeben gesehen hat.

Die äußerst aufgeschlossene Hahn-Frau ist immer frohgemut,
hat ein freundliches Wesen und ist stets bereit, auf Annäherungsversuche einzugehen, was ihrem Spielverderber von Ehemann
gar nicht gefällt. Er muß sie so nehmen, wie sie ist, ihr Interesse
wecken und ihr sagen, was ihm Sorge bereitet; sie wird ihm zuhören, ohne deshalb aufzuhören, sich um die Kinder zu kümmern, die sie sich gewünscht hat. Die ausgeglichene Hahn-Frau
bringt der Ehe die vom Hund-Mann erhoffte Stabilität.

Hund-Mann und Hund-Frau

Zu ihrem Erstaunen gab es, als die beiden sich kennenlernten,
nichts aneinander zu entdecken. Sie kannten sich nur zu gut. Jeder fand beim andern dasselbe Ideal und dieselbe Melancholie.
Sie werden sich mit Sicherheit gut verstehen.

Das einzige Hindernis ist die Eifersucht, die beide plagt; jeder der beiden glaubt, den König aller Könige geheiratet zu haben, und bildet sich ein, alle Welt versuche nur, ihm diesen Schatz wegzunehmen. Ihr Bestreben wird daher darin bestehen, sich gegenseitig von diesem mächtigen Gefühl zu heilen oder aber vom andern eine absolute Treuegarantie zu bekommen. Der zweite Weg wird der leichtere von beiden sein. Denn sie wissen, daß Treue für jeden von ihnen eine unabdingbare Pflicht ist, eine Vorstellung, die von jeher in ihnen verankert war. Das muß sie beruhigen.

Wenn sie Kinder haben, werden sie diesen ohne Unterlaß begreiflich machen, daß Treue der oberste Grundsatz im Leben ist. Es ist an dieser Stelle vielleicht angebracht, die hoffnungsfrohen Eltern bereits jetzt darauf hinzuweisen, daß sie damit nur Erfolg haben werden, wenn ihre Kinder in einem Hund-Jahr geboren werden. Diese unter hohen Grundsätzen vereinte Familie ist zänkisch in Details, manchmal laut, manchmal leise und gemessen.

Hund-Mann und Schwein-Frau

Der Hund-Mann hat sich immer gewünscht zu heiraten; mit seinem instinktiv treuen Naturell hat er nie an etwas anderes gedacht als an seine Heirat.

Was die Schwein-Frau angeht, so ist sie ein Mensch voller Freude. Sie liebt das Leben, die Zärtlichkeit, die Liebe und alles, was glücklich macht. Sie liebt all dies auf eine aktive Weise; sie wartet nicht mit offenem Mund; sie träumt davon, aber sie sucht auch danach. Wenn sie dem Hund-Mann begegnet, der anscheinend ihre Wunschvorstellung teilt, glaubt sie sich ihrem Ziel schon sehr nahe, und sie täuscht sich nicht.

Der Hausstand, den sie gemeinsam gründen, ist für ihn ein Teil seines Lebens, für sie ihr ganzes Leben; sie sieht nichts außer ihrem Mann und ihren Kindern. Sie ist bereit, sich erfolgreich und mit Tatkraft ihren Traum zu erfüllen.

Nachdem sich die ersten Liebesstürme gelegt haben, pendeln sich die Gefühle beider auf ein Gleichgewicht ein. Keiner der beiden ist rasend leidenschaftlich oder läßt sich von einer wilden Romantik mitreißen; sie sind besonnen und vernünftig; sie werden ein friedliches Paar werden. Die Schwein-Frau wird sich ihren Traum vom Leben erfüllen, der Hund-Mann wird ihre zärtliche Zuneigung mögen und sein Glück finden.

Das Schwein und sein Eheglück

Schwein-Mann und Ratte-Frau

Der Schwein-Mann hat, soweit er sich zurückerinnern kann, immer den großen Wunsch gehabt, zu lieben und geliebt zu werden. Für ihn ist das Verb »lieben« das einzig konjugierbare. Er hatte dabei nie den geringsten Hintergedanken oder irgendeine Spur von Lasterhaftigkeit, er kann sich nur einfach nicht erinnern, sich jemals etwas anderes gewünscht zu haben.

Die Ratte-Frau ihrerseits hat sich, seit sie das entsprechende Alter hatte, gewünscht, einen jungen Mann kennenzulernen, zu heiraten und Kinder zu bekommen. Sie ist eine charmante, zurückhaltende und lebendige, regsame und realistische Frau, die ihr Äußeres und ihr Auftreten mit größter Sorgfalt pflegt. Mit ihr wird sich der Schwein-Mann seinen Wunsch erfüllen können, einen Hausstand zu gründen. Er hat den Eindruck, daß sie von Anfang an wußte, was sie wollte, und daß sie sich so hergerichtet hat, daß sie ihm gefiel.

Sie sind verständig und unaufdringlich und werden kaum über materielle Dinge sprechen. Dennoch wird der Schwein-Mann der Ratte-Frau erklären müssen, wie es mit dem Unterhalt für die Familie stehen wird. Als Frau, die die Schwierigkeiten des Lebens kennt, wird sie auf diese Auskunft Wert legen. Sie weiß auch, daß, wenn die materiellen Schwierigkeiten sehr groß werden, sie in der Lage ist, sich im Haushalt einzuschränken und ebenfalls zu arbeiten, um mit ihrem Verdienst das Einkommen der Familie aufzubessern. Sie ist eine überlegte Frau, die immer lange im voraus plant.

Daß der Schwein-Mann so glücklich ist, berührt sie tief, sie wußte gar nicht, daß sie eine solche Macht hat. Der fleißige und tüchtige, aber manchmal ein wenig »verlorene« Schwein-Mann fühlt sich beruhigt und hat von Zeit zu Zeit das Bedürfnis, sich beschützen zu lassen.

Schwein-Mann und Büffel-Frau

Wenn er der Büffel-Frau begegnet und noch nicht gebunden ist, sagt sich der Schwein-Mann, daß sie ihm von einer wunderbaren Vorsehung geschickt wurde. Er tut alles, um ihr näherzukommen, mit ihr zu sprechen und ihr seine Liebe zu gestehen.

Er sieht die Liebe mit allergrößter Einfachheit, man muß fast sagen, Reinheit, aber dieser Ausdruck ist in dieser Beziehung nicht üblich. Sollte man vielleicht eher Unbefangenheit sagen? Mit Sicherheit gibt sich der Schwein-Mann hochfliegenden Träumereien hin, wenn er sich ausmalt, was man alles zu zweit tun kann, wenn man sich liebt. Und er wünscht sich, einer Frau zu begegnen, die seine Träume akzeptiert, sie als naturgegeben ansieht und damit einverstanden ist, sie »in die Praxis umzusetzen«. Die Büffel-Frau kann sich dem schlechterdings nicht widersetzen.

In der Tat mag die Büffel-Frau Liebesspiele mehr als Gespräche oder Geschenke. Für sie dienen Versprechungen nur dazu, das auszuschmücken, was man sagt; das einzige, worauf es ankommt, ist das, was man tut. Sie hat also nichts dagegen, sich mit dem Schwein-Mann auf einen Versuch einzulassen. Danach, wenn sie beide davon überzeugt sind, daß sie füreinander geschaffen sind, beschließen sie, ihrer beider Leben zu vereinigen.

Nachdem sie sich einig geworden sind, richten sie sich ein, und wenn nichts Dramatisches in ihr gemeinsames Leben einbricht, wird nichts sie wieder trennen. Denn sie sind nicht sprunghaft, und ihre Verbindung, ob amtlich bestätigt oder nicht, ist als definitiv anzusehen. Sie werden Kinder haben, und den Schwein-Mann wird das äußerst glücklich machen; er wird versuchen, sie zu seinen Schülern zu machen und ihnen beizubringen, wie ein Leben zu zweit aussieht und was es für ein Glück ist zu lieben.

Alles wird auf die natürlichste Art der Welt verlaufen, jede aufkommende Auseinandersetzung wird schnell beigelegt und jedes Problem gelöst werden, um das Einvernehmen in der Familie, auf das der Schwein-Mann so großen Wert legt, zu erhalten.

Schwein-Mann und Tiger-Frau

Der bescheidene und ohne jede Eitelkeit fleißige Schwein-Mann erkennt sich selbst nicht wieder, wenn er die Eroberung der blendenden, eleganten und prächtigen Tiger-Frau macht. Er und dieses reizende Wesen? Kaum zu glauben. Aber wahr.

Die Tiger-Frau, die sich durch die Lektüre der Klassiker romantische Vorstellungen erhält, fühlt sich voller Großmut; von dem Wunsch beseelt, Opfer zu bringen, lebt sie in dem Gedanken an die großen liebenden Frauen vergangener Zeiten.

Der Schwein-Mann stürzt sich in ein seltsames Abenteuer. Aber wo führt die Liebe nicht überall hin? Nur von einem Gedanken beseelt, wird er Erfolg haben und entschädigt werden. Schon bald ist die Tiger-Frau verheiratet und in ihrem neuen Leben als Frau und Mutter eingerichtet, und sie verändert sich und versucht, in ihrer Doppelrolle perfekt zu sein. An der Seite des Schwein-Mannes, der im allgemeinen nicht sehr gesellig ist und sich ohne weiteres mit den Freuden des gemeinsamen Lebens begnügt, wird sie in Erstaunen versetzt. Sie ahnt, welche Liebe er für sie empfindet, und stellt fest, daß er alles tut, um soviel Geld wie möglich zu verdienen, das er dann fast gänzlich ihr zu Füßen legt.

Sie sind ein ruhiges Paar. Sie haben nicht weniger Probleme als andere, aber sie sind klug genug, nicht darüber zu reden und ihre Sorgen zu verbergen.

Schwein-Mann und Hase-Frau

Die Hase-Frau, eine romantische Frau, will die wirkliche und echte Liebe.

Der Schwein-Mann hat sie durch seine Beharrlichkeit erobert. Als er sie wollte, drang er so sehr in sie, daß sie schließlich nachgab. Er wird dafür sorgen, daß sie es nicht zu bereuen hat. Er umsorgt sie, lehrt sie, was sie in Liebesdingen nicht weiß; er bringt ihr bei, daß es zwischen ihnen keine Scham gibt, weil sie sich lieben, und daß sie ihm alles zugestehen muß, was er will.

Wenn sie dafür sorgt, daß zwischen ihnen physische und gefühlsmäßige Harmonie herrscht, dann wird sie mehr verwöhnt und umsorgt, als sie es sich je gewünscht hat. Er sorgt dafür, daß sie ein behagliches und schönes Heim haben. Er ist ständig in ihrer Nähe, ist aufmerksam und zärtlich und behandelt sie so sehr als kleines Mädchen, daß sie sich fragt, ob er sie wohl eines Tages als erwachsen ansehen werde. Er ist in der Tat sehr besitzergreifend, hat eine sehr beschützende Art und ist ganz Familienvater; und wenn sie ihm auch nur ein Zehntel dessen sagt, was sie an ihm auszusetzen hat, dann bricht es ihm das Herz, so sicher ist er sich, daß er für sie der ideale Mann ist.

Wenn sie Kinder haben werden, wird er andere Qualitäten an den Tag legen. Es ist ihm sehr wichtig, seine Kinder so gut wie möglich zu erziehen, und er fängt es richtig an. So wird der Hase-Frau diese Verantwortung abgenommen, aber kritisch wie sie ist, wird sie vielleicht denken, er gehe mit ihnen zu lehrerhaft um, nehme ihnen jede Eigeninitiative, und wenn sie eines Tages aus dem Haus gehen, seien sie nicht angemessen auf das Leben vorbereitet. Das sagt sie sich eher aus Widerspruchsgeist; sie hätte es nicht gern, wenn ihre Kinder zu selbständig wären.

Schwein-Mann und Drache-Frau

Die Drache-Frau wird von ihrem leidenschaftlichen Temperament geleitet. Sie ist ohne Zweifel zu glanzvoll, als daß der Schwein-Mann auch nur einen Augenblick lang von ihr zu träumen gewagt hätte. Wenn er ihr begegnet, ist er ganz aus der Fassung, daß es eine so schöne Frau überhaupt gibt; er verliebt sich in sie und interessiert sich nur noch dafür, den Weg zu ihrem Herzen zu finden. Und darauf verwendet er die größte Sorgfalt und Besonnenheit.

Die Drache-Frau, für die er sich entschieden hat und die damit einverstanden ist, seine Frau zu werden, hat sich immer dagegen gewehrt, eine Allerweltsfrau zu werden. So ist es am Schwein-Mann, der Frau, die er liebt, ein angenehmes und vergnügliches Leben zu verschaffen, das genug Würze enthält, um die Drache-Frau glücklich zu machen. Da der Schwein-Mann ohne Falsch mit ihr spricht, hört ihm die Drache-Frau, die von seiner Aufrichtigkeit eingenommen ist, aufmerksam und in zärtlicher Liebe zu.

Die Drache-Frau wird den Schwein-Mann schon bald wissen lassen, daß sie gerne Kinder hätte; sie werden sehr schnell eine Familie gründen, und der Schwein-Mann wird seine eigene Lebensfreude an seine Kinder weitergeben. Sie werden eine harmonische Familie bilden, und mit ihren schönen Schuppen, die sie sich erhalten hat, wird die Drache-Frau weiterhin in ihrer kleinen Welt glänzen. Dem Schwein-Mann wird das unweigerlich schmeicheln. Unbefangen und aufrichtig wie er ist, wird er nicht umhin können, allen zu zeigen, wie glücklich er ist.

Schwein-Mann und Schlange-Frau

Die Schlange-Frau hat den gut fundierten Ruf einer Erobererin: Sie besitzt soviel Charme, daß einem nur die Flucht bleibt, wenn man ihr nicht verfallen will. Doch der Schwein-Mann hütet sich davor zu fliehen; er ist einfach zu glücklich, in ihrer Nähe zu sein. Er ist verliebt und völlig dem unterworfen, was sie von ihm verlangen wird, er wird sich erobern lassen.

Der Schwein-Mann ist sehr beharrlich. Er hat sich vom Charme der Schlange-Frau einfangen lassen und alles getan, damit sie einverstanden war, ihn zu heiraten. Jetzt muß er auf sie achtgeben. Dem Schwein-Mann ist klar, daß eine so verführerische Frau in manchen schwierigen Momenten Sehnsucht nach einem prachtvolleren jungen Mann bekommen könnte, als er es ist. Er bemüht sich also Tag für Tag, die Dinge nicht als endgültig anzusehen, und verwendet seine ganze Kraft darauf, die Schlange-Frau jeden Tag neu zu erobern.

Die Schlange-Frau verwendet ihre ganze Klugheit und ihre ganze angeborene Erfahrung darauf, zwischen ihnen eine vollendete physische Harmonie und die bestmögliche Stimmung herrschen zu lassen. In dem kleinen Königreich, das das Haus des Schwein-Mannes ist, ist sie die Herrscherin geworden. Sie versagt es sich, ihm zu sagen, er sei ihr zu nahe, zu gegenwärtig, ganz so, als ob er sie bewache. Und jeden Tag verliert ihre Persönlichkeit ein wenig mehr von ihrem Glanz und wird matter, in der Atmosphäre eines Glücks ohne Aufregungen und ohne Unvorhergesehenes.

Schwein-Mann und Pferd-Frau

Die Pferd-Frau war noch nie dafür geschaffen, das Alleinsein zu ertragen. Schon sehr jung dachte sie daran zu heiraten. Sie ist schön und elegant, hat ein sportliches Auftreten voll Energie und genug Charakterfestigkeit, um ihre Entscheidungen in die Tat umzusetzen. Sie ist sehr gefühlsbetont und romantisch und hat im allgemeinen eine sehr nervöse und empfindsame Natur.

Der Schwein-Mann träumt nur davon, geliebt zu werden. Er liebt nicht so fieberhaft und feurig wie die Pferd-Frau, aber er ahnt, daß er neben dieser Quelle zärtlicher Gefühle und unverhoffter Ereignisse ein sehr glücklicher Mann werden kann. Sein

Lebensziel, eine glückliche Ehe zu führen, hofft er, mit ihr verwirklichen zu können.

Die Pferd-Frau lernt sehr viel, wenn sie dem Schwein-Mann
begegnet. Schon in den ersten Tagen ihres Lebens zu zweit begreift sie, daß sie fürs Leben zusammengehören. Sie stürzt sich in
das neue Leben und vergißt ihre Ängste.

Sie wird ihre Ängste noch mehr vergessen, wenn Kinder dafür
sorgen, daß sie ihre eigene Persönlichkeit festigen kann. Endlich
ist sie sie selbst. Sie kann aufhören, zu zittern und unter unerklärlichen Ängsten zu leiden. Denn nun kümmert sich ein liebender
und fähiger Mensch um die Probleme, die ihr Angst machten,
ihre Seele kommt nun zur Ruhe. Sie hat ihren Platz gefunden.

Schwein-Mann und Ziege-Frau

Die Ziege-Frau ist in erster Linie ein Gefühlsmensch und wird
nur von ihren Gefühlen geleitet, ohne logischen Überlegungen zu
folgen. Sie ist bemerkenswert empfänglich für die Ausstrahlung
anderer. Sie macht oft einen unruhigen und von Ängsten verfolg-
ten Eindruck, aber sobald sie merkt, daß man sich für sie interessiert, wird sie gelassen und sieht die Dinge klarer.

Für den Schwein-Mann ist die Liebe das Wichtigste im Leben.
Die Liebe, von der er träumt, ist selbstverständlich eine moderne
Liebe. Nichts Ätherisches, Mittelalterliches oder Züchtiges. Nein,
er will total geliebt werden, gefühlsmäßig und sexuell, frei und
ohne Zwänge. Wenn außerdem ein geistiges Einverständnis da
ist, dann ist alles perfekt. Und er wartet darauf, derjenigen zu begegnen, die seine Frau werden wird.

Wenn er die Ziege-Frau kennenlernt, fühlt er sofort, daß sie es
sein wird. Er will einen endgültigen Bund, der in gegenseitiger
Offenheit lange hält.

Die Ziege-Frau ist nicht wenig erstaunt zu erfahren, daß man
auch auf diese Weise lieben kann. Aber warum eigentlich nicht?
Sie richten sich also ein, und alles geht bestens. Schon bald wird

das eheliche Band noch enger durch die Geburt von Kindern, die man in einer warmherzigen, aber strengen Atmosphäre erzieht, damit aus ihnen Erwachsene werden, die in der Lage sind, ebenfalls eine so stabile Ehe zu führen wie ihre Eltern.

Schwein-Mann und Affe-Frau

Die Affe-Frau, so schön und intelligent wie sie ist, geht dem üblichen Schicksal nicht aus dem Weg. Wenn sie eine Liebesheirat machen will, wird sie wahrscheinlich, da sie attraktiv und umschwärmt ist, die Qual der Wahl haben. Sobald sie jungen Männern begegnet, die sie möglicherweise lieben und heiraten wollen, kommt ihr ihre legendäre Hellsichtigkeit abhanden, und sie wird ebenso blind wie die anderen. Der Schwein-Mann weiß, was man tun muß, um anzukommen, und seine bezwingende Liebe läßt auch den letzten Rest Hellsichtigkeit der Affe-Frau schwinden.

Der Schwein-Mann ist nicht ängstlich, aber eifersüchtig. Wenn er sich in die Affe-Frau verliebt und beide beschließen, ihr Leben zu vereinen, muß sie ihm versprechen, das Band nie zu zerreißen, eine solche Möglichkeit darf überhaupt nicht in Betracht kommen. Er legt Wert auf völlige Sicherheit!

Was der Schwein-Mann von der Ehe erwartet, ist Stabilität und auch Kinder. Die Affe-Frau wird vor allem einen Sinn für Familienleben haben müssen, um mit einer solchen Heirat einverstanden zu sein.

Schwein-Mann und Hahn-Frau

Die Hahn-Frau hat schon sehr früh angefangen zu flirten. Sie liebt es, bewundert zu werden, und hat immer einen kleinen Hofstaat um sich versammelt. Sie entpuppt sich als Meisterin in der Kunst eines lebendigen Dialogs voller Anspielungen, die den unbedeutendsten Wörtern einen besonderen Sinn beilegen.

Wenn der Schwein-Mann, der seit seinen Jugendtagen von der Liebe träumt, der Hahn-Frau begegnet, fühlt er, daß seine Zukunft Gestalt annimmt und sich festigt. Sie gefällt ihm wirklich sehr. Aber da sie sehr umschwärmt ist, beginnt er, an sich selbst zu zweifeln. Er legt ihr seine Vorstellung vom Leben dar: eine Familie, Kinder, ein einfaches Leben, viel Liebe. Die Hahn-Frau ist vielleicht nicht gerade diejenige, die für diese Rolle in Frage kommt, aber er liebt sie.

Ihre gegenseitige Liebe wird ihnen berauschende erste Monate bescheren. Aber es können sich Probleme finanzieller Art stellen. Auf seine Fragen erhält er von ihr die Antwort, das Leben sei eben teuer. Der Schwein-Mann, der nicht auf den Kopf gefallen ist, unternimmt lobenswerte Anstrengungen, um sein Einkommen zu erhöhen, die Hahn-Frau bemüht sich, nicht so anspruchsvoll zu sein. So wird diese Verbindung, die eher ein wenig gewagt schien, ein Leben lang halten.

Schwein-Mann und Hund-Frau

Der Schwein-Mann würde auf der Suche nach der Liebe gerne um die ganze Welt reisen. Die Liebe ist sein Traum. Geliebt zu werden, auf diese Zukunft, die einige Vorarbeiten erfordert, hat er sich methodisch vorbereitet. Geliebt werden heißt einen Hausstand gründen. Man muß für den Unterhalt der Familie sorgen können, was darauf hinausläuft, daß man anfangen muß, sich eine angemessene Stellung zu verschaffen.

Als er der Hund-Frau begegnete, fühlte er, daß er von der Ausführung seiner Pläne nicht mehr weit entfernt war. Sie war für ihn schön, klug, treu, liebevoll und fähig, wirklich zu lieben. Und er entdeckte ihre höchste Qualität, ihre Treue. Welche Freude, welch ein ruhiges Leben!

Er weiß, daß sie seinen Kindern eine gute Mutter sein wird. Die Hund-Frau klagt nur zu gerne das Schicksal an, wenn sie etwas falsch macht oder verstimmt ist, aber die Liebe geht ihr über

alles; sie hält es nur für natürlich, danach zu suchen. Das ist eine
sehr alltägliche Wunschvorstellung und hat nichts Maßloses. Sie
gehört zu den Frauen, die man umgeben von einer fröhlichen
Kinderschar, Haustieren und blühenden Pflanzen sieht. Genau
das ist das Bild, das sie ihrem Mann bietet und das der wunschlos
glückliche Schwein-Mann vorfindet, wenn er nach Hause
kommt. Vielleicht erscheint diese Vorstellung vom Leben langweilig und banal. Aber das Glück ist nie langweilig, und das des
Schwein-Mannes und der Hund-Frau wird nur selten durch
eigenes Verschulden getrübt werden.

Schwein-Mann und Schwein-Frau

Die beiden haben, wie man sich denken kann, eine große Zahl
gemeinsamer Züge. Sie sind sehr sinnlich. Vor ihrer Heirat haben
sie einige Erfahrungen gesammelt, aber jetzt, da sie sich gebunden haben, ist nicht der Moment dafür, sich das Leben kompliziert zu machen. Das Wesentliche ist die Familie und das gemeinsame Leben!
    Beide sind die geborenen Eltern. Das ist ihre Berufung. Nach
den Erfahrungen ihrer Jugend haben sie keinen anderen Wunsch
mehr und sehnen sich nicht nach anderen Freuden. Wenn sie mit
einem Partner verheiratet sind, der andere Bedürfnisse hat, ist
diese Neigung nicht so offenkundig; aber wenn sie beide in
einem Jahr des Schweines geboren sind, dann sind Windeln,
Keuchhusten, Elternabende in der Schule und abendliches Abhö-
ren von Hausaufgaben ihr Los, ihre Freude und das, was ihrem
Leben seinen wirklichen Sinn gibt.

VIERTER TEIL

Ihre persönliche Entfaltung

Im ersten Teil dieses Buches haben wir die grundlegenden Prinzipien der chinesischen Astrologie dargestellt; im zweiten Teil haben wir uns dann damit befaßt, wie die Menschen der jeweiligen Tierzeichen miteinander auskommen; im dritten Teil schließlich ging es um die Liebe. Aber wir haben uns noch nicht mit dem individuellen Menschen selbst auseinandergesetzt, mit seiner Entwicklung und seinen persönlichen Aussichten auf ein Leben voller Glück und Erfolg.

Dies geschieht hier im vierten Teil. Dieser Teil entnält vier Kapitel. Im ersten mit »Die Lebensalter« überschriebenen Kapitel möchte ich das Leben der unter den verschiedenen Tierzeichen Geborenen von ihrer Geburt bis ins hohe Alter beschreiben. Das macht es Ihnen möglich zu sehen, ob Sie – oder jemand anderer – auf dem richtigen Weg sind, auf dem Weg, der für Sie günstig ist und Ihnen die besten Erfolgschancen bietet. Dieses Kapitel ist von großer Bedeutung. Für ein glückliches Leben ist es wesentlich, den Weg einzuschlagen, für den man am besten gerüstet ist.

Im zweiten Kapitel geht es um die geheimnisvollen fünf Elemente – Holz, Feuer, Erde, Metall, Wasser –, von denen schon im ersten Teil die Rede war und mit deren Hilfe besonders wertvolle Aufschlüsse gewonnen werden können. Vor allen Dingen werden hier die Charakterbilder – insgesamt sechzig – aller in den verschiedenen Jahren Geborenen dargestellt, wobei sowohl die fünf Elemente als auch die Tierzeichen berücksichtigt werden. Diese Charakterbilder werden es Ihnen ermöglichen, die Menschen, mit denen Sie zusammenkommen, genau genug und sich selbst besser kennenzulernen.

Mit Hilfe der fünf Elemente lassen sich auch die »transzendentalen Beziehungen« aufdecken, die ein gefährliches Element im
Leben sind. Ihre Kenntnis kann im Kampf um Glück und Erfolg
ungeheuer hilfreich sein, und ebenso bringt ihre Unkenntnis
manchmal unlösbare Probleme mit sich. Diese Beziehungen sind
Gegenstand unseres dritten Kapitels.

Schließlich werde ich, ebenfalls auf der Grundlage der fünf
Elemente, im vierten und letzten Kapitel einiges zu Fragen der
Gesundheit sagen, ein Thema, über das uns allerdings die chinesi-
sche Astrologie nur wenig Aufschluß gibt.

1. Die Lebensalter

DIE RATTE

Eine unbeschwerte Kindheit

Die junge Ratte ist in ihren ersten Lebensjahren ein Kind, das
gerne und viel ißt, aber nicht bei den festgesetzten Hauptmahl-
zeiten, sondern immer nur in vielen kleinen Rationen. Man
braucht sich also nicht zu wundern, wenn die Ratte ihr Leben
lang ein »Knabbertier« bleibt. Dabei sind ihr jedoch die regelmäßigen Mahlzeiten bei weitem nicht so wichtig wie die Kleinigkei-
ten zwischendurch, ein Sandwich hier, ein Stück Kuchen oder
ein paar Kekse dort oder ein schneller Imbiß aus dem Kühl-
schrank. Wenn man sie nur ließe, würde die Ratte ständig essen;
aber trotz dieser Gefräßigkeit wird sie nicht dick. Sie wird allenfalls »füllig«, aber nie unförmig, denn sie ißt zwar oft, bewegt
sich aber auch viel.

Schon in ihrer Kindheit ist sie peinlich genau, aktiv und eifrig,
nicht in den Dingen der Erwachsenen, sondern bei einem Spiel
oder bei der Verwendung dieses oder jenes Gegenstandes, den

sie zum Spielzeug umfunktioniert hat. Peinliche Genauigkeit heißt bei einem Kind nicht unbedingt, daß es auf sich und die Dinge seines kleinen Reiches so achtgibt, wie sich die Eltern das vorstellen, sondern vielmehr, daß es die Dinge so behandelt, wie es das für richtig hält.

Da es ständig in Bewegung ist, wird das Ratte-Kind im ganzen Haus herumkommen und alle Winkel und Schränke erkunden. Man findet es unter Umständen im Besenschrank mit dem Staubsaugerschlauch um den Hals oder unter der Tischdecke, wo es Knöpfe sortiert, um sie nach Farbe und Größe zu ordnen, wobei es die Sammlung mit Knöpfen vervollständigt, die es von seinen Kleidern abgepflückt hat. Oder es malt Schlangenlinien in die frisch geharkten Gartenwege. Und bei alledem ist es immer am Kauen. Entweder ißt es eine getrocknete Feige oder einen Keks oder ein Eckchen Schokolade oder einen kleinen unreifen Apfel, den es unter einem Baum aufgelesen hat.

Seine ganze Kindheit ist von einem Heißhunger nach Zärtlichkeit, nach Liebe und guten Worten bestimmt. Es braucht Kontakt und gemeinsame Unternehmungen mit anderen. Es ist abenteuerlustig und sorglos.

Sein aufgeweckter Geist ist erstaunlich lernbegierig, der Lehrstoff darf jedoch nicht zu schwierig sein. Daher wird Mathematik nicht gerade seine starke Seite sein.

Da die junge Ratte sehr schamhaft ist, werden ihr die Pubertätserscheinungen, die sie erschrecken und verlegen, vielleicht auch ein wenig traurig machen, Probleme bereiten. Ist es nicht zu deprimierend, daß man sich nun entweder zu einem Jungen oder einem Mädchen entwickeln muß und nicht beides gleichzeitig sein oder sich wenigstens selbst für eines von beiden entscheiden kann? Aber mit diesen intimen Problemen will sie alleine fertig werden. Mit ihren Eltern oder einem Arzt darüber zu sprechen, ist für sie undenkbar.

Die Blüte der Jahre

Der Mann oder die Frau, der beziehungsweise die aus der jungen
Ratte wird, wird sich eine berufliche Stellung verschaffen müssen, und das wird nicht leicht sein. Da die Ratte fleißig ist, wird
sie schnell eine gute berufliche Ausgangsposition haben, dann
aber auf Schwierigkeiten stoßen, die größtenteils durch Konkur-
renzkämpfe entstehen. Die Ratte ist weder grausam noch rachsüchtig. Sie hat das unbestimmte Gefühl, der Existenzkampf sei
eine Art Gesetz, dem man sich unterwerfen müsse. Sie wird sich
also schlagen. Es fehlt ihr nicht an Kampfgeist. Sie ist Individua-
listin und fügt sich nicht in eine Gruppe, eine Kategorie oder ein
System ein, auch wenn das sein muß, um den beruflichen Kampf
leichter zu gewinnen. Sie kann nur nach ihrem eigenen Lebensstil
leben.

Sie wird auf einen Beruf zusteuern, in dem ihre angeborene
Unabhängigkeit gewahrt bleibt. Die unglücklichste Ratte ist der
Angestellte, der am Anfang und am Ende des Arbeitstages
»sticht« und eine Arbeit verrichten muß, die ein anderer ihm auf-
getragen hat.

Ob sie Geschäftsleute, Juristen oder Finanziers sind, ob sie zu
den letzten Erforschern der Erde, vor allen Dingen unterirdisch,
gehören, Höhlenforscher, Vulkanforscher oder Geologen sind,
ob sie Arzt oder Privatdetektiv werden, die Ratten sind glücklich,
wenn ihnen niemand etwas vorschreibt.

Da die Ratte regsam, selten krank, geschickt und sparsam ist,
bleibt es nicht aus, daß sie Monat für Monat ihre Ersparnisse ver-
größert. Sie kann recht schnell ein glücklicher Grundbesitzer
werden, sich ein Haus einrichten, und der Ratte-Mann kann mit
seiner reizenden Art und einem vor Liebe brennenden Blick eine
junge Frau heimführen, seine Frau, seine Geliebte, die Sonne seines Lebens.

Die reifen Jahre

Ihr ganzes berufliches Leben lebt die Ratte in einem großen Unabhängigkeitsstreben, das nur, wenn die Umstände es erfordern, durch das Bedürfnis nach einem behaglichen Leben und die Notwendigkeit eines soliden Einkommens gebremst wird. Sie geht dann des festen Einkommens wegen möglicherweise in die Verwaltung, aber sie wird dort unglücklich sein. Sie wird an den Entscheidungen ihrer Vorgesetzten immer etwas auszusetzen haben und schließlich glauben, sie habe versagt; und das wird sie sehr verbittern.

Doch ein solcher Mißerfolg ist bei der Ratte, die meistens langsam und mit Fleiß die Stufen der sozialen Leiter hinaufklettert, selten. Sie erntet die üblichen Früchte einer ohne Aufsehen, aber auch ohne Makel sich vollziehenden Laufbahn.

Sie hat ein unglaubliches Organisationstalent, Methode und Beharrlichkeit und ist in dieser Beziehung beruflich unschlagbar.

Diese Züge sind sowohl bei der Frau als auch beim Mann ausgeprägt. Darüber hinaus ist die Frau eine sehr gute Hausherrin.

Der Ruhestand

Der ältere Ratte-Mann ist voller Klugheit und erzählt gerne von seinen zahlreichen unbeschreiblich schönen Erinnerungen. Er hat sich nun doch einer Gruppe angeschlossen, einem »Seniorenclub«, einem Verein oder einer Musikkapelle, wo er immer noch glänzen und gute Ratschläge geben kann.

Der Kampfgeist ist verflogen, außer vielleicht in der Politik, wo er, ob rechts oder links, immer zu den extremsten Flügeln gehört.

Die Ratte-Frau entwickelt sich ebenso. Sie wird in der Familie aufgehen, den Jungen gute Ratschläge geben und die Kinder hüten. Sie hat einen Schlußstrich unter ihre Aufsässigkeit gezogen und ihren Unabhängigkeitsdrang aufgegeben. Wenn sie nicht

völlig von der Familie in Anspruch genommen wird, gehört sie
jetzt einem Bridge-Club oder einer kulturellen Vereinigung an,
in der sie den sehr geachteten Platz eines wohltätigen Mitgliedes
einnimmt.

DER BÜFFEL

Eine unbeschwerte Kindheit

Das Büffel-Kind wird mit sehr viel Liebe erzogen, da sein pum-
meliges Aussehen alle, die mit ihm zu tun haben, zum Streicheln,
Küssen und Hätscheln verführt. Es hat einen ausgezeichneten
Appetit, ist ein braves Kind und hält sich an seine regelmäßigen
Mahlzeiten. Schon während der Still- oder Flaschenzeit nimmt es
sofort den Rhythmus an, an den man es gewöhnen will, und
weint nur vor Hunger, wenn man tatsächlich vergessen hat, es zu
füttern. Kinderrasseln interessieren es nicht, es mag lieber Neckereien und liebt es über alles, wenn man es liebevoll kitzelt, an seinem Hals entlangfährt und ihm durch seine feinen Haare
streicht.

Es hat schon jetzt seine kleinen Kindergewohnheiten und Vorlieben, kennt sein Reich sehr genau und achtet darauf, daß es respektiert wird. Es ist sehr schnell sauber und ordentlich, liebt
einen festen Zeitplan und Regelmäßigkeit.

Wie alle Kinder in seinem Alter ist es, sobald es krabbeln und
noch mehr später, wenn es laufen kann, wenn es sich an die Erkundungen des Hauses, der Schränke und der Nebengebäude
macht, langsam, behutsam, sehr ruhig und sehr methodisch. Aber
die Orte, die es bevorzugt, sind mit Sicherheit der Park, der Garten um das elterliche Haus oder auch das freie Land. Der junge
Büffel zeigt schon sehr früh einen ausgeprägten Sinn für Natur,
Pflanzen und Tiere. Und in seinem Verhalten und seinen Spielen
ist er schon jetzt ein vernünftiges Kind. Er bringt nichts durch-

einander und stellt nicht viele Fragen. Dafür hat er schon jetzt
Beobachtungsgabe und zeigt schon früh ein gutes Gedächtnis.

Er macht manchmal den Eindruck, als gingen ihm die Bekun-
dungen der Zuneigung, die man ihm unweigerlich schenkt, ein
wenig auf die Nerven; er dreht den Kopf weg und sieht nach der
anderen Seite, wenn man ihn an sich zieht oder ihm sagt, er sei
sehr brav und sehr schön.

Als kleiner Junge wird er bald merken, daß die kleinen Mädchen sanftmütig sind, solange man sie nicht neckt. Als kleines
Mädchen wird es ebenso wissen, daß man die Jungen im Spiel
leicht umgarnen kann und daß man sie, wenn sie einen necken,
wie sie manchmal die schlechte Angewohnheit haben, am besten
links liegen läßt und nicht mehr mit ihnen spricht; das ist für sie
eine schreckliche Strafe, sie sind zutiefst gekränkt, und das sieht
man ihnen dann auch an.

Der Geist der Büffel-Kinder wird schon bald erwachen, und
der Ruf des anderen Geschlechts läßt nicht auf sich warten.
Diese Kinder sind frühreif, also bereits vor dem eigentlichen Pu-
bertätsalter, sie werden deshalb viele Fragen stellen, und sie werden sie an eine Umgebung richten, die aussieht, als habe sie keine
Ahnung von den Antworten.

Lehren Sie sie den Wert materieller Dinge und hoher Prinzipien; Büffel-Kinder werden die entsprechenden Zusammenhänge
schnell begreifen. Was die Sexualität betrifft, sind diese Kinder
sehr wißbegierig. Niemand anders als die Eltern sollten die Aufgabe übernehmen, sie aufzuklären, damit ihre gesunde Reinheit
erhalten bleibt.

Zeigen Sie Ihrem Büffel-Kind auch sehr früh, was Familienbe-
sitz ist, wenn Besitz vorhanden ist, und bringen Sie ihnen bei,
weshalb man arbeiten muß; sie werden schnell lernen, daß das
Leben nicht so schwierig ist, wenn man es mit einem Minimum
an Annehmlichkeiten verschönern kann. Daran ist nichts Ta-
delnswertes, und sie werden auf diese Art eine sorglose Zukunft
haben.

Die Blüte der Jahre

Büffel-Mann und Büffel-Frau sind im allgemeinen Menschen, die wissen, was Arbeit bedeutet, und die die Arbeit lieben. Sie werden mit ihrem Geld nicht verschwenderisch umgehen und sich einiges zusammensparen.

Im allgemeinen sind sie keine Freunde von Verschwendung und Vergeudung oder von beim Spiel oder in Bars durchwachten Nächten. Ihr liebstes Freizeitvergnügen ist der Flirt, und das schon sehr früh, später dann die Herzensgeschichten und sexuellen Abenteuer. Sowohl die Büffel-Jungen als auch die Büffel-Mädchen amüsieren sich dabei sehr und nehmen sich diese Dinge nicht allzusehr zu Herzen.

In ihrer beruflichen Tätigkeit sind sie stetig, sie bringen den erforderlichen Einsatz, lassen ihn sich aber auch bezahlen. Ruhig, geduldig, fleißig, beharrlich und sicher machen sie ihren Weg; sie lieben die Macht und wissen, auf welchen Wegen man dorthin kommt.

Ein Schatten trübt das Bild: Büffel-Menschen verlieren viel Zeit und Energie mit Herzensgeschichten, die sie instinktiv immer wieder abbrechen; um sie weiterzuführen, fehlt es ihnen wohl an Leidenschaft. Ob Jungen oder Mädchen, sie wissen nicht, ab welchem Moment man äußerst vorsichtig sein muß, um nicht das Selbstwertgefühl eines Menschen unendlich zu verletzen. Wenn sie dann wieder allein sind, überzeugen sie sich selbst davon, daß ihr Partner an dem Zerwürfnis schuld war.

Um sich zu beruhigen, stürzen sie sich um so mehr in die Arbeit, verlangen nach neuer Verantwortung, die ihre ganze Kraft erfordert. Es gefällt ihnen, eine verantwortungsvolle Aufgabe zu haben. Sie fühlen sich dadurch aufgewertet. Und während sie sich dieser Aufgabe voll hingeben, vergessen sie ihr Liebesleid.

Die reifen Jahre

Später, nachdem sie diese Erfahrungen gemacht haben, werden sie in der Liebe geschickter sein und sich für das ganze Leben lieben lassen, was nun durchaus nach ihrer Vorstellung ist.

Die Berufe, die dem Büffel-Geborenen am ehesten liegen, sind administrativer Art. Da er ein behagliches Leben liebt, beginnt der Büffel in reiferen Jahren, größere Beträge anzusparen, und es gelingt ihm, sein Geld gut anzulegen. Seine Wohnung, in der es vermutlich von ausgefallenen und im allgemeinen antiken Dingen nur so wimmelt, ist vor allem wohnlich und gut eingerichtet.

Der Ruhestand

Ob Mann oder Frau, der Büffel wird es genießen, daß das Alter ihn der Natur näher bringt; er gehört zu denjenigen, die sich im Ruhestand gern aufs Land zurückziehen. Er hat entsprechende Vorkehrungen getroffen; alles wird nach seinen Plänen verlaufen.

Er liebt die Familie und seine Kinder. Er dürfte im Alter kaum einsam, sondern von einer zahlreichen Verwandtschaft umgeben sein. Sollte seine Familie in der Stadt leben, sorgt er zumindest dafür, daß seine Kinder und seine Enkelkinder ihn an den freien Tagen und in den Ferien besuchen.

Solange er allein ist, wird er seine Zeit damit zubringen, durch die Felder zu wandern, seinen Garten zu pflegen oder, bequem irgendwo sitzend, schwere und schwierige Bücher zu lesen, die ihn fesseln.

Die Büffel-Frau wird eher rundlich als schlank sein, und sie wird bei jeder sich bietenden Gelegenheit köstliche Desserts für ihre Kinder und Enkelkinder zaubern und davon überzeugt sein, daß sie dank ihrer guten Rezepte immer jemanden um sich haben wird.

DER TIGER

Ein Kind voller Energie

Ein Kind vom Kaliber des Tigers kann keine großen psychischen und moralischen Probleme haben. Es ist zu stolz, um unehrlich zu sein, und hat ein zu starkes Gemüt, um weinerlich zu sein.

So wissen seine Eltern zumindest, daß der kleine Tiger die Wahrheit sagt und keinen fadenscheinigen Vorwand sucht, um nicht zur Schule gehen zu müssen. In manchen Büchern heißt es sogar, er gehe gerne zur Schule. Aber nicht wegen des Unterrichts oder der Unterweisungen in Sozialverhalten und Disziplin, sondern weil er zu Hause nicht genügend Gelegenheit hat, seine Kraft und geistige Unabhängigkeit zu erproben.

Er liebt es, sich mit Gleichwertigen zu messen, wo immer es möglich ist; auch mit seinen älteren Geschwistern oder Kameraden, die größer und stärker sind als er.

Ist er ein guter Schüler? Da die Kinder in der Schule immer wieder dieselben Lektionen hören, prägen sich ihnen diese schließlich fast unmerklich ein. Genau dies ist, bis er anfängt, erwachsen zu werden, die Einstellung des Tigers. In der Tat wird er ein »mittelmäßiger« Schüler sein, in dessen Zeugnisheft wie in so vielen anderen der Vermerk steht: »Könnte besser sein«, wahrscheinlich um die Eltern hinsichtlich des Intelligenzgrades ihres Kindes zu beruhigen. Aus der Tatsache, daß er gar nicht den Wunsch hat, besser zu sein, schließen seine Lehrer, daß er es könnte. Er kann es nicht, weil er es nicht will, zumindest im Moment nicht. Dann, eines Tages, fällt der Groschen, und ohne daß man ihn dazu anhält, wird der junge Tiger besser.

Es kommt der Moment, da man ihm Ausgewogenheit beibringen muß. Er wird das nicht mögen; er ist exzessiv und sagt, das gehe nur ihn etwas an und es sei seine Sache, Risiken, für die er sich frei entscheide, auf sich zu nehmen. Man wird ihm also erklären müssen, daß man nur frei handelt, wenn man voll und ganz über die Konsequenzen seines Tuns, die Risiken, die man eingeht und den Schaden, den man anderen möglicherweise zufügt, im Bilde ist. Man muß ihm beibringen, nie zu sagen: »Ich habe es nicht mit Absicht getan.« In diesem Fall muß man ihm jedesmal antworten: »Du hättest es mit Absicht *nicht* tun sollen.« Er wird es schließlich begreifen; aber er wird schneller begreifen und weniger aufsässig sein, wenn man ihm in aller Ruhe erklärt, daß alles, was er tut, Folgen für ihn selbst und andere haben kann.

Ein vernünftiges Wesen, maßvoll in seinen Ansichten und seinem Handeln, das ist es, was man aus dem Tiger-Kind machen muß. Es wird einem ohne allzugroße Mühe gelingen, wenn man der Symbolik seines gestreiften Felles glaubt. Ausgewogenheit, gesunde Zurückhaltung im Urteilen und Handeln sowie Verantwortungsbewußtsein: das gibt Stabilität.

Die Blüte der Jahre

Nach einer bewegten und nicht selten schmerzlichen Jugend gelangt der Tiger in der Blüte seiner Jahre zu festen Vorstellungen und entwickelt in einer wohlüberlegten Laufbahn Sinn für die Freuden des Lebens, eines erfüllten, nützlichen, glänzenden, fröhlichen Lebens mit Geld, Abenteuern, jungen Mädchen bei den jungen Männern und jungen Männern bei den jungen Mädchen. Denn die Natur verlangt ihr Recht.

Das Unabhängigkeitsbedürfnis des Tigers tritt jetzt mehr denn je ungebändigt zutage; es fällt ihm schwer, sich Befehlen zu beugen, und Anweisungen entgegenzunehmen macht ihn krank. Es ist nicht einfach, eine leitende Position zu bekommen, aber das ist es, was er will. Wenn er keine Möglichkeit dazu hat, wählt er einen Beruf, den er nach eigenen Neigungen und Entscheidungen ausüben kann. Er weiß, daß man arbeiten muß, um frei zu sein, und daß man Geld verdienen muß, um unabhängig zu sein; auch wenn er Zwänge nur schwer erträgt, wird er doch alles tun, um sich eine gute gesellschaftliche Position zu verschaffen, einen angesehenen Beruf auszuüben, und wenn möglich, den höheren Gesellschaftsschichten anzugehören. Seine Eigenheit ist, daß er ohne Kompromisse ans Ziel kommen will. Ein Tiger macht keine Zugeständnisse und erträgt weder Unfreiheit noch Unterwerfung noch Unehrlichkeit und demzufolge auch keine »Maschen« und »Tricks«.

Die beruflichen Beziehungen zu einem Tiger sind weder leicht noch unkompliziert. Wegen seiner »Prinzipien« ist oft schwer mit ihm auszukommen.

Die reifen Jahre

Sobald er beginnt, Geld zu verdienen, heiratet der Tiger. Zumindest zu Hause wird er der Herr sein, falls er es im Beruf nicht ist.

Zu Hause wird er es komfortabel und elegant haben, im Rahmen seiner Möglichkeiten; aber die meisten Tiger erreichen die reifen Jahre in einem gewissen materiellen Wohlstand.

Ob Mann oder Frau, der Tiger hat in seinen reifen Jahren eine schöne Zeit. Er hat alles versucht, nicht wenig ist ihm geglückt. Er hat sich eingerichtet, eine Familie gegründet, seine Kinder aufgezogen. Er hat sich dieses Leben verwirklichen können, ohne jemals seinen Prinzipien untreu zu werden, indem er loyal blieb, stark war und sich nichts vorschreiben ließ.

Der Ruhestand

Der Tiger mag die friedvolle Ruhe seines Lebensabends nicht besonders, und wahrscheinlich wird er auch in fortgeschrittenem Alter noch Gelegenheiten finden, sein. Geschick, seine Kraft, seine Energie und seine Fähigkeiten unter Beweis zu stellen. Die Mitglieder seiner Familie werden ein kleines verständiges Lächeln für ihn haben, wenn er ihnen von seinen kühnen Plänen erzählt. Wird man ihn denn nie bremsen können? Muß es sein, daß seine Umgebung immer noch Ängste aussteht, wenn sie daran denkt, was für eine verrückte Idee ihm als nächstes einfallen könnte? Für ihn sind solche Ideen nicht verrückt, so ist nun einmal sein Leben, und wer darauf verzichtet, immer wieder etwas Neues auszuprobieren, verzichtet zugleich auch darauf zu leben. Er lebt, und er wird doch nicht mittendrin aufhören.

Der Tiger-Mann gehört zu den älteren Männern, die den Jungen immer ein Abenteuer zu erzählen haben, und diese werden sich gerne um ihn scharen, weil er für ihre mangelnde Disziplin Verständnis hat: War ich denn gehorsam in eurem Alter? Absolut nicht. Und trotzdem habe ich im Beruf Erfolg gehabt und bin glücklich geworden; man darf nur nie jemanden betrügen. Seht ihr, man muß verwegen und loyal sein. Das ist das wirkliche Leben. Das ist nicht leicht; aber wer sagt denn, daß das Leben leicht sein muß? Vielleicht ein Waschlappen, einer, der es nicht besser weiß, in jedem Fall kein Tiger!

DER HASE

Eine brave Kindheit

Das Hase-Kind hat einen fügsamen Charakter. Es stellt seine Eltern vor keine Probleme. Es ist unkompliziert, sanftmütig und gehorsam, alles in allem ein braves Kind. Es versucht nie, herumzustreiten oder seinen Eltern zu widersprechen. Was man ihm sagt, glaubt es. Was man ihm beibringt, behält es. Es hat ein freundliches Wesen und ist selten weinerlich; es hat nicht die quengelige Art, die man bei manchen andern Kindern findet. Es ist dienstbereit und zieht kein Gesicht, wenn es nach oben gehen und aus dem Zimmer von Mama einen Schal holen soll; es holt morgens die Brötchen und die Milch; es ißt ohne Murren, was auf den Teller kommt.

In der Schule gehört es zu den ruhigsten Kindern. Es spielt mit seinen kleinen Kameraden, ohne sich zu prügeln oder zu streiten. Es ist fleißig, gehört zum guten Durchschnitt, und seine Zeugnishefte sind vorzeigbar. Es gehört eher zu den guten Schülern als zu den Letzten in der Klasse; es fällt nicht durch Krach oder mangelnde Disziplin auf. Es ist in allem unauffällig und durchschnittlich und muß eher angespornt als gebremst werden.

Es hat allerdings den Anschein, als ob sein Fleiß weniger von einer erfolgversprechenden Zielstrebigkeit herrührt, als daher, daß es Ärger und Komplikationen mit den Lehrern und seinen Eltern vermeiden will.

Es hat eine Schwäche für die Liebkosungen seiner Eltern und nimmt solche Zärtlichkeiten sehr wichtig. Das ist ein verborgener Charakterzug des jungen Hasen. Den Eltern ist also zu raten, ihn nicht zu sehr zu beaufsichtigen. Er hat keine schlechten Eigenschaften, sein Fehler ist nur seine Passivität. Man muß ihm daher freien Raum lassen, ihn manchmal auch sich selbst überlassen, damit er lernt, sein Leben ohne Hilfe selbst in die Hand zu nehmen.

Die Blüte der Jahre

Wenn er die Fülle des Erwachsenenalters erreicht hat, ist es selten, daß der Hase-Mann nicht eine berufliche Laufbahn eingeschlagen und sich für einen eigenen Lebensstil in seinem Alltag entschieden hätte. Er entscheidet nicht immer frei und in Kenntnis der Dinge; meistens entscheiden die Ereignisse für ihn, und er muß sich damit begnügen, sie gutzuheißen. Er hat keine Persönlichkeit, die stark genug ist, seiner Zukunft eine entscheidende Wende zu geben und wirklich den Berufsweg zu wählen, der ihm gefällt. Aber gibt es überhaupt einen Berufsweg, der ihm gefällt? Er interessiert sich für alles ein wenig und würde am liebsten heute dieses und morgen jenes anfangen, je nach Laune.

Wenn unser Hase ein Mädchen ist, dann werden die Dinge

ebenso verlaufen. Wie der Hase-Mann schätzt auch die Hase-Frau geistige Bildung, die ihr möglicherweise neue Horizonte eröffnet und unvorhergesehene Möglichkeiten bietet, die sie dann im Flug ergreifen kann.

Die reifen Jahre

Die im Jahr des Hasen Geborenen sind im allgemeinen verständige, vernünftige, gebildete, feinsinnige und zivilisierte Erwachsene. Sie haben unkomplizierte Neigungen und eine gewisse Schwäche für Liebesdinge; die Sinnlichkeit spielt in ihrem Gefühlsleben eine große Rolle. Sie lieben Kinder und beschäftigen sich gerne mit ihnen.

In ihrem Privatleben sind sie sehr gesellig. Die Abende mit ihnen sind angenehm, und eine Unterhaltung mit ihnen ist, wenn auch nicht gerade genial, so doch immer interessant. Es herrscht eine Atmosphäre der Freundlichkeit, des Feingefühls und der Gastfreundschaft. Die Hasen sind sehr angenehme Nachbarn, Kollegen und Freunde.

Im beruflichen Bereich sind Geschick und Behutsamkeit vorherrschend. Da sie sich nicht über die Maßen anstrengen wollen, klettern sie auf der Leiter nie ganz nach oben, und auch wenn sie gut angeschrieben sind, kommen sie langsamer vorwärts, als ihr Können und ihr Eifer annehmen ließen.

Sie haben einen ausgeprägten Sinn für Sittsamkeit, und das ist eine Gabe, die Strebsamkeit nicht unbedingt einschließt. Die üblichen Karrieremethoden widern sie an, und ihre Vorlieben gelten eher dem privaten Glück und Familienfreuden als Ehrungen und prachtvollen Gehältern. Ihr Tugendverhältnis läßt keine Kompromisse zu, auch nicht die verständlichsten. Nicht nur daß sie ihnen nicht erliegen wollen, sie sind dazu auch nicht in der Lage.

Ihnen liegen eher solche Berufe, in denen Einstufung und Beförderung nach festen Regeln vorgenommen werden, ohne daß sich der Betreffende besonders darum kümmern muß. Bei Versi-

cherungen und Banken oder in der öffentlichen Verwaltung haben sie einige Chancen, ihre Aussichten im Geschäftsleben, in der
Industrie oder in der Politik sind eher schlecht. Was die freien
Berufe angeht, so üben diese auf sie zwar eine gewisse Anziehungskraft aus, doch sie erfordern zuviel Arbeit und Eigeninitiative, um dem Hasen wirklich zuzusagen.

Der Ruhestand

Sie haben ordentlich gearbeitet, haben ihre Kinder aufgezogen,
und nun, wo es auf ihren Lebensabend zugeht, sind die Hase-Ge-
borenen ein wenig allein und stehen einigermaßen mittellos da.
Das ist die Strafe für ihre Sorglosigkeit. Glücklicherweise werden
sie von der Familie umsorgt, denn ihr ganzes Leben lang waren
sie liebenswert und umgänglich, doch vielleicht haben sie nicht
gerne das Gefühl, anderen zur Last zu fallen. Es wäre besser gewesen, sich auf diesen Lebensabschnitt mit mehr Bedacht vorzubereiten.

DER DRACHE

Eine heikle Kindheit

Das kleine Drache-Kind besitzt schon alle Züge, die es auch charakterisieren werden, wenn es einmal erwachsen ist. Wenn Sie
das Innenleben des Drachens kennen, wissen Sie, was Sie bei
Ihrem Kind finden, wenn es in einem Drache-Jahr geboren ist.

Der Drache ist aktiv. Das bedeutet, daß Ihr Drache-Kind
schon in den ersten Monaten seines Lebens damit beginnt, in der
Wiege herumzustrampeln, wenn es das nicht schon vor der Geburt im Bauch der Mutter getan hat. Der wichtigste Rat, den
man geben kann, ist also, darauf zu achten, daß diese Zappelei

nicht zu weit geht und womöglich zu einem Unfall führt. Sobald der junge Drache auf seinen Beinen stehen kann, muß man mit jeder Katastrophe rechnen und sorgfältig darauf achten, was sich in seiner Reichweite befindet. Aber er hat Glück, und die Tragödien, die über ihn hereinbrechen könnten, sind oft letzten Endes doch nicht so schlimm oder werden verhindert.

Schon jetzt macht sich sein anspruchsvolles und intolerantes Wesen bemerkbar, vor allem beim Essen.

Wenn sie sich diese Charakterzüge vor Augen halten, können die Eltern eines kleinen Drachen vermeiden, sich an den Zacken zu verletzen, die er – bildlich gesprochen – auf dem Rücken trägt!

Die Blüte der Jahre

In seinen besten Jahren, zwischen der frühen Jugend und den ersten Jahren des Erwachsenseins, ist der Drache, ob Junge oder Mädchen, glücklich. Denn ihm ist Glück als ein Geschenk in die Wiege gelegt worden. Aber er macht zugleich eine schwere Zeit durch. Nachdem er in den letzten Jahren seiner Kindheit alles getan hat, um seine Persönlichkeit zu festigen, muß er sich nun bewähren. Er ist nicht profitgierig oder egoistisch, aber dynamisch, liebt das Leben und hat ein warmherziges Naturell. Das ist die Zeit seines Lebens, in der er seinen beruflichen Werdegang, seine Zukunft, sein weiteres Leben aufbauen muß. Er ist immer noch sehr idealistisch, und die Wirklichkeit befriedigt ihn nicht. Er würde gerne die Welt verändern, doch der gesunde Menschenverstand, der ihm jetzt schon eigen ist, sagt ihm, daß es nicht geht. Wenn er nicht ruhiger wird, muß er in der beruflichen Tätigkeit, für die er sich entscheidet, Gelegenheit haben, seine Energie nutzbringend und segensreich einzusetzen.

Es fällt ihm leicht, Geld zu verdienen, aber er hat keine Beziehung dazu und kann es nicht zusammenhalten. Er ist ein großzügiger Freund und verschenkt mehr Geld, als er verdient.

Auch sich selbst gegenüber ist er großzügig. Er lebt auf großem Fuß. Er erweckt den Anschein von Eleganz und Reichtum,
und wie auch immer sein Lebensstandard ist, er scheint immer
weit über den anderen zu stehen, allein durch die Art seines Auftretens und den Stil seiner Kleidung.

Die reifen Jahre

Der Drache hat in seinen reifen Jahren zwar begriffen, worauf es
im Leben ankommt, dabei hat er jedoch keineswegs die ruhige
Weisheit gewonnen, die ihm zu wünschen wäre.

Er hat sich zwar viele Wahrheiten zu eigen gemacht, die mehr
oder minder ewig Bestand haben, ist aber weder sparsam noch
geizig noch egoistisch geworden. Was er hat, steht immer noch
seinen Freunden zur Verfügung. In finanzieller Hinsicht herrscht
eine gewisse Ruhe, im Tagesprogramm jedoch nicht. Der immer
noch dynamische Drache wird jetzt ein warmer, herzlicher, mit-
teilsamer Mensch, der seine Umgebung das Leben lieben läßt.
Die Widrigkeiten des täglichen Lebens ebnet er soweit wie möglich ein, und er versteht es, angenehme Freunde zu gewinnen und
zu halten.

Der Ruhestand

Der Lebensabend mit den letzten Jahren, wenn also alles ein wenig langsamer geht, scheint die Kraft eines Drachens nicht über
die Maßen anzugreifen. Auch im Alter verfügt er noch über
Energie, Dynamik und Vitalität!

Er ist immer noch der Schönste und am meisten Bewunderte
und wird sich bis zum Schluß genug von seinem Feuer erhalten,
um andere zu beeindrucken!

DIE SCHLANGE

Ein frühreifes Kind

Wir alle sind schon einmal Kindern begegnet, die älter sein wollen, als sie es sind, und nachsichtig lächeln, wenn man mit ihnen spricht wie mit einem kleinen Kind. Das Schlange-Kind gehört dazu. Es erlebt seine frühe Kindheit, als ob es geistig bereits seine endgültige Form erreicht hätte. Es erlebt seine Kindheit als Erwachsener. Natürlich kennt es die Dinge noch nicht, die man erst lernen muß und die einen nur die Erfahrung lehrt, aber was es neu entdeckt, sieht es mit dem Blick eines Erwachsenen.

Da es von seiner Umwelt durch eine gewisse Distanz getrennt ist, fühlt es sich ein wenig verloren, und es braucht unbedingt Beweise von Zärtlichkeit und Zuneigung, ebenso wie genaue Erklärungen und aufrichtiges Vertrauen.

Aufgrund seiner geistigen Verfassung ist das Schlange-Kind in der Schule ein ungleichmäßig guter Schüler. In manchen Fächern glänzt es ohne sichtliche Anstrengung, und in anderen sind die Leistungen gleich Null. Seine Lehrer verwirrt das, denn sie haben das Gefühl, das Kind sei intelligent genug, um den Stoff zu begreifen. Doch es sträubt sich dagegen, und zwar weil es wie ein Erwachsener selbst entscheiden will, wo es seine Kenntnisse vertieft und was es fallenläßt, weil es sich nicht dafür interessiert.

Wenn seine Familie das weiß, wird sie sich danach richten und dem Kind erklären, daß die Wissenslücken sich in Prüfungen als verhängnisvoll erweisen und ihm in seinem späteren Leben Verdruß bereiten können, daß es also besser ist, auch den Stoff, den das Kind nicht mag, gleich zu lernen, weil es sich sonst das Fehlende später aneignen muß.

Die Blüte der Jahre

Die Jugend der Schlange verläuft wie ihre Kindheit in einer ruhigen Erwachsenenstimmung; sie sieht den andern dabei zu, wie diese eine verrückte Idee nach der andern aushecken und Fehler machen, auf die sie sich hüten wird, die anderen aufmerksam zu machen, da sie sich nicht zurückweisen lassen und auch nicht als »Besserwisser« gelten will. Dennoch hat sie ihre Launen und Grillen; sie hat auch ihre Abenteuer, die jungen Menschen des anderen Geschlechts sind eine leichte Beute für die charmante heranwachsende Schlange. Sobald sie sie erobert hat, läßt sie jedoch ihre Beute wieder los; sie sieht darin nur einen Test ihrer Verführungskünste, so will es die Natur.

Dies ist die banalste Zeit ihres Lebens. Sobald sie ins Erwachsenenalter kommt, wird sie ganz Verführer, und was sie tut, ist ganz und gar typisch. Sie erobert, wen immer sie will, ob in der Liebe, in der Freundschaft oder in geschäftlichen Beziehungen. Sie zeigt erst jetzt ihre wirkliche Persönlichkeit.

Sie läßt sich von ihrem Gefühlsleben nicht mitreißen; sie weiß sehr gut, was sie tut, und in ihren Beziehungen zum andern Geschlecht wird sie nie beherrscht, sondern ist immer die Erobernde.

Die Taktik, die sie von nun an beibehält, ist zu verführen, den Partner anschließend zu unterwerfen, ihn dann zu lähmen und ihn so in ihre Abhängigkeit zu bringen. Bei einem jungen Mann kann man sich das leicht vorstellen; bei einem jungen Mädchen läuft es aber nach demselben Prinzip. Sie findet immer Gründe, ihren Mann da zu halten, wo sie bleiben will; und mit List und Tücke bringt sie ihn dazu, dahin zu gehen, wohin sie will!

Die reifen Jahre

Eine Ehe, in der ein Partner unter dem Zeichen der Schlange geboren ist, ist immer eine solide Ehe. Das Geschick der Schlange, ihren Partner dorthin zu bringen, wo sie ihn haben will, wirkt sich entscheidend auf das Eheleben aus, und gleichgültig wie groß die Schwierigkeiten oder wie heftig die Diskussionen auch sein mögen, die im Laufe eines Lebens nie ausbleiben, dieses Paar trennt sich nicht und bleibt zusammen.

Ihre geistige Reife macht aus Schlange-Geborenen sehr schnell erfahrene und verständnisvolle Eltern. Ihre Kinder stoßen bei ihnen auf Verständnis, man hört ihnen wirklich zu und nimmt sie ernst, sie sind also glücklich. In dieser Hinsicht ist nichts so wertvoll wie die Intelligenz und guter Wille. Diese Kinder werden, wenn sie von anderen Tierzeichen beeinflußt werden, ihre Eltern einigermaßen in Erstaunen versetzen, aber dennoch von dem Elternteil vereinnahmt werden, der Schlange ist. Sie werden hypnotisiert und umgarnt – wie alle.

Die Weisheit, die die Schlange charakterisiert, kommt ihr in ihrer beruflichen Laufbahn sehr zugute. Sie wird hinsichtlich ihrer Position und ihres Einkommens stetig vorankommen, bis sie ein Niveau erreicht hat, das sie in ihrer Weisheit als angemessen erachtet, eine Position, die es ihr ermöglicht, nach ihrem Geschmack, der nicht übertrieben kostspielig ist, zu leben. Danach legt sie keinerlei Wert mehr auf ein weiteres Vorwärtskommen und wird für ihre Rivalen, Konkurrenten und Kollegen wesentlich ungefährlicher.

Schlangen legen Wert auf Geld, weil sie nicht im Elend leben wollen, aber ein gewisser Wohlstand reicht ihnen. Sie lieben auch das Nichtstun. Und daraus machen sie kein Hehl. Sie stehen auf dem Standpunkt, daß, da unsere Gesellschaft eine Gesellschaft des Geldes ist, sie eben Geld verdienen und genügend davon beiseite legen müssen, wenn sie ordentlich leben wollen.

Die Schlange legt Wert auf ein eigenes Reich, eine angenehme Umgebung und die Ausgestaltung dieser Umgebung; sie versteht es, ihre Umgebung auszuwählen, ihre Vorstellungen davon reifen zu lassen, darüber nachzusinnen und, wenn sie ihr Ziel erreicht hat, ihren Status zu erhalten. Sie liebt das Harmonische, Weiche, Graziöse und Behagliche. Freilich, man muß keine Schlange sein, um dies alles zu lieben; aber im Unterschied zu anderen Tierzeichen legt die Schlange so großen Wert auf diese Qualitäten, daß sie keine Mühe scheut, ihr Leben entsprechend einzurichten, und nicht müde wird, sich einzusetzen, bis sie den Erfolg sieht. Wenn sie sich nach ihrem Geschmack eingerichtet hat, wechselt sie ihre Wohnung, ihr Domizil und ihre Einrichtung nicht mehr. Sie bleibt in ihrem Nest. Sie mag weder Schiffskabinen noch Hotelzimmer. Sie will zu Hause sein.

Der Ruhestand

Die Schlange hat eine Familie gegründet oder zumindest ihr Leben stabilisiert, ein Heim eingerichtet, eine berufliche Laufbahn hinter sich, und das Ende ihres Weges ist nicht mehr weit. Nun überläßt sie sich, unabhängig von ihrem Gesundheitszustand, ihrer Familie, ihrer Umgebung und ihren Sorgen, völlig ihren Schlange-Neigungen. Sie wird immer weiser, vernünftiger und verständiger. Sie gibt gerne sehr gute Ratschläge, die im übrigen nicht befolgt werden. Doch das kalkuliert sie ein und denkt sich schon die nächsten Ratschläge aus, um den Konsequenzen abzuhelfen, die entstanden sind, weil man nicht auf sie gehört hat. Klug wie sie ist, weiß sie schon im voraus, was geschehen wird.

In der Familie spielt sie perfekt die Rolle des Familienältesten, auf den man hört. Ihre Familie weiß sehr gut, daß sie recht hat. Sie weiß auch, daß sie im Leben Glück hatte und daß ihre Kinder vielleicht nicht dasselbe von sich behaupten können. Sie wird als Vorbild angesehen, dem man folgen muß, aber es ist schwer, so zu werden wie sie, wenn man nicht selbst eine Schlange ist.

DAS PFERD

Ein ungestümes Kind

Solange das Pferd noch ganz klein ist, ist nicht genau zu erkennen, wie es später einmal sein wird; allerdings zeigt es gegenüber seiner Umwelt auch nie Feindseligkeiten. Es träumt viel, seine Spiele zeigen es. Sobald es gehen und später laufen kann, zeigt es sein natürliches Temperament. Es mag Spiele über alles, bei denen man physische Qualitäten wie Kraft, Geschick und Biegsamkeit, aber auch andere, seltenere Qualitäten wie Urteilsvermögen und Kontaktfreudigkeit unter Beweis stellen muß.

Dann, sobald es merkt, daß es außer seiner Familie und seinen Kameraden auf der Welt noch andere Dinge gibt, versucht es, Neues zu lernen; es interessiert sich lebhaft für alles, was man ihm sagen kann, und was man ihm sagt, akzeptiert und glaubt es mit einfachstem Zutrauen. Je mehr sich sein Wissen im Laufe der Zeit erweitert, um so selbständiger macht sich das Pferd, und schon der Ansatz einer autoritären Bemerkung führt zu hitzigen Reaktionen und denkwürdigen Zornesausbrüchen.

Es will sein Leben selbst führen, und niemand soll sich da hineinmischen. Es fürchtet weder Stürze noch Schläge, und im allgemeinen bemüht es sich, stark und geschickt zu sein. Es hat so wenig Bedürfnisse, daß ihm alles einfach erscheint. Da es im allgemeinen einen aufgeweckten und neugierigen Verstand hat, lernt es leicht, liebt die Schule aber überhaupt nicht. Wenn es die Hausaufgaben nicht gemacht hat, fragt es seine kleinen Mitschüler lässig und in scherzhaftem Ton nach dem Wichtigsten. Es erübrigt sich hinzuzufügen, daß diese ungezwungene Art ihm die Hochachtung der Gleichaltrigen einträgt.

In ihrer Kindheit verhalten sich die kleinen Pferd-Mädchen nicht anders als die kleinen Jungen. Sie sind weder sanfter noch zurückhaltender noch feinfühliger. Unterschiede bilden sich erst in den Jugendjahren heraus.

Gegenüber Eltern und Lehrern sind diese jungen Menschen weder besonders frech noch sehr ungehorsam; aber man merkt, daß Obrigkeit sie nicht beeindruckt.

Die Blüte der Jahre

Nun kommt der Moment, in dem die Jungen und Mädchen, aus denen erwachsene Männer und Frauen geworden sind, daran denken müssen, sich einen Platz auf der Sonnenseite des Lebens zu verschaffen.

Wenn das Kind die Volljährigkeit erreicht hat, auf die es immer gewartet hat, werden ihm die Vorteile der Kindheit bewußt. Es muß sich nun darauf vorbereiten, sein Leben voll und ganz selbst in die Hand zu nehmen. Und nicht alle Kinder werden in wohlhabende Familien hineingeboren. Es ist daher auch für die meisten Pferd-Geborenen unumgänglich, sich über eine Arbeit Gedanken zu machen, die möglichst viel Geld einbringt. Das ist eine Notwendigkeit, die der Pferd-Geborene absolut nicht mag. Er hat Talente und Fähigkeiten, mit deren Hilfe er ohne weiteres mehr als nur seinen Lebensunterhalt verdienen könnte, aber er fühlt sich außerstande, sich für einen Beruf zu entscheiden, es sei denn, dieser erfordert keinerlei Disziplin.

Die jungen Mädchen werden daher auf eine reizende Art eitel, um im Hinblick auf eine vielversprechende Heirat die Blicke solcher jungen Männer auf sich zu ziehen, die bereits in einer guten Position sind. Für die jungen Pferd-Männer hingegen verdüstert sich das Leben. Aber sie zeigen es nicht, und ihr Feuer und ihre Geselligkeit ersetzen Arbeitseifer und Regelmäßigkeit ihrer Bemühungen. Denn genau das ist es, was ihnen fehlt.

Für Pferd-Geborene ist, ohne daß sie sich selbst dessen bewußt sind, das Wichtigste im Leben die Liebe. Sie sind so gesellig, daß sie sich mit allen Menschen verbinden, mit denen sie auch nur den geringsten Kontakt haben. Beim Mann wie bei der Frau sind Gefühl und Sinnlichkeit von vorrangiger Bedeutung. Das ist einer der großen Reize, die sie jeweils auf das andere Geschlecht ausüben.

Das alles bringt viel Bewegung und Veränderung in das Leben der im Pferd-Jahr Geborenen und geht soweit, daß sie insgeheim ein gewisser Verdruß befällt, der unter mehr oder weniger stichhaltigen Vorwänden zu heftigen Krisen führen kann; in Wirklichkeit aber dienen diese Zornesausbrüche nur dazu, einen Überschuß an Kräften abzulassen.

Die reifen Jahre

Das Berufsleben des Pferd-Geborenen wird im allgemeinen nicht sehr leicht sein. Da sie alle von einem steten Unabhängigkeitsdrang beseelt sind, werden sie die landwirtschaftlichen, handwerklichen und freien Berufe am meisten befriedigen. Unter einem »Chef« arbeiten zu müssen, macht sie mißmutig; es ist besser, wenn es ihnen gelingt, selbständig zu arbeiten. Industrie und große Verwaltungsapparate sind die Berufszweige, die ihnen am wenigsten behagen.

Pferd-Geborene sind keine Menschen, denen daran liegt, viel Geld zu verdienen, aber sie wollen auch nicht gerade im Elend leben. Sie brauchen das, was zu einem gewissen Ansehen gehört; und dazu braucht man mehr Geld, als man denkt. Ihre Bescheidenheit bringt sie um einen Teil dessen, was ihnen zusteht, denn kleinlicher Geiz verärgert und verstimmt sie.

Der Ruhestand

Pferd-Geborene haben keine Schwierigkeiten mit dem Altern. Sie haben in ihrer Jugend genügend Energie und Muskelkraft, um bis an das Ende ihres Lebens kräftig und beweglich zu bleiben. Das Altern wird für sie um so unproblematischer sein, als sie nicht vom Arbeiten müde sind; ihr Ehrgeiz hat sie nicht dazu getrieben, sich selbst zu überfordern, und dank ihrer Liebe zur freien Natur erhalten sie sich im allgemeinen eine gute Gesundheit.

Da sie ihr Leben lang zu ihren Kindern ein ungezwungenes Verhältnis hatten, werden sie von diesen genug geliebt und geachtet werden, um im Alter nicht allein zu sein.

Sie werden nur selten ihren Lebensabend mit dem Ehepartner verbringen, den sie einst in ihrer Jugend geheiratet haben, vor allem wenn sie sehr jung geheiratet haben. Aber es kann auch vorkommen, daß sie beständig geblieben sind, und dann werden sie, auch wenn die Treue für sie reichlich uninteressant war, sich sehr viel Würde erhalten, und sie werden sehr interessante Großeltern abgeben, die nie um eine schöne Geschichte oder einen Ratschlag, der eher unrealistisch ist, verlegen sind.

DIE ZIEGE

Ein sensibles Kind

In ihrer Kindheit ist die Ziege äußerst sensibel für Gefühlsprobleme. In einem Alter, in dem andere Kinder sorglos spielen, während sich ihre Eltern zanken, fühlen die kleinen Ziegen, was sich im Kopf und im Herzen der anderen Menschen abspielt, die sie lieben. Es ist unmöglich, ihnen zu verheimlichen, daß Großpapa eine Herzattacke hatte, es ist nicht zu verhindern, daß sie es merken, wenn Papa mit einer »anderen Frau« weggegangen ist, und es ist aussichtslos, vor ihnen verbergen zu wollen, daß sich ihre Eltern wegen Arbeitslosigkeit oder Steuern Sorgen machen.

Wenn Spannungen in der Luft liegen, fühlt es das Ziege-Kind sofort und wagt sich nicht mehr zu bewegen. Manche werden in solchen Situationen sogar krank. Wenn zu Hause eine schlechte Atmosphäre herrscht, lernt das Ziege-Kind nichts mehr in der Schule; es sträubt sich dagegen, nach Hause zu gehen, und spielt lieber auf der Straße mit anderen Kindern, die auch Probleme haben.

Die Ziege ist ein sensibles Kind, das man leicht glücklich machen kann, aber es ist ein Verbrechen, es mit den Problemen der Erwachsenen zu belasten.

Die Blüte der Jahre

Wenn es größer wird, behält das in einem Ziege-Jahr geborene Kind seine extreme Sensibilität, die es nie ganz in den Griff bekommt. Die Qualität seiner Ausbildung wird vom häuslichen Klima abhängen. Sie wird gut sein, wenn zu Hause Glück und Frieden herrschen, und weniger gut, wenn Tag für Tag Kleinkrieg angesagt ist. Jetzt treten seine Neigungen und Veranlagungen zutage. Sie gehen oft in eine künstlerische Richtung.

Nach und nach wird der Ziege ihre Einzigartigkeit bewußt. Sie sieht in der Jugend eine Zeit der physischen und psychischen Entwicklung. Ihre Schwächen beginnen sich bemerkbar zu machen. Die im Ziege-Jahr Geborenen sind weder fleißig noch ehrgeizig. Sie sind oft willensschwach und gehen Kampf und Rivalitäten aus dem Weg. Genausoleicht wie sie Beleidigungen verzeihen, um ihren Frieden zu haben, hüten sie sich auch vor jedem falschen Eifer, der dazu führen würde, daß sie hinterher ihre Stellung behaupten müßten. Wenn sie nur in Ruhe in ihrer Traumwelt leben und die Freuden des Lebens genießen können, dann sind sie voll und ganz zufrieden. Der Ehrgeiz der Eltern, die gerne ein Genie zur Welt gebracht hätten, läßt sie kalt. Und so werden sie nie Berufe ergreifen, die Mut, Eloquenz und Führungsqualitäten erfordern.

Die reifen Jahre

Man wird sich fragen, welche Früchte eine Pflanze tragen wird, die sich so wenig darum bemüht hat, sich zu entfalten.

Der im Ziege-Jahr Geborene legt sich keine Moralvorstellung zurecht und nagelt sich nicht auf einen bestimmten Lebenswandel fest; er überläßt sich dem Gang der Dinge, führt ein Dilettantendasein und versucht sich hier und dort einmal an einer Arbeit. Normalerweise heiratet er oder sie, und durch einen Partner, der in einem anderen Jahr geboren ist, kommt Gleichgewicht in das Leben. Im übrigen haben wir gesehen, daß zwei miteinander verheiratete Ziegen ein Paar bilden, dem es nicht an Pfiff fehlt. Unser Ziege-Geborener wird es sehr schnell schaffen, eine gutbezahlte Stellung zu finden; denn wenn er auch nicht gerade sehr viel Mut hat, so hat er doch ein freundliches Wesen, und jeder Arbeitgeber ist glücklich, ihn bei sich beschäftigen zu können.

In den Künstlerberufen wird ein in einem Ziege-Jahr Geborener glanzvollen Erfolg haben; in jedem Fall hat er das Zeug dazu. Der Ehrgeiz der Ziege-Geborenen ist zwar nicht sehr ausgeprägt, aber zum Glück ist es bei einer Künstlerkarriere der Manager, der ihre Interessen wahrnimmt.

Der Ruhestand

Am Ende des Lebens, wenn alles langsamer wird, erwirbt sich der Ziege-Geborene die innere Ruhe, die ihm immer gefehlt hat. Er liebt die Wertschätzung, die man ihm entgegenbringt, und da er kein Laster hat, ist er ein feiner und umgänglicher älterer Mensch. Er umgibt sich mit ausgewählten Freunden, und seiner Nachkommenschaft bleibt er immer der Beste und von allen am meisten Bewunderte.

DER AFFE

Ein mobiles Kind

Der Affe zeigt schon in seiner Kindheit Gefallen an örtlichen Veränderungen und Bewegung. Natürlich sind da das Haus und die Eltern; aber da ist auch und vor allem der Rest der Welt. Im Haus gibt es Dinge, die das Affen-Kind bereits kennt, Dinge, die es mag und Dinge, die es absolut nicht mag. Natürlich mag es die liebevolle Wärme der mütterlichen Arme, das abendliche Nachhausekommen des Vaters und die Neckereien der Brüder und Schwestern. Aber wichtig ist vor allen Dingen die Außenwelt, die das Affe-Kind zum erstenmal im Kindergarten oder in der Vorschule kennenlernt. Hier wird es von einem ungeahnten Reichtum umgeben: Menschen! Und das, wo es die Menschen doch so liebt. Diese Wesen, die ihm eigentlich gleichen müßten und doch so anders sind als es selbst! Das Affe-Schulkind kann sofort zwischen unterschiedlichen Persönlichkeiten unterscheiden. Das alles ist so merkwürdig und sonderbar!

Dieses Kind ist immer in Bewegung. Sobald es einen Fuß vor den andern setzen kann, macht es einen Abstecher in die Nachbarstraßen und die Geschäfte des Viertels. Auf dem Land läuft es durch Wiesen und Wälder. Das Haus kennt es ja schon. Da gibt es nichts Neues, das ist wie eine Verlängerung seines eigenen Körpers. Aber da ist noch all das andere, die ganze Welt, der Weltraum, die anderen Planeten!

In der Schule ist das Affe-Kind ein guter kleiner Schüler, der einen annehmbaren Durchschnitt hält und an seinen guten Tagen sogar Talente zur Schau stellen kann. Ohne unbedingt überdurchschnittlich begabt zu sein, überholt der kleine Affe die anderen mit Leichtigkeit, und wenn er nicht der Klassenbeste ist, dann liegt das nur an seinen ausgefallenen Ideen. Aber es genügt ihm, die Aufgaben fünf Minuten, bevor er abgefragt wird, durchzulesen, um exakt die richtigen Antworten zu geben. Seinen Mit-

schülern hat er voraus, daß ihn der Schulapparat, die Lehrer, die
Schulinspektoren und die Prüfungen keineswegs einschüchtern.
Er besitzt schon in der Kindheit den ein wenig aufsässigen Geist,
den er als Erwachsener haben wird und für den die Achtung vor
Gesetz und Vorschriften lediglich ein Akt der Höflichkeit und
keine wirkliche Verpflichtung ist.

Die Blüte der Jahre

Dieser so aufgeweckte junge Mensch, dem das Lernen und das
gesellschaftliche Leben liegen, dürfte nicht die geringste Schwierigkeit haben, einen Beruf zu finden. Doch dazu muß er zuerst
einmal die Absicht haben, einen auszuüben. Seine Auffassungsgabe ist nicht unbedingt ein Trumpf. Dem jungen Affen liegt
nichts daran, sich in das soziale Gefüge zu integrieren; er liebt
keine Zwänge, und die Gesellschaft ist voll davon. Er müßte eine
Arbeit finden, die seine Unabhängigkeit nicht gefährdet. Aber
das wird nie voll und ganz der Fall sein.

Immer auf der Suche nach einer im Verhältnis zu den Unfrei-
heiten, die sie mit sich bringt, mehr als gut bezahlten Beschäftigung, wird er nicht den Weg des geringsten Widerstandes gehen,
sondern vielmehr die Veränderung suchen. Es ist ihm lieber, man
verlangt von ihm noch mehr Einsatz als Fleiß. In der Tat ist er
ein manchmal genialer Hansdampf in allen Gassen. Er ist im allgemeinen sehr aktiv und genießt nicht das »süße Nichtstun«.
Aber er tut nicht unbedingt das, was man von ihm erwartet. In
einer Ackerbau- oder Urgesellschaft hätte er die besten Chancen;
doch in der Gesellschaft, in der wir heute leben, hat er mit großen Schwierigkeiten zu kämpfen, um sich seinen Platz zu sichern. Das Ergebnis ist, daß er nie lange bei derselben Arbeit
bleibt. Er arbeitet nach Lust und Laune, ohne sich im voraus ein
bequemes Rentnerdasein zu sichern. Aber manchmal findet er
eine Tätigkeit, die zu ihm paßt, und wenn ihm die Arbeit gefällt,
so ist ihm keine Mühe zuviel und keine Zeit zu schade.

Die Affen lieben verantwortungsvolle Tätigkeiten und nehmen sie mit immer gleich bleibender Kompetenz wahr. Aber sie machen nur selten ein Vermögen, weil ihnen nichts an Reichtum liegt. Sie sind zu verliebt in ihre Unabhängigkeit und ihre Sprunghaftigkeit, um diese dem Geld zu opfern.

Die reifen Jahre

Seine Vollendung erreicht der Affe erst im reiferen Alter. Jetzt hat er sich im Leben seinen Platz geschaffen.

Wenn es ihm gelungen ist, Geld zu verdienen, was nicht unbedingt der Fall sein mußte, so ist er glücklich, weil er es nun ausgeben kann. In seinen Augen ist Geld nur für die Vergnügungen da, die es einem gestattet. Er gibt es vor allen Dingen für Geschenke an seine Frau und an seine Kinder aus, weniger für sinnvolle Dinge. Er gibt es aus, ohne nachzurechnen, was dazu führen kann, daß er sich ruiniert. Er denkt nicht im mindesten an die Zukunft. Er denkt nicht einen Augenblick lang daran, für seine alten Tage und für die Zukunft seiner Kinder etwas beiseite zu legen. Er lebt in der Gegenwart. Das ist amüsant, aber es gibt auch die schlechten Tage. Dann bittet er die Freunde um Hilfe, bittet darum, ihm etwas zu leihen, ihm einen Gehaltsvorschuß zu geben und anderes mehr, alles Dinge, die in Lehrbüchern über Finanzplanung nicht vorkommen.

So verlaufen seine reifen Jahre sozusagen ohne Reife, von einer Kinderei zur anderen, aber mit Genie.

Der Ruhestand

Der Ruhestand wird für den Affen in der Regel nicht gerade zu einem Erfolg. Wenn Sie Affe sind, dann geben Sie acht; wenn Sie einen Affen in Ihrer Nähe haben, behalten Sie ihn im Auge. Das Älterwerden des Affen entspricht eher dem Stil früherer Gesell-

schaften als der heutigen Lebensart. Er hat keinerlei Gefühl für
Zeit, er lebt in der Gegenwart, er verschwendet keinen Gedanken
an die Zukunft, und wenn er dann nicht mehr arbeitet, steht er
ohne Geld da.

Es kommt auch vor, daß man Affen, Männern oder Frauen,
begegnet, die allein sind, weil es in ihrer Familie Unstimmigkeiten gegeben hat, so daß sie sich in ihrem Schneckenhaus verkriechen. Das Alleinsein ist nicht mehr lustig, wenn man einmal ein
gewisses Alter erreicht hat. Ein trostloses Ende? Nein, für den
Affen ist nichts trostlos. Aber es ist ein verdientes Ende, darüber
ist er sich im klaren. Bleibt zu wünschen, daß die Kinder von
Affe-Eltern den Gedanken, daß diese in Not und Einsamkeit leben, nicht ertragen können.

DER HAHN

Ein frühreifes Kind

Das kleine Hahn-Kind fühlt sich schon sehr früh zu seinen Mitmenschen hingezogen. Es interessiert sich für alles, ist neugierig
auf alles. Sobald es anfängt zu krabbeln, geht es auf Entdek-
kungsreise. Es gehört zu den Kindern, die ihre Finger in Steckdo-
sen oder den Kopf in den Gasherd stecken und ihre Hände auf
den heißen Ofen oder an das Bügeleisen legen. Dieses Kind
bringt es durchaus fertig, in eine Wanne mit heißem Wasser zu
fallen, nur weil es »mal sehen« wollte. Man weiß nie, was es
eigentlich mit seinen Erkundungen bezweckt, denn sie enden immer mit Geschrei. Entweder schreit das Kind oder die Mutter
oder alle beide, weil sie es ausschimpft und ihm den Hintern ver-
sohlt.

Der kleine Hahn ist ein Bastler. Wenn sein Vater die Nacht-
tischlampe repariert oder einen Dichtungsring am Wasserhahn
auswechselt, kommt er sofort, um zu sehen, wie das geht, und

macht sich als Handlanger nützlich. Bei jeder Bemerkung, bei allem, was er tut, bei jedem kleinen Unfall fragen sich seine Eltern, was wohl später aus ihm werden wird, denn »er kann einfach alles«. Man sollte ihn nicht frei entscheiden lassen, weil er dann ständig etwas Neues anfängt. Es ist besser, ihn mit fester Hand zu einem Beruf hinzuführen.

Die Blüte der Jahre

Sobald die Kindheit zu Ende geht und er zum Jugendlichen heranwächst, fühlt der junge Hahn seinen Unabhängigkeitsdrang; und sobald er das heiratsfähige Alter erreicht hat, denkt er an die Unabhängigkeit zu zweit.

Das junge Hahn-Mädchen ist ein aufgeschlossenes Wesen, das zu seinen Interessen steht. Es kann eine sehr gute Hausfrau werden; aber wenn ihm die Hausarbeit nicht liegt, kann es auch eine berufliche Laufbahn einschlagen, die es ganz und gar ausfüllt. Der junge Mann macht eine Eroberung nach der andern, ohne allerdings seine Arbeit zu vernachlässigen; er liebt es, wenn die jungen Mädchen ein wenig – aber nicht zu sehr – widerspenstig sind. Er behält sie dann in seiner Nähe und bildet sich eine Art Hofstaat. Die jungen Hähne, ob junge Mädchen oder junge Männer, langweilen sich nur selten und quälen sich nicht mit Zukunftsproblemen. Sie wollen sich im Leben nur einen so friedlichen, amüsanten und bequemen Platz wie möglich schaffen.

Die reifen Jahre

Die Hahn-Geborenen sind nun mehr schlecht als recht zu einer Stellung gekommen, und die Zeit ist vergangen. Die jungen Männer und jungen Mädchen eines Hahn-Jahres können in allen Berufen Erfolg haben, die ein wenig Risikobereitschaft, Unternehmungsgeist und genau umrissene Fähigkeiten erfordern.

Möglicherweise wenden sie sich dem Geschäftsleben zu, denn sie haben ein »gutes Auftreten«, und es fehlt ihnen nicht an Mut zum Risiko. Sie haben keinen übertriebenen Ehrgeiz und werden auf ein relativ ruhiges Leben und ein ausreichendes Einkommen hinarbeiten. Ausreichend ist allerdings nicht ganz das richtige Wort, denn sie sind verschwenderisch. Sie können sehr gut nachrechnen, was sie verdienen, aber nicht, was sie ausgeben. Vorausplanung ist ihnen fremd, und sie lieben es über alles, ihr Geld für ihre Kinder, ihre Frau, ihre Freunde und auch für sich selbst aus dem Fenster zu werfen.

Der Ruhestand

Wenn sie keine Kinder haben, die sie aufnehmen, werden Hahn-Geborene in ihren alten Tagen nicht viel Freude haben, außer daß sie jung geblieben und gesund sind; denn sie haben nichts gespart und werden nur ihre Rente haben. Aber völlig ruiniert sein werden sie nie, und ihre Wohnung wird trotz allem einen gewissen Komfort bieten.

Doch der Hahn-Geborene hat ebenso die Fähigkeit, sich mit wenig zu begnügen, wie er andererseits den Luxus liebt. Das wenige, mit dem er auskommt, ist wirklich bescheiden, und das ist es, was ihn vor einem trostlosen Lebensabend rettet. Er hat immer noch alles, was er zu einem angemessenen Leben braucht, und wird schließlich für seine Enkel und Urenkel ein liebenswerter Großvater oder eine liebenswerte Großmutter sein.

Und so steht der Hahn-Geborene am Ende eines bewegten, vielseitigen, abwechslungsreichen, interessanten und im allgemeinen sorglosen Lebens.

DER HUND

Ein sensibles Kind

Das im Jahr des Hundes geborene Kind ist extrem sensibel und zart. Sobald es die Anwesenheit von Erwachsenen in seiner Nähe bewußt wahrnimmt, streckt es die Hände nach ihnen aus. Seit dem Moment, da es in seinem Erdendasein zum erstenmal die Augen geöffnet hat, fühlt es sich allein. Es ist daher sehr wichtig, daß sein Vater und seine Mutter aufmerksame Eltern und von Anfang an in seiner Nähe sind. Denn es wird sich sehr früh auf sie fixieren.

Es besitzt sehr viel Phantasie, allerdings keine fröhliche Phantasie. Wer ihn sieht, könnte meinen, der kleine Hund habe, bevor er geboren wurde, Welten voller Tragödien und Leid durchlebt, was ihn aber nicht daran hindert, gern und viel zu spielen. Es sieht so aus, als wolle er sich ablenken.

Er braucht das Gefühl liebevoller und zärtlicher Zuwendung. Schon von Geburt an muß man ihm mit Worten der Beruhigung und Bestärkung zureden. Sein ganzes Leben lang wird er beunruhigt sein und dieses Zureden, das ihm Sicherheit und Zuversicht gibt, brauchen.

Es sieht so aus, als sei der Hund-Geborene immer auf der Suche nach dem Unsichtbaren; er ist sehr sensibel für alles, was ihn treffen und seiner allzu lebhaften Phantasie einen Stoß versetzen könnte. Man sollte darauf achten, welche Filme er sich ansieht und welche Bücher er liest. Der kleine Hund gehört zu den Kindern, die sich beim Ansehen eines Filmes, den die Eltern für harmlos halten, weinend in einem Sessel verkriechen.

Auch wenn er die Liebe seiner Eltern gespürt und die Ankunft von kleinen Brüdern und Schwestern verkraftet hat, wird er doch, sobald er in die Schule kommt und mit anderen Kindern zusammentrifft, eine Krise durchmachen. Er wird nie an den gemeinsamen Feiern teilnehmen, und mit den Pausen kann er nichts anfangen. Er besitzt einen logischen Verstand, der ihm viele Dinge fragwürdig erscheinen läßt. Es ist für ihn nicht so wichtig, Spielkameraden zu haben; er ist ein introvertiertes Kind und anderen gegenüber nicht sehr mitteilsam, und das Herumtollen der andern erscheint ihm nutzlos, obgleich es manchmal vorkommen kann, daß auch er selbst sich dabei völlig verausgabt.

Die Blüte der Jahre

Wenn er größer wird, wird der Hund-Geborene immer gefühlsbetonter; und wenn er schließlich erwachsen ist, wird er völlig seinen Gefühlen ausgeliefert sein. Er ist zärtlich, sinnlich und leidenschaftlich. Die Liebe und alles, was damit zusammenhängt, die Sexualität und ihre Verwicklungen sind für ihn eine eigene Welt, die er liebt, in der er aber ebensoviel Unruhe wie Freuden findet.

Wenn seine wirkliche und endgültige Persönlichkeit geformt ist, wird er zu einem sehr zärtlichen, liebevollen, sensiblen, leidenschaftlichen und vor allen Dingen hundertprozentig treuen Liebespartner. Das sind hohe Qualitäten, die ihn zu einem gesuchten Menschen machen dürften; aber er ist eifersüchtig, und diese Eifersucht ist ein Handicap, das sein Gefühlsleben trüben kann. Sie sitzt so tief in seinem Unterbewußtsein, daß es für ihn völlig sinnlos ist, sich dagegen zu wehren; es gibt keine Abhilfe, sein Partner wird sich daran gewöhnen müssen. Das ist der einzige Charakterfehler des Hund-Geborenen, und es ist besser, behutsam mit ihm umzugehen, um ihn nicht aufzureizen.

Was ihre berufliche Laufbahn angeht, so haben die Hund-Geborenen gute Aussichten; sie sind begabt; nur ihr Pessimismus dämpft den Kämpfergeist, der zum Erfolg führt. Wenn sie nicht von einem ehrgeizigen Ehegatten dazu angespornt werden, bringen sie sich nicht zur Geltung. Sie gehören zu den Menschen, die sich gerne fragen, wozu das alles überhaupt gut sein soll.

Die reifen Jahre

Der Hund macht trotzdem Karriere, aber finanzielle Dinge bleiben für ihn immer ein wenig undurchsichtig. Wenn man sich sein Durchhaltevermögen ansieht, so könnte man meinen, daß er es zu einem Vermögen bringt, doch das interessiert ihn nicht. Er kann Geld nicht zusammenhalten, er fürchtet, einem Konkurrenten zu schaden, ist großzügig und verschwendet sein Geld.

Der Hund, ob Mann oder Frau, ist häuslich und liebt keine Veränderung, deshalb wechselt er auch, wenn irgend möglich, nur äußerst selten seine Wohnung. Er gehört zu den Menschen, die nichts wegwerfen, und wenn er das Glück hat, ein eigenes Heim zu besitzen, so kann man sicher sein, daß er sich nie davon trennen wird, auch nicht in schwierigen Zeiten.

Der Ruhestand

Man kann sich vorstellen, daß er, wenn er am Ende seines Erwerbslebens steht, wieder in das Haus der Familie, in dem er seine Kindheit verbracht hat und an das alle seine Familienerinnerungen geknüpft sind, zurückkehren und sich einen mehr oder weniger wohlverdienten Ruhestand gönnen wird. Er wird wieder an die Stätten seiner Kindheit zurückkehren und sich dort niederlassen, umgeben von den vielen schönen Dingen, die ihm einst seine Eltern geschenkt haben. Da er Geschmack und Sinn für eine schöne Umgebung hat, wird es ein gemütliches Heim sein, und falls er Kinder hat, werden ihn diese besuchen, um bei ihm die Ferien zu verbringen.

DAS SCHWEIN

Ein braves Kind

Ein im Jahr des Schweins geborenes Kind ist fügsam und sensibel. Es braucht nicht viel Platz, macht keinen Lärm und führt ein ruhiges und von den anderen Familienmitgliedern unabhängiges Leben. Es ist langsam, dickköpfig, verschlossen und naiv. Wenn es von einer Schar von Brüdern und Schwestern oder kleinen Freunden oder Cousins umgeben ist, ist es oft ihr Opfer. Nicht daß sie es absichtlich plagen, es ist nur leichtgläubig und sanftmütig. Es merkt nichts von den Gewitterstürmen, die über eine Familie hinwegbrausen können. Es macht weiter, als ob nichts wäre. Wenn der Sturm sich dann gelegt hat, ist es in seinem Element, dem Meer der Ruhe.

Seine Leichtgläubigkeit wäre liebenswert, wenn sie nicht ein wenig übertrieben wäre. Das kleine Schwein glaubt lange Zeit an den Weihnachtsmann und an Zauberfeen und ist unglücklich, wenn man ihm sagt, daß es sie in Wirklichkeit gar nicht gibt. Es liest gerne und geht heftigen Spielen aus dem Weg. Das kleine Schwein-Mädchen ist schon früh eitel, immer gepflegt und anmutig und äußerst feminin.

Die im Jahr des Schweins geborenen Kinder sind in der Schule zerstreut und müssen beaufsichtigt werden. Die schulischen Leistungen sind sehr ungleichmäßig, sie hängen ganz davon ab, welche Streiche die Mitschüler aushecken. Den Schwein-Kindern ist es nicht wichtig, zu den Klassenbesten zu gehören, sie sehen lieber einer Mücke zu, die durch das Klassenzimmer fliegt.

Die Blüte der Jahre

Das Schwein-Kind hat gehorsam die Ratschläge seiner Eltern befolgt und Prüfungsergebnisse erzielt, die zwar nur durchschnittlich sind, aber ausreichen, um ihm eine angemessene gesellschaftliche Stellung zu sichern.

In dem Beruf, den der junge Schwein-Geborene ergriffen hat, macht er seinen Weg ohne Irrungen und Wirrungen, aber auch ohne übermäßigen Eifer. Er schlägt sich nicht um die guten Posten. Er begreift sehr schnell, daß der Kampf um die ersten Plätze sehr hart ist und eine geistige Anspannung erfordert, für die er nichts übrig hat. Von dem Moment an, in dem er dank seines Einkommens seinen Lebensunterhalt selbst bestreiten kann, ist der Schwein-Geborene am Ziel seiner Wünsche. Mehr will er nicht.

Den glückverheißenden Möglichkeiten, die sich ihm bieten, zieht er immer ein ungetrübtes und ruhiges Leben vor. Schon früh setzt er für sich selbst Prioritäten: Für sein Leben ist das Wichtigste das Glück, das Glück in der Liebe und in der gegenseitigen Hingabe.

Die reifen Jahre

Wenn er erwachsen ist, dreht sich sein ganzes Leben um seine Gefühle. Er kann nicht leben ohne das Gefühl, von jemandem geliebt zu werden. Der Schwein-Geborene ist ein einfühlsamer Mensch; sein Gefühlsleben verläuft harmonisch, denn er findet den Menschen heraus, der dafür geschaffen ist, sein zerstreutes und poetisches Leben mit ihm zu teilen.

Was seine Familie lange Zeit für einen Charakterfehler gehalten hat, wird für ihn zu einem stabilisierenden Faktor und sichert ihm sein seelisches Gleichgewicht. Seine Ruhe und seine Uneigennützigkeit ersparen ihm Aufregung, Spannungen und Angst. Er verdient, was er verdienen kann, und sieht zu, daß er sein Leben einrichtet.

Ein im Jahr des Schweins Geborener hat sehr viel Geschmack bei der Einrichtung seiner Wohnung und liebt die Gemütlichkeit. Obwohl er besitzergreifend und eifersüchtig ist, ist eine Schei-

dung oder auch nur eine Trennung für ihn undenkbar. In dieser
Beziehung ist er sehr konformistisch. Für ihn ist eine Heirat eine
ernste Angelegenheit, die für das ganze Leben bindet.

Der Ruhestand

Wenn der oder die Schwein-Geborene das Alter näherkommen
sieht und aus dem Erwerbsleben ausscheiden will, richten sich die
Gedanken auf das Landleben. Das Schwein liebt das Landleben
nicht aus Snobismus oder Naturverbundenheit, sondern weil es
den Eindruck hat, es sei leichter, auf dem Land ein behagliches
Leben zu führen: Eigenes Gemüse im Garten, Geflügel aus der
ortsansässigen Geflügelzucht, saubere Luft und weg von den Orten, an denen der Schwein-Geborene arbeiten mußte, was er nie
mochte, das ist für ihn das, was er sich unter einem friedlichen
Pensionärsdasein vorstellt.

Er wird selten allein sein, denn er schließt schnell Freundschaften und hat gerne Gäste bei sich.

2. Die fünf Elemente

Sie kennen die unter den einzelnen Tierzeichen Geborenen jetzt
hinsichtlich ihrer grundlegenden Charaktereigenschaften. Sie
wissen in groben Zügen, mit wem sie sich anfreunden, in wen sie
sich verlieben und welche Entwicklung sie von ihrer Geburt bis
zu ihrem Tod durchmachen werden. Diese Kenntnisse werden
Ihnen im Leben eine nützliche Hilfe sein; einerseits lernen Sie
sich selbst besser kennen, andererseits erfahren Sie mehr über die
Menschen, mit denen Sie zu tun haben. Dennoch werden Sie
manchmal das Gefühl haben, die bisher gemachten Angaben
seien zu allgemein und es müsse da noch etwas anderes geben.

Sie haben völlig recht, denn der chinesischen Astrologie zufolge ist der Mensch auch noch anderen Einflüssen als denen des

Tierzeichens unterworfen. Diese sind jedoch teilweise nur schwer zu bestimmen. Einer von ihnen, der auch ohne genauere Kenntnisse der chinesischen Astrologie kostbare Einsichten vermittelt, ist der Einfluß der fünf Elemente.

Diese fünf Elemente – Holz, Feuer, Erde, Metall und Wasser – erlauben Auslegungen in den verschiedensten Bereichen. Wir werden hier jedoch nur drei Kategorien herausgreifen, die sich aus ihnen herleiten und von denen wir glauben, daß sie im Hinblick auf ein glückliches und erfolgreiches Leben wichtig sind, und zwar sind dies:

O Aufschlüsse psychologischer Art;

O Angaben über eine ganz besondere Art von Beziehung zwischen Menschen, die wir »transzendentale Beziehung« genannt haben;

O Angaben zu Gesundheitsfragen.

Der psychologische Einfluß der fünf Elemente

Wenn man das Geburtsjahr eines Menschen kennt, so erfährt man gleichzeitig, welches Tierzeichen und welches der fünf Elemente bei seiner Geburt bestimmend waren. Man braucht also nur die beiden Einflüsse zu kombinieren und erhält so ein detailliertes Charakterbild.

Doch dieses Gesamtbild der beiden Einflüsse ist nicht immer leicht zu erstellen. Es erfordert eine gewisse Praxis in astrologischer Deutung, und es könnte daher leicht geschehen, daß Sie den falschen Weg einschlagen. Deshalb möchte ich kurz die Auswirkungen der fünf Elemente auf die einzelnen Zeichen des Tierkreises aufzeigen. Sie werden große Ähnlichkeiten zwischen Menschen feststellen, die von dem gleichen Element beeinflußt sind, aber auch Unterschiede, die aufgrund der veschiedenen Tierzeichen ebenso unvermeidlich sind.

Die in Holz-Jahren Geborenen
(letzte Ziffer des Geburtsjahres: 3 oder 8)

Holz-RATTE

Holz-Ratten sind im allgemeinen ausgeglichene Menschen. Sie sind meistens ruhig, entspannt und anpassungsfähig, können aber auch aggressiv und aufbrausend werden; Vorschriften von oben, die ihnen unangenehm sind, umgehen sie geschickt. Sie haben eine Vorliebe für Natur, Landwirtschaft und Kunst.

Holz-BÜFFEL

Holz-Büffel sind ausgeglichen und ruhig, sie lieben solche Arbeiten, die Dauerhaftes hervorbringen, wie zum Beispiel künstlerisches Schaffen. Sie haben eine Vorliebe für die Natur und sind im mitmenschlichen Umgang entspannt. Sie wollen, daß jeder seine Freiheit behält, drängen niemandem ihre Vorstellungen auf und sind gewandt und geschickt. Ihr Äußeres wirkt anziehend, und sie wollen, daß auch ihr Partner verführerisch ist. Sie sind eifersüchtig und aufbrausend, was die Dinge ein wenig kompliziert.

Holz-TIGER

Holz-Tiger sind gelassen, unproblematisch und ruhig und sich ihrer Überlegenheit bewußt. Sie sind harmonische und im allgemeinen sanftmütige Menschen, die insgeheim extrem leidenschaftlich sind. Ohne daß davon etwas nach außen dringt, haben sie ein heftiges Triebleben.

Holz-HASE

Holz-Hasen streben nach Harmonie, Schönheit und wirklicher Eleganz. Sie haben einen starken Tatendrang und sind leicht erregbar. Sie binden sich leicht und ohne viel Aufhebens, ohne diplomatische Windungen und ohne dabei bestimmte Ziele im Auge zu habe. Ihr angenehmes und feines Äußeres wirkt anziehend. Sie lieben das andere Geschlecht und suchen schöne und reizvolle sexuelle Beziehungen ohne Komplikationen.

Holz-DRACHE

Holz-Drachen suchen ein harmonisches Leben und umgeben sich dabei mit schönen Dingen. Eine gewisse Eleganz hebt sie aus der Masse heraus. Sie sind dynamisch, überlegt, vernünftig, aktiv, leicht aufbrausend und reizbar. Sie lieben das Leben auf dem Land. Ihre Beziehungen sind unproblematisch, ruhig und maßvoll, ohne große Diplomatie. Sie sind sehr unkompliziert, haben keinerlei Ehrgeiz, aber einen berechtigten Stolz. Sie sind attraktiv. Sie sind ein wenig herrschsüchtig, aber auf liebenswerte und sympathische Art. Sie lieben den Flirt und die körperliche Liebe, heiraten aber nur selten.

Holz-SCHLANGE

Holz-Schlangen haben einen Hang zum Künstlerischen. Ihre Vorliebe gilt der Harmonie, dem gesunden Mittelmaß und der Schönheit. Sie sind aktiv, entschlossen und unerschütterlich in ihren Überzeugungen, manchmal auch aufbrausend. Ihre Beziehungen sind unkompliziert, aber nicht ganz frei von Taktik, die allerdings leicht zu durchschauen ist. Ausschließlich sexuelle Beziehungen haben für sie keinen Reiz, sie brauchen Verbindlichkeit und einen Hauch von Idealismus.

Holz-PFERD

Holz-Pferde sind die ausgeglichensten aller Pferde, obwohl auch ihnen ein Rest von Unberechenbarkeit bleibt. Sie schaffen gerne etwas, das Bestand hat, und neigen zu einer künstlerischen Laufbahn. Sie sind leutselig und sehr kontaktfreudig, wollen sich aber nicht aufdrängen. In Wirklichkeit aber drängen sie sich gegen ihren Willen auf, allein durch ihre Eloquenz. Bedenkt man, daß sie Pferde sind, so sind sie relativ beständig. Sie lieben dauerhafte Liebesbeziehungen und Treue, es kann aber auch vorkommen, daß sie dessen müde werden.

Holz-ZIEGE

Holz-Ziegen sind ruhig und ausgeglichen und lieben das Schöne, Einfache und Dauerhafte. Der Umgang mit ihnen ist anstrengend; nach einer gewissen Zeit können Freundschaft und Vertrauen wachsen, und dann sind ihre Bindungen stabil. Sie schenken nicht ohne weiteres jemandem ihre Liebe, und zu sexuellen Beziehungen kommt es erst nach langen Annäherungsversuchen, doch wenn sie eine Bindung eingehen, dann ist sie von Dauer.

Holz-AFFE

Holz-Affen sind ruhig, haben Sinn für Größe und künstlerische Schönheit. Der Umgang mit ihnen ist schwierig, aber eine einmal geschlossene Freundschaft bleibt stabil und zuverlässig. Ihre Liebe schenken sie einem Menschen erst nach langer Zeit, und erst dann, wenn sie den Partner von Grund auf kennen.

Holz-HAHN

Das ganze Verhalten und das ganze Tun der Holz-Hähne ist charakterisiert durch Schönheit und Vornehmheit. Sie suchen das richtige Mittelmaß und die Harmonie. Sie sind dynamisch und überlegt, aber empfindlich. Der Umgang mit ihnen ist unproblematisch, in ihren Äußerungen zeigen sie sich klug und gelassen, jedoch undiplomatisch. Sie haben Sinn für Familie, Zuneigung und Zärtlichkeit; ihre sexuellen Beziehungen sind leidenschaftlich, aber nicht ausschweifend.

Holz-HUND

Holz-Hunde sind in ihrem Lebensstil, ihrer Einstellung und ihren Reaktionen vornehm und haben eine nüchterne und sehr reelle künstlerische Neigung. Ihr Klugheit läßt sie in ihrer Beziehung zu ihren Mitmenschen das richtge Maß, Ausgewogenheit und Harmonie suchen. Manchmal kann mit einem Schlag ihre Empfindlichkeit erwachen; dennoch ist der Umgang mit ihnen unproblematisch, sie verhalten sich respektvoll und seriös. Aus ihren Äußerungen spricht Klugheit und gesunder Menschenverstand. Sie können nichts verbergen und sind von vollendeter Loyalität. In der Liebe sind sie maßvoll, in der Sexualität liebevoll, ohne Ausschweifungen oder Exzesse. Sie haben einen hohen Sinn für Dauerhaftigkeit, Familie und gesellschaftliche Stellung.

Holz-SCHWEIN

Holz-Schweine haben eine harmonische Persönlichkeit und eine ebenfalls harmonische Beziehung zu ihren Mitmenschen. Sie haben eine Vorliebe für Luxus und Eleganz. Sie sind aufbrausend, manchmal bis zum Exzeß, und nehmen dabei auch Risiken in Kauf. Sowohl ihr Äußeres als auch ihre Gemütsverfassung sind würdevoll und ansprechend, und von ihrem Leben haben sie eine gesunde Vorstellung. Sie müssen sich allerdings vor maßlosen Wutanfällen in acht nehmen, die sie unvermittelt übermannen. Die Umwelt merkt jedoch wenig davon, denn die Holz-Schweine verstehen es, Verwirrung und Maßlosigkeit zu vermeiden. Die körperliche Liebe ist für sie ein Akt der Schönheit. Ihre Gefühle sind nie niedrig oder häßlich. Ihre sexuellen Beziehungen sind zahlreich, unproblematisch und ästhetisch und von einem offenkundig zärtlichen Gefühl begleitet.

Die in Feuer-Jahren Geborenen
(letzte Ziffer des Geburtsjahres: 2 oder 7)

Feuer-RATTE

Bei den Feuer-Ratten dominieren kreative Tätigkeiten. Sie sind stark, lebhaft, schnell, scharfsinnig und unerschütterlich, doch manchmal können sie auch die Persönlichkeit anderer Menschen zerstören. Sie sind unverfälscht, aber unnachgiebig und nonkonformistisch. Leidenschaftlich wie sie sind, fangen sie leicht Feuer für eine Liebe oder eine Idee. Ihre Begeisterungsfähigkeit ist unvergleichlich. Sie können sich als unbeständig entpuppen, aber ohne daß es ihnen bewußt wäre, dazu sind sie zu lauter.

Feuer-BÜFFEL

Feuer-Büffel sind kreativ. Sie lassen ihre künstlerischen Bemühungen nicht ruhen, bevor ein Werk nicht wirklich vollendet ist. Sie sind herrschsüchtig und laufen daher Gefahr, die Persönlichkeit anderer Menschen zu erdrücken. Ihre Heftigkeit bleibt verhalten, aber ihre latente Aggressivität ist erkennbar. Ihre Rebellennatur verbietet es ihnen, sich den Sitten und Gebräuchen zu beugen. Im stillen sind sie leidenschaftlich, und sollten sie auf Rivalen stoßen, so üben sie einen starken Druck auf diese aus. Oberflächlich gesehen sind sie unbeständig, aber im tiefsten Innern sind sie treu.

Feuer-TIGER

Feuer-Tiger sind von überschäumender Energie und Dynamik. Sie sind aggressiv und flink, scharfsinnig, hellsichtig und ausgeglichen. Sie sind äußerst loyal. Die Heftigkeit ihrer Leidenschaften bricht in ihrem ganzen Verhalten durch. Sie brennen vor Liebe und können auch heftig werden.

Feuer-Hase

Feuer-Hasen lieben das Glänzende und Auffallende. Sie können heftig und jähzornig sein, denn ihre Reizbarkeit führt manchmal zu Wutausbrüchen. Sie sind hochmütig und ehrgeizig. In ihrer schroffen und aggressiven Art sind sie auch herrschsüchtig. Sie fordern, anstatt zu bitten. Sexuelle Beziehungen haben für sie einen hohen Stellenwert, und sie sind schnell eifersüchtig.

Feuer-Drache

Die Feuer-Drachen sind typische Drachen. Sie lieben das Glänzende, Farbenprächtige, Luxuriöse und Schöne. Ihre Persönlichkeit ist lebhaft, schwungvoll und warmherzig. Sie sind aufbrausend, aber nicht rachsüchtig. Entgegenkommend und zugänglich wie sie sind, erweisen sie sich im Gespräch als eloquent, vergnügt und nutzbringend. Sie sind dynamisch, schnell und effizient und fähig, für ihre Familie und ihre Freunde Opfer zu bringen. Als leidenschaftlich Liebende ziehen sie klare, herzliche und offene Beziehungen vor. Sie legen eine große Loyalität an den Tag, sind aber eher sinnlich als gefühlsbetont.

Feuer-Schlange

Feuer-Schlangen sind nicht besonders geduldig, jedoch äußerst lebhaft, flink und reizbar und sehr schnell beleidigt. Wenn sie verärgert sind, verschwinden sie, um sich zu beruhigen. Sie sind aufbrausend, aber nicht nachtragend. Sie sind leidenschaftlich, heißblütig und drängend. Sie lieben alles, was glänzt, und den Luxus überhaupt. Sie sind herrisch, aber fröhlich, lachen gerne und sind voller Leben. Sie sind sehr liebes- und sexhungrig.

Feuer-Pferd

Feuer-Pferde haben viel Phantasie, und dank glänzender schöpferischer Fähigkeiten entwickeln sie die in ihnen angelegten künstlerischen Begabungen. Von der Persönlichkeit her sind sie lebhaft, leidenschaftlich, vergnügt und optimistisch, aber aufbrausend. Sie haben gegenüber ihren Mitmenschen unüberlegte Anwandlungen, sind kommunikationsfreudig und schwungvoll, herzlich und aufrichtig. Sie sind liebeshungrig, eigenwillig, in sexueller Hinsicht feurig, unermüdlich, elegant, gefühlvoll, ein wenig eifersüchtig und manchmal untreu.

Feuer-Ziege

Die dynamischen, leidenschaftlichen, heißblütigen, mutigen, stabilen und aufbrausenden Feuer-Ziegen sind in allen Bereichen, ob Kunst, Politik oder Gesellschaft, stets ganz vorne. Sie gehen leicht Bindungen ein, vergessen aber ihre Begegnungen ebenso schnell wieder.

Feuer-Affe

Die dynamischen, ungeduldigen und aufbrausenden, manchmal auch heftigen Feuer-Affen sind immer dann ganz vorne, wenn es um Erfindungen oder neue Denkweisen geht. Sie sind sehr gesprächige, aber nicht sehr geduldige, jedoch geistig sehr offene und warmherzige Menschen; manchmal sind sie Querulanten, aber ihre Rebellionen bleiben ohne nachhaltige Folgen. In sexueller Hinsicht fehlt es ihnen nicht an Feuer, und sie sind auf diesem Gebiet sehr bewandert.

Feuer-Hahn

Die Heißblütigkeit der Feuer-Hähne ist so gut wie unbezähmbar, sie neigen zur Hemmungslosigkeit und zu einer zügellosen Phantasie. Sie können herrschsüchtig und eigenwillig sein. Sie haben zu aller Welt ein unproblematisches und herzliches Verhältnis. Wenn es darauf ankommt, verstehen sie es jedoch sehr gut, die Spreu vom Weizen zu trennen. Sie haben leidenschaftliche Liebesbeziehungen und erleben verrückte Liebestaumel, sie führen ein heißblütiges Sexualleben, und ihre Gefühle sind in ständiger Aufwallung. Sie sind Leidenschaft durch und durch.

Feuer-HUND

Feuer-Hunde sind von bemerkenswerter Vitalität und neigen zu hitzigen Reaktionen. Ihre Gefühle, von den schönsten bis zu den unangenehmsten, erleben sie sehr intensiv, außerdem kommt es bei ihnen häufig zu kurzen, aber heftigen Wutanfällen. Sie sind sehr stolz, aber auch sehr loyal. Sie knüpfen leicht Beziehungen, die lebhaft, lebendig und sehr schwankend sind, und pendeln zwischen Wutausbrüchen einerseits und vollendeter Höflichkeit andererseits hin und her. Sie sind sehr gesellig, geradlinig und aufrichtig. Ihr Liebesleben ist leidenschaftlich bis zur höchsten Erfüllung. In sexueller Hinsicht sind sie glänzend, feurig und offen. Sie sind dominierende Menschen mit einer starken Ausstrahlung.

Feuer-SCHWEIN

Feuer-Schweine lieben es, groß aufzutreten, und legen Wert auf die Meinung ihrer Mitmenschen. Sie fallen immer durch irgend etwas Besonderes auf. Sie haben eine Vorliebe für Luxus, Glanz, Wärme, schönen Schein und Feste. Sie sind vergnügt, dynamisch und aufgeschlossen. Sie sind auch lebhaft und manchmal streitlustig und leicht aufbrausend, aber scharfsinnig. In der Liebe sind sie stürmisch. Sie lieben die Liebe, die Leidenschaft, die Sexualität und die Zärtlichkeit. Ihre Liebesbekundungen sind voller Feuer. Sie glänzen, erobern, lieben.

Die in Erd-Jahren Geborenen
(letzte Ziffer des Geburtsjahres: 0 oder 5)

Erd-Ratte

Erd-Ratten sind Materialisten mit einer Tendenz zu optimistischem und leistungsorientiertem Denken. Sie machen Fehler aufgrund ihrer übermäßigen Vorsicht. Pfiffig, herrisch und selbstsicher wie sie sind, sind sie manchmal egoistisch. Sie haben einen ausgeprägten Sinn für Familie, Partei und Verein. Sie setzen ihre Gefühle durch und drücken demjenigen, den sie lieben, den Stempel ihrer eigenen Persönlichkeit auf, auch wenn sie den andern damit verändern.

Erd-Büffel

Erd-Büffel sind Materialisten, die die Annehmlichkeiten des Lebens schätzen. Sie sind optimistisch, aber trotzdem übertrieben vorsichtig. Sie sind egoistisch und stellen sich insgeheim gerne über ihre Mitmenschen. Ihr Sinn für Familie, Vereine und Cliquen ist so groß, daß man ihn fast schon als Herdentrieb bezeichnen kann. Sie lieben mit Gewalt und wollen den geliebten Menschen verändern. Um dies zu erreichen, entfalten sie ständig ihre ganzen Überzeugungskünste.

Erd-Tiger

Der Charakter der unter dem Element Erde geborenen Tiger ist verglichen mit den anderen Tigern gemäßigt, die sonst schroffe Art abgeschwächt. Diese Menschen neigen dazu, Stubenhocker zu werden. Sie sind geschickte und findige Verhandlungspartner, liebevoll und despotisch. Sie wünschen sich ein gesichertes Leben. Obwohl sie verführerisch sind, gehen sie nicht gerne aus. Sie lieben sich selbst und sind auf ihre Bequemlichkeit und Behaglichkeit bedacht.

Erd-HASE

Die langsamen, soliden und unerschütterlichen Erd-Hasen gehen gerne in sich. Sie sind realistisch und haben eine Vorliebe für Finanzgeschäfte und organisatorische und leitende Funktionen. Beziehungen knüpfen sie leicht, manchmal aufdringlich; sie geben gerne gute Ratschläge. Sie sind sehr treu, hamstern gerne, sind besitzergreifend, immer präsent und sehr liebeshungrig.

Erd-DRACHE

Die Erd-Drachen haben einen unerschütterlichen, stabilen und dynamischen Charakter. Sie sind organisationsfreudig und realistisch, haben gute Führungseigenschaften und sind geschickte Manager. Loyal und großmütig wie sie sind, haben sie Sinn für Stabilität. Sie sind sehr schneidig und von einer mitreißenden, offenherzigen und glühenden Dynamik. Sie geben gute Ratschläge und sind zu großer Freundschaft fähig. Sie sind besitzergreifend und leidenschaftlich, immer präsent, aber nicht sehr beständig.

Erd-SCHLANGE

Die sprichwörtliche Wendigkeit der Schlangen ist bei der Erd-Schlange weniger stark ausgeprägt. Erd-Schlangen haben manchmal eine Vorliebe für Besinnlichkeit. Sie sind in finanziellen Dingen realistisch und hervorragende Organisatoren. Ihre Kontakte sind friedlich und unproblematisch. Sie geben gerne gute Ratschläge, lieben eine gewisse Einsamkeit, gehen aber jederzeit gerne auf eine Gespräch ein. Von ihrem Naturell her sind sie treu und beständig, doch sind sie einem geliebten Menschen gegenüber häufig besitzergreifend und belegen ihn völlig mit Beschlag.

Erd-Pferd

Erd-Pferde stellen gerne realistische Überlegungen an, in denen sie sich mit konkreten Lebensumständen befassen. Sie denken logisch und vernünftig, aber mit einem Funken Poesie. Sie sind egozentrisch, doch sie sind es mit Charme und in Maßen; ihre Freundschaften nehmen sie ernst, und sie sind darin beständig. Gespräche mit ihnen sind gehaltvoll, angenehm und aufschlußreich. Sie sind sehr liebeshungrig, und zwar sowohl in emotionaler als auch in sinnlicher Beziehung. Für den geliebten Menschen sind sie bereit, alles zu opfern. Ihrem Partner bescheren sie oft viele Freuden.

Erd-Ziege

Erd-Ziegen sind Tatmenschen. Sie haben einen stark entwickelten Sinn für Praktisches und sind nicht gerne untätig. Sie sind langsam und überlegt, was bei Ziegen außergewöhnlich ist. Ihre Beziehungen knüpfen sie erst nach entsprechenden Informationen oder Empfehlungen, und sie bleiben in dieser Hinsicht immer vorsichtig. Sie sind sehr leidenschaftlich und daher sehr liebeshungrig. Zusammen mit ihrer Feinfühligkeit legen sie eine große Sinnlichkeit an den Tag, was sie aber nicht daran hindert, in der Liebe elegant, erfahren und genau zu sein, wobei es ihnen nie an einer gesunden Vergnügtheit fehlt.

Erd-Affe

Erd-Affen sind innerlich langsam und ruhig, ihre Vorstellungen sind unerschütterlich, fest verankert in logischen Überlegungen. Sie haben ein schwerfälliges und gemächliches, vornehmes, manchmal würdiges und schönes Auftreten. Ihre zwischenmenschlichen Beziehungen haben für sie Gewicht und sind von Dauer; in ihrer Ausdrucksweise sind sie formvollendet, ein wenig schwerfällig, aber vornehm. In der Liebe sind sie treu; in der Sexualität verhalten sie sich spontan, heftig, mitunter gewalttätig, gesprochen wird darüber selten.

Erd-Hahn

Die Erd-Hähne sind gesetzt, überzeugend, hartnäckig, bescheiden und fleißig. Den Glanz des Hahnes geben sie hin für Stabilität. In ihren Beziehungen sind sie energisch, herrschsüchtig, autoritär; sie stellen gerne Regeln und Grundsätze auf. Sie sind ernsthaft, aber sie können auch vergnügt sein. In der Liebe sind sie besitzergreifend und leidenschaftlich, aber unbeständig.

Erd-Hund

Schon in ihrer Kindheit erweisen sich Erd-Hunde als maßvoll und gesetzt. Ihre Denkweise ist treffend und geradlinig. Sie sind bescheiden, und wenn sie auch nicht gerade ein Vermögen machen, so leben sie doch nur in seltenen Fällen im Elend. In ihren Beziehungen sind sie herrschsüchtig, rundheraus, unflexibel und durchdrungen von Ehrgefühl. Sie haben eine Vorliebe für das, was Bestand hat. Liebe ist bei ihnen besitzergreifend, tief und leidenschaftlich. Sie lieben rasend, aber sie sind anspruchsvoll.

Erd-Schwein

Erd-Schweine neigen von ihrer Veranlagung her zum Grübeln und zur Besinnlichkeit. Ihre Gedanken kreisen um die Zukunft und den Menschen in der Gesellschaft. Sie bauen sich ihre eigene Philosophie auf. Ihr Verhältnis zu ihren Mitmenschen ist einfach, durchdacht, wohlwollend und ungetrübt. Ihre sozialen und finanziellen Probleme lösen sich oft von selber durch Liegenlassen, Abwarten und Verschieben. In Gefühlsdingen sind sie aufrichtig, ernsthaft und gemessen und haben einen echten Sinn für Moral und Pflichten. Ihre Liebesgefühle haben sie gut unter Kontrolle. Die Familie, die sie gegründet haben, versorgen sie gut.

Die in Metall-Jahren Geborenen
(letzte Ziffer des Geburtsjahres: 4 oder 9)

Metall-RATTE

Die Vorstellungen der Metall-Ratten sind klar und ihre Äußerungen unmißverständlich. Diese Menschen sind unbeugsam, reden ohne Umschweife und haben für alles eine Entscheidung pa-
rat. Obwohl sie Tatmenschen sind, haben sie doch einen leichten
Hang zum Mystischen und suchen das Alleinsein. Energisch wie
sie sind, beeinflussen sie gerne ihre Mitmenschen. Sie sind loyal
und beständig. Sie besitzen Sinn für Gerechtigkeit und Organisa-
:ionstalent. Auf den ersten Blick fehlt es ihnen an Wärme und
Sensibilität, aber sie sind absolut ausgeglichen und treu.

Metall-BÜFFEL

Metall-Büffel sind direkt und rundheraus. Sie haben Gerechtigkeitssinn und nehmen es genau. Sie sind herrisch und manchmal
ziemlich hart. Organisationsfreudig wie sie sind, lieben sie die
Macht. Sie herrschen leicht über andere und bringen diese mit
großer Entschlußkraft zum Handeln. Es fehlt ihnen zwar an Sensibilität, aber sie sind von einer vorbildlichen Loyalität und unbe-
stechlich.

Metall-TIGER

Der Charakter der Metall-Tiger ist unerschütterlich; sie sind unverfälscht und verbergen eine gewisse innere Härte nicht. Sie sind
tatkräftig und kreativ, aber für sie zählt nur, was am Ende ihrer
Bemühungen herauskommt. Sie sind unflexibel und machen
keine Zugeständnisse. Sie sind nicht sehr differenziert, haben
kein Fingerspitzengefühl, sind manchmal verletzend, aber immer
loyal. Wenn es nach ihnen geht, so muß sich der geliebte Mensch
ihnen unterwerfen.

Metall-HASE

Metall-Hasen sind reine, sittsame und intolerante Menschen mit einem festen und tatkräftigen Charakter. Sie sind eigenwillig, integer, anspruchsvoll, autoritär und gerecht. Sexuelle Beziehungen reizen sie nicht sonderlich. Sie wollen die reine, geistige, unbezwingbare Liebe. Sie sind Idealisten.

Metall-DRACHE

Metall-Drachen sind aufrechte und reine, intolerante, unbeugsame Menschen mit einem festen und tatkräftigen, unnachgiebigen, integren und dynamischen Charakter. Ihre Beziehung zu anderen Menschen ist geradlinig, aufrichtig, manchmal hart. Sie sind gerecht, aber streng und neigen zum Herrschen; dennoch haben sie zu ihren Mitmenschen ein herzliches Verhältnis. Ihre Gefühls- und Liebesbeziehungen sind dynamisch und ungestüm.

Metall-SCHLANGE

Die Metall-Schlangen verbergen ihr hartes und reines, manchmal unnachgiebiges Wesen gerne unter einer äußeren Weichheit. Sie sind unerschütterlich, eigenwillig, intolerant, aber tatkräftig und effizient. Sie sind ausgewogen und gerecht, streng, loyal und autoritär. Ausschließlich sexuelle Beziehungen reizen sie nicht. Sie brauchen Verbindlichkeit, Loyalität und einen Hauch von Idealismus.

Metall-PFERD

Ihr sicheres Urteilsvermögen macht die Metall-Pferde zu Menschen, die in ihrem Tun sehr genau sind. Ihnen liegen wissenschaftliche und geometrische Studien. Ihre Urteilskraft ist ausgewogen, aber sie sind autoritär und egoistisch, launisch, rechthaberisch und hochmütig, was sie allerdings nicht daran hindert, mit ihren Mitmenschen leicht und wohlwollend Kontakt zu knüpfen, solange nicht gewisse empfindliche Stellen berührt werden. Sie sind leidenschaftlich, hochmütig und eitel. In sexueller Hinsicht sind sie heißblütig und beherrschend und wollen ihre Wünsche befriedigen; Zwänge dulden sie nicht.

Metall-ZIEGE

Metall kehrt den Charakter der Ziege um, macht sie härter, aufrechter, mutiger und ein wenig kämpferischer, was sie dazu verführt, Risiken einzugehen. Die unter dem Element Metall geborenen Ziegen gehen nur schwer Bindungen ein. Sie sind mißtrauisch, manchmal jähzornig und streitlustig. Außereheliche Abenteuer reizen sie nicht, aber wenn sie erst einmal verheiratet sind, lassen sie sich unter Umständen auch schnell wieder scheiden. Ihre sexuellen Beziehungen können manchmal zu einem Zweikampf werden.

Metall-AFFE

Der Charakter der Affen wird durch Metall gehemmt. Sie sind in diesem Fall weniger konfliktfrei als andere Affen und angespannter, was ihnen jedoch nicht sehr gut bekommt. Anderen Menschen gegenüber sind sie genau, gerecht und durchgreifend; eine Beleidigung verzeihen sie so gut wie nie. Ihr Urteilsvermögen ist strikt und treffend. Ihren Kindern sind sie strenge Eltern. Abenteuer haben sie selten und ganz sicher keine außerehelichen. Ihre leidenschaftliche Sexualität ist manchmal verhalten, da sie sie ganz und gar im Griff haben.

Metall-HAHN

Metall-Hähne sind unbeugsame, prinzipientreue Menschen mit logischem und aufrechtem Geist und praktischem Sinn; sie sind voller Tatendrang. Unnachgiebig wie sie sind, sind sie loyal und manchmal hart. Sie sind gesellig, suchen sich ihre Freunde aber aus. Sie lassen sich in nichts beirren. Ihre Liebesbeziehungen sind intensiv, aufrichtig, energiegeladen und dynamisch und beruhen auf eigenartig starren Prinzipien.

Metall-Hund

Das Element Metall macht den im allgemeinen weichen Charakter des Hundes in gewisser Weise härter, was zu einer fast schon juristischen Strenge in seiner Denkweise führt und seinen Prinzipien relativen Bestand gibt. An der Loyalität des untergebenen Metall-Hundes ist nicht zu rütteln, sie grenzt manchmal schon an Unbeholfenheit; in ihrem sozialen Leben sind Metall-Hunde strikt, ernst und maßvoll. Sie sprechen viel über ihre Prinzipien und sind von makelloser Treue. Gegenüber ihren Kindern sind sie streng. Da sie hohe moralische Ansprüche stellen, sind ihre sexuellen Beziehungen einfach, natürlich und konsequent.

Metall-Schwein

Metall-Schweine haben einen festen Charakter und legen Sinn für Praktisches, einen starken Willen, sehr viel Härte und Integrität, ein ausgewogenes Urteilsvermögen, aber wenig Toleranz an den Tag. Sie können fürsorglich sein, manchmal aber auch mürrisch. In ihren Beziehungen anderen gegenüber sind sie klar und fest; ihre Wortwahl ist explizit und trocken was zu Widerspruch reizen kann. Sie machen sich hohe und strenge Prinzipien zu eigen, was ihrem Alltagsleben eine gewisse Größe verleiht. In der Liebe sind sie aufrichtig und vernünftig.

Die in Wasser-Jahren Geborenen
(letzte Ziffer des Geburtsjahres: 1 oder 6)

Wasser-Ratte

Wasser-Ratten sind gesetzte, überlegte und harmonische Menschen. Sie sind begabt und kreativ und besitzen einen hohen Kunstverstand. Sie sind gute Zuhörer und achten aufmerksam auf Äußerungen anderer; sie schließen sich weder eng an einen anderen Menschen an, noch sind sie distanziert, sie bleiben höflich. Sie sind ruhige, phantasievolle und empfindsame Menschen, die oft viele Kinder haben.

Wasser-Büffel

Hier paart sich eine überlegte, harmonische und ausgeglichene Persönlichkeit mit einem gewissen Sinn für Kunst. Wasser-Büffel sind gute Zuhörer, sie denken nach, wägen ab, ziehen ihre Schlußfolgerungen und haben schließlich einen guten Rat bereit. Sie legen eine manchmal auffällige Höflichkeit an den Tag und lieben es über alles, zarten Gefühlen Ausdruck zu verleihen und von Liebe zu schwärmen.

Wasser-Tiger

Wasser-Tiger besitzen eine gewisse Sanftmut und sind ruhig und zurückhaltend. Ihr Leben verläuft harmonisch. Da sie diplomatisch sind, eignen sie sich gut für politisch und gesellschaftlich bedeutsame Tätigkeiten. Sie können gut zuhören und sind energisch. Ihre Leidenschaften können sie kontrollieren und beherrschen. Sie sind gute, ein wenig dominierende Familienväter.

Wasser-Hase

Wasser-Hasen sind kühl, wirken leidenschaftslos und flößen eine gewisse respektheischende Furcht ein. Sie können zuhören, werden aber selten ins Vertrauen gezogen. Sie machen einen distanzierten, furchtsamen, ja verzagten Eindruck. Im wesentlichen sind sie ruhige Menschen. In der Liebe sind sie zurückhaltend, kühl und gelassen, aber sie verbergen heimliche Regungen, die man allerdings nur aufzudecken braucht.

Wasser-Drache

Die freundlichen und phantasievollen Wasser-Drachen sind gute Zuhörer und Ratgeber. Sie sind distanzierter als die anderen Drachen, nicht so warmherzig und schwerer zu verstehen. Sie sind stillvergnügte Träumer. In der Liebe sind sie zurückhaltend, aber voller Teilnahme, Aufrichtigkeit und Verständnis. Obwohl verschlossen, sind sie doch leidenschaftlich und unbeständig.

Wasser-Schlange

Wasser-Schlangen sind eher kühl als herzlich, und man distanziert sich eher von ihnen, als daß man sich ihnen anvertraut. Sie beklagen sich darüber und können sich nicht vorstellen, wie furchteinflößend sie wirken. Da sie ganz besonders ruhige Menschen sind, erwecken sie manchmal den Eindruck eisiger Gleichgültigkeit. Andere Menschen interessieren sie nicht besonders, und es kostet sie Mühe, ihre Gefühle zu äußern. Ihre menschliche Wärme verbergen sie hinter einem kühlen, oft einschüchternden Äußeren.

Wasser-Pferd

Die verträumten, poetischen, romantischen und unwahrscheinlich liebeshungrigen Wasser-Pferde haben eine leidenschaftliche und eifersüchtige Natur. Sie können in einem künstlerischen Beruf Erfolg haben. Da sie ungeheuer gesellig und kommunikationsfreudig sind, gelten sie als liebenswürdig, vergnügt und flexibel, aber es fehlt ihnen ein wenig an Stabilität. Eine Beziehung zu ihnen aufrechtzuerhalten kostet Mühe. Sie sind sehr gefühlsbetont, empfindsam, romantisch und zuvorkommend. In der Liebe belegen sie den anderen völlig mit Beschlag und machen sich ihm unentbehrlich. Ihre Leidenschaft verstehen sie wie Romanhelden in Worte zu fassen.

Wasser-Ziege

Die künstlerische Inspiration der Wasser-Ziegen steht in unmittelbarer Verbindung zu ihrer Traum- und Phantasiewelt. Das Wasser bringt Fruchtbarkeit in ihre Arbeit und ihr Familienleben. Die Freundschaften der Wasser-Ziegen sind unsicher, denn wenn sie verärgert sind, können sie einfach verschwinden und sich nie wieder melden; werden solche Hindernisse aber umgangen, kann man bei ihnen große Gefühle kennenlernen. In der Liebe sind sie leidenschaftlich, sie lieben Zärtlichkeiten, Liebesgeflüster und Küsse. Und sie sind glücklich in der Liebe.

Wasser-Affe

Die Spinnereien der Wasser-Affen grenzen schon fast an Wahn. Ihr Innenleben wird von Träumen, romantischen Vorstellungen und ausgefallenen Ideen bestimmt. Sie sind sprunghaft und launisch und neigen zu Illusionen und Irrtümern. Auseinandersetzungen mögen sie nicht. Wenn es Unstimmigkeiten gibt, sagen sie nichts und gehen einfach weg. Ihr Liebesleben ist ganz und gar irreal, mit Anfällen von Leidenschaft; in solchen Situationen reißt ihre Phantasie sie mit sich fort. Ihr Charme ist bezwingend und ihre Fröhlichkeit ansteckend.

WASSER-HAHN

Die verträumten, einfallsreichen, komödiantenhaften Wasser-Hähne leben in einer eigenen Welt, zeigen sich aber geistig sehr gewandt, wenn es ernst wird. In ihren Beziehungen zu anderen sind sie höflich, ein wenig unentschlossen und unverbindlich; wenn es die Situation erfordert, können sie jedoch sehr präzise und materialistisch werden. Sie sind entweder sehr fern oder sehr nah. Ihr Liebesleben ist einfallsreich, köstlich, verwickelt und mit tiefer Ergebenheit verbunden, aber ihre Liebe kann auch erlöschen und sich in völlige Gleichgültigkeit verwandeln. Ihre sexuellen Beziehungen sind äußerst leidenschaftlich.

WASSER-HUND

Wasser-Hunde sind Träumer. Sie schwärmen für Fiktionen und Fabelgestalten, mit denen sie sich insgeheim identifizieren. Sie reisen durch imaginäre Welten und fühlen sich in der Realität nicht zu Hause. In ihren Beziehungen anderer Menschen gegenüber sind sie höflich und zartfühlend, doch manchmal kommt es ohne weitere Erklärungen zu einem Bruch. Die Liebe ist ein wesentlicher Bestandteil ihres Lebens. Ihre sexuellen Beziehungen sind leidenschaftlich, direkt, einfach und sehr klar.

WASSER-SCHWEIN

Die Persönlichkeit der Wasser-Schweine wird von Sittsamkeit beherrscht. Sie haben klare Prinzipien, die aber Traum und Illusion manchmal zu Fall bringen. Sie sind sittsam, aber durchaus in der Lage, einer reichen Phantasie nachzuhängen. Die eher furchtsamen und verzagten Wasser-Schweine sind weder energisch noch fleißig, sondern still, kühl, langsam und verträumt. Sie sind Zuhörer, und sie sind zuversichtlich. Die Liebe bringt die einzige Aufregung in ihr sonst so ruhiges Leben; die Liebe oder der Traum von der Liebe. Und wenn die Leidenschaft erst einmal durchbricht, weckt sie in diesen sonst ein wenig passiven Menschen wahre Wunder an sexueller Leidenschaft.

3. Transzendentale Beziehungen

Die Beziehung zwischen den fünf Elementen

Bis hierher betrafen unsere Ausführungen die psychologischen Eigenheiten der verschiedenen Tierzeichen, mit denen uns die chinesische Astrologie vertraut macht. Im folgenden Kapitel wird es nun um zwischenmenschliche Beziehungen gehen, die nicht psychologisch faßbar sind. Es geht dabei um sehr tiefe Beziehungen, deren treibende Kraft irgendwo von den Sternen herkommt oder vielmehr aus dem Innersten des Universums – des Universums, wie es die Chinesen sehen. Diese Beziehungen, diese Kräfte rühren ebenfalls von den fünf Elementen her.

Diese dem westlichen Denken fremden Größen – sie haben nichts mit den »Elementen« der alten Griechen zu tun –, die wir bisher als voneinander unabhängige Kräfte dargestellt haben, die die in den jeweiligen Jahren Geborenen in bestimmter Weise beeinflussen, stehen untereinander in einer engen Wechselbeziehung.

Diese Wechselbeziehung besteht aus zwei Arten von Beziehungen, die einzigartig sind und nur zwischen den fünf Elementen bestehen. Die eine kann, grob umrissen, als erzeugend, die andere als zerstörend bezeichnet werden. Die erzeugende Beziehung ist ein guter, freundschaftlicher Einfluß, die zerstörende hat eine harte, unerbittliche, ja böse Wirkung. In keinem Fall geht es aber darum, ein Element hervorzubringen oder zu zerstören, denn die fünf Elemente bestehen ewig, ohne Anfang und Ende.

Dieses Buch stellt nicht den Anspruch, eine Abhandlung über chinesische Philosophie zu sein, sondern will Ihnen nur helfen, mehr aus Ihrem Leben zu machen. Wir werden daher, ohne am

Inhalt selbst etwas zu ändern, der Einfachheit halber diese beiden Beziehungen als »Verstärkung« und »Beherrschung« bezeichnen, was auch am ehesten den Beziehungen zwischen den in den Jahren der einzelnen Elemente Geborenen entspricht.

Ein Element steht immer in Beziehung zu den vier anderen. Vom ersten wird es verstärkt, das zweite wird von ihm verstärkt, vom dritten wird es beherrscht und das vierte wird von ihm beherrscht. Darüber hinaus gibt es noch eine andere Art von Beziehung, die in der chinesischen Astrologie im allgemeinen nicht beachtet wird, die aber in den zwischenmenschlichen Beziehungen von großer Bedeutung ist. Und zwar die Beziehung des Elementes zu sich selbst, die wir einfach »Identität« nennen werden.

Um die zwischen den fünf Elementen bestehenden Beziehungen auf die in den entsprechenden Jahren Geborenen anwenden zu können, muß man sie zuerst kennen. Wir werden sie als zwei Ketten darstellen, wobei die erste die verstärkende, die zweite die beherrschende Wirkung verdeutlicht. Dabei verstärkt oder beherrscht jedes Element immer das nachfolgende.

Verstärkung: Holz $\xrightarrow{v}$ Feuer $\xrightarrow{v}$ Erde $\xrightarrow{v}$ Metall $\xrightarrow{v}$ Wasser $\xrightarrow{v}$ Holz (Holz verstärkt Feuer, Feuer verstärkt Erde, Erde verstärkt Metall, Metall verstärkt Wasser, Wasser verstärkt Holz.)

Beherrschung: Holz $\xrightarrow{b}$ Erde $\xrightarrow{b}$ Wasser $\xrightarrow{b}$ Feuer $\xrightarrow{b}$ Metall $\xrightarrow{b}$ Holz (Holz beherrscht Erde, Erde beherrscht Wasser, Wasser beherrscht Feuer, Feuer beherrscht Metall, Metall beherrscht Holz.)

Das erste Element wurde am Ende noch einmal wiederholt, damit der Kreislauf geschlossen ist. Diese Beziehungen können auch durch kreisförmige Anordnung veranschaulicht werden.

Die Beziehungen eines Elementes lassen sich jetzt ohne weiteres an diesen beiden Ketten ablesen. So wird zum Beispiel Erde verstärkt durch Feuer, das in der ersten Reihe links von ihr steht, und verstärkt selbst Metall, das rechts von ihr steht. Sie wird beherrscht von Holz, das in der zweiten Reihe links von ihr steht und beherrscht selbst Wasser, das rechts von ihr steht.

Der Einfluß der fünf Elemente auf zwischenmenschliche Beziehungen

Die zwischen den fünf Elementen bestehenden Beziehungen führen zu ähnlichen Beziehungen zwischen den in den entsprechenden Jahren Geborenen. Diese Beziehungen sind unabhängig von Charakterbild, Geschlecht, gesellschaftlicher Stellung, beruflicher Position und Alter. Sie ergeben sich ausschließlich aus den Elementen, die bei der Geburt bestimmend waren. Aufgrund ihres so gut wie nicht greifbaren Wesens und des Fehlens jeglicher Beziehung zu anderen Faktoren haben wir diese Relationen hier »transzendentale Beziehungen« genannt.

Das Vorhandensein dieser Beziehungen unter den Menschen ist von anderen Gegebenheiten unabhängig, die Art, in der sie sich äußern, jedoch nicht. Manchmal ist es vielleicht ein Gefühl, das man unvermittelt empfindet, oder es ist die Beziehung zu einem Menschen, die zustande kommt, ohne daß man weiß, warum und weshalb, oder aber man findet zu einem Menschen ganz einfach keine Beziehung. Das kann sich über das ganze Spektrum zwischenmenschlicher Beziehungen erstrecken. Man kann sich dem widersetzen oder es akzeptieren, aber künstlich hervorbringen oder unterdrücken kann man diese Dinge nicht.

Wir werden nun zunächst die Beziehungen untersuchen, die zwischen zwei Menschen aufgrund der zwischen ihren Elementen bestehenden Beziehungen zustande kommen oder die Tendenz haben, zustande zu kommen. Dabei werden wir zwischen den drei denkbare Möglichkeiten *Verstärkung, Beherrschung* und *Identität* unterscheiden.

Bei der Verstärkung handelt es sich um ein Abhängigkeitsverhältnis, wobei der Verstärkte vom Verstärkenden abhängig ist. Denn der eine hat das Bedürfnis, sich an den anderen zu wenden, um ihn um Kraft und Hilfe zu bitten – was nicht bedeutet, daß er schwächer ist, sondern lediglich, daß es nur natürlich ist, wenn die Kräfte von einem zum andern fließen.

Wenn in dieser Beziehung derjenige, der verstärkt, tatsächlich

stark ist und der Verstärkte schwächer als er, so kann das Verhältnis ausgezeichnet sein. Wenn es dagegen umgekehrt ist, ist
das Verhältnis schlecht, da von den psychologischen und biologischen Gegebenheiten her eigentlich der Starke den Schwachen
verstärken müßte, während ihre transzendentale Beziehung das
Gegenteil bewirkt.

Im Beherrschungsverhältnis liegen demjenigen, dessen Element beherrschend ist, am ehesten solche Beziehungen, in denen
der andere untergeordnet ist. Für diesen ist das jedoch katastro-
phal, wenn er es mit einem Menschen zu tun hat, dessen Einfluß
auf ihn nur verhängnisvoll sein kann. Für den Beherrschten gibt
es dann nur die eine Möglichkeit, sich von dem Unterdrücker
und dessen Einfluß zu distanzieren. Denn sogar wenn dieser sein
Untergebener wäre, würde er darunter zu leiden haben; es würde
dem Beherrschten nicht gelingen, sein Gegenüber zum Gehorsam
zu bewegen. Wenn der Beherrschte andererseits mit dem Beherr-
schenden auf einer Ebene steht, wird er sich letzten Endes von
diesem beherrscht fühlen, seiner Mittel beraubt, ja sogar entwür-
digt.

Der Beherrschende kann im übrigen durchaus ein reizender,
netter und liebenswürdiger Mensch sein, keineswegs geneigt,
seine Mitmenschen in irgendeiner Weise zu beherrschen; doch
der Einfluß der Elemente besteht unabhängig vom Charakter, er
äußert sich, ohne daß der Betreffende es überhaupt bemerkt, und
führt zu einem Verhalten, für das er eigentlich gar nicht verantwortlich ist. Im übrigen darf man nicht vergessen, daß derjenige,
der beherrscht wird, seinerseits wieder der Beherrschende eines
Dritten ist.

Die Identitätsbeziehung zwischen zwei Menschen mit demselben Element ist die ideale Beziehung, denn beide stehen auf der
gleichen Stufe. Sie können ohne einander auskommen, sich aber
genausogut für ein ganzes Leben aneinander binden, je nach
Charakter. Sie können sich leidenschaftlich lieben oder sich überhaupt nicht beachten. Seltener kommt es vor, daß sie sich nicht
mögen.

Verstehen und handeln

Die Kenntnis der transzendentalen Beziehungen ermöglicht es uns, Situationen zu verstehen, die sonst unerklärlich wären. Nehmen wir einmal an, Sie sind eine junge, liebenswürdige, aufgeschlossene Frau voller Wohlwollen Ihren Mitmenschen gegenüber. Eine neue Mitarbeiterin kommt in den Betrieb, in dem Sie arbeiten. Einige Wochen später werden Sie von einer anderen Mitarbeiterin gefragt, was Sie eigentlich gegen die neue Kollegin hätten. Sie fallen aus allen Wolken, Sie haben überhaupt nichts gegen sie. »Aber du korrigierst sie am laufenden Band und hast an allem, was sie macht, etwas auszusetzen. Du fährst sie sogar an, das ist doch sonst nicht deine Art.«

Sie denken nach und stellen fest, daß das, was man Ihnen zur Last legt, tatsächlich stimmt. Sie fragen sich, was wohl in Sie gefahren sei, und wenn Sie nichts über transzendentale Beziehungen wissen, so wird Ihnen Ihr Verhalten unverständlich bleiben. Wenn Sie diese Beziehungen jedoch kennen und wenn Sie beispielsweise in einem Metall-Jahr geboren sind, dann fragen Sie die neue Mitarbeiterin einmal, ob sie in einem Jahr geboren ist, dessen letzte Ziffer eine Drei oder eine Acht ist. Wenn sie antwortet: »Ja, ich bin 1958 geboren«, dann wird alles klar, denn sie ist in einem Holz-Jahr geboren, und Metall beherrscht Holz.

Sie werden sich bestimmt fragen, weshalb Sie bei anderen Menschen, die vom Element Holz bestimmt werden, also ungefähr bei jedem fünften, dem Sie begegnen, nicht genauso reagieren.

Die Erklärung ist einfach. Die transzendentalen Beziehungen sind nicht immer gleich stark. Sie können so schwach sein, daß sie so gut wie gar nicht vorhanden sind, aber sie können die Beziehung zwischen zwei Menschen auch völlig beherrschen. Womit ihre Intensität zusammenhängt, weiß man nicht, doch ob stark oder schwach, vorhanden sind diese Beziehungen immer. Wenn Sie sich also über Ihr Verhalten einer neuen Kollegin wundern, dann werden Sie, wenn Sie in Ihrem Leben einmal zurückschauen, dasselbe Phänomen wiederfinden, wenn auch nicht immer in derselben Intensität. Außerdem werden Sie die umgekehrte Reaktion bei denjenigen Menschen finden, von denen Sie beherrscht werden, den Feuer-Geborenen.

Es ist gut, dies alles zu wissen, aber das allein reicht nicht aus. Man muß daraus Nutzen ziehen und in erster Linie etwas dagegen tun, daß sich die transzendentalen Beziehungen negativ auswirken. Es empfiehlt sich also nachzuforschen, von welchen Elementen die Menschen, mit denen Sie zu tun haben, bestimmt werden, um festzustellen, in welcher transzendentalen Beziehung Sie zu jedem dieser Menschen stehen. Dann können Sie Ihr Verhalten entsprechend abstimmen.

Erster Fall: Sie stellen fest, daß Sie sich einem Menschen gegenüber ungefällig und ungerecht verhalten. In diesem Fall genügt es schon, wenn Sie sich überwinden und der transzendentalen Beziehung nicht nachgeben. Das ist eine ausgezeichnete Willensübung.

Zweiter Fall: Sie selbst werden von einem anderen Menschen, mit dem Sie offen reden können, ungefällig behandelt. Sie erklären ihm, wie das gegenseitige Verhalten zwischen Ihnen beiden zustande kommt und bitten ihn, dem inneren Drang, der von diesem Mechanismus herrührt, nicht nachzugeben.

Im Fall von Menschen, denen gegenüber Sie sich eine solche Offenheit nicht erlauben können, legen Sie sich einen Verteidigungsplan zurecht. Wenn Ihr Vorgesetzter vom Wasser bestimmt ist und Sie selbst vom Metall, dann verstärken Sie ihn. Da er Ihr Vorgesetzter ist, wird er die Stärke, die er Ihnen gegenüber hat, ausnutzen – in Form von zusätzlichen Arbeiten, die er Sie erledigen läßt, im allgemeinen ohne Bezahlung und zu seinem persönlichen Nutzen. Sie müssen eine Möglichkeit finden, sich gegen diese Ausbeutung, deren Antriebskraft Sie ja nun kennen, zu wehren. Das wird nicht einfach sein. Sie werden verbissen kämpfen müssen. Jeder Vorteil, den Ihnen Ihr Chef zukommen läßt, ob Prämie, Gehaltserhöhung oder Beförderung, wird ja Stärke sein, die er Ihnen überträgt; und ohne ungerecht zu sein, wird er sich unweigerlich dagegen wehren, Ihnen etwas zugute kommen zu lassen und Sie zu stärken, denn er wird das als widernatürlich empfinden.

Diese drei Beispiele zeigen Ihnen, wie Sie Ihre Kenntnis der fünf Elemente nutzen können, um Ihre Beziehungen zu Ihren Mitmenschen zu verbessern. Normalerweise wird es Ihnen gelingen, nach und nach bisher schwierige Beziehungen harmonischer zu gestalten. Und auch die erste Kontaktaufnahme wird sehr viel einfacher. Wenn Sie neu zu einer Gruppe hinzukommen und einem Menschen gegenüber ein unvermitteltes Mißtrauen empfinden, dann versuchen Sie herauszubekommen, ob sein Element nicht vielleicht Ihres beherrscht. Wenn Sie dagegen das Bedürfnis haben, jemanden zu beschützen, ist anzunehmen, daß Ihr Element das seine verstärkt.

Es versteht sich von selbst, daß man die Wirkungen der transzendentalen Beziehungen vor allen Dingen innerhalb der Familie, zwischen Ehepartnern, zwischen Eltern und Kindern und unter Geschwistern ganz besonders gut im Griff haben muß.

So kann die Kenntnis der fünf Elemente zu einem glücklichen und erfolgreichen Leben beitragen, indem sie Ihnen hilft, Ihre Beziehungen zu anderen Menschen zu verstehen und vor allen Dingen diese Beziehungen zu lenken.

4. Die Gesundheit

Die chinesische Heilkunde ist eine äußerst tiefgründige Wissenschaft. Die Akupunktur zum Beispiel hat nicht nur wie andere Heilmethoden eine unmittelbare Wirkung, sondern sie greift in die Energieströme ein, deren Zusammenwirken Leben überhaupt erst möglich macht. In einem so komplexen Organismus wie dem des Menschen gibt es eine Vielzahl solcher Energieströme. Um sich eine Vorstellung dieser Ströme zu machen, braucht man sich nur vor Augen zu halten, daß jeder Akupunktur-Punkt einem bestimmten Energie-Gleichgewicht entspricht; und es gibt ungefähr achthundert solcher Punkte. Beim gesunden Menschen sind alle Energien im Gleichgewicht. Beim Kranken ist das Gleichgewicht hingegen instabil oder völlig verlorengegangen, und es entsteht daher ein Ungleichgewicht. Über die Akupunktur-Punkte stellt der chinesische Arzt das Gleichgewicht wieder her.

Die abendländischen Ärzte behandeln dagegen die Krankheit selbst und nicht das Ungleichgewicht, das die Krankheit verursacht. Bei einem Patienten mit einer Neuralgie zum Beispiel nimmt der westliche Arzt die Neuralgie selbst in Angriff, der chinesische Arzt versucht jedoch herauszufinden, durch welches Ungleichgewicht die Neuralgie hervorgerufen wurde, dann stellt er das Gleichgewicht wieder her. Die Neuralgie wird durch tiefgreifende Einwirkung auf den Organismus geheilt. Hätte das Ungleichgewicht weiterbestanden, so hätte es im Organismus weit mehr Unheil anrichten können als nur örtlichen Schmerz.

Man könnte eigentlich glauben, daß in einem Land mit einer so tiefgründigen Medizin und einer nicht weniger tiefgründigen Astrologie, wie sie China besitzt, die medizinische Astrologie ein blühender Wissenszweig sei. Dies ist jedoch nicht der Fall. Eine chinesische medizinische Astrologie existiert so gut wie gar nicht. Der Grund dafür liegt auf der Hand. Die Chinesen hatten noch nicht die Zeit, die großen Zusammenhänge zwischen Astrologie und Medizin zu entdecken. Man darf nicht vergessen, daß die Astrologie eine Wissenschaft der Beobachtung ist, und Beobachtungen in diesem Bereich sind nicht einfach. Sie kommen manchmal durch einen Zufall zustande: Ein Astrologe bemerkt eine Entsprechung und beginnt dann, systematisch weiterzusuchen; wenn er dieselbe Entsprechung mehrmals findet, so schließt er daraus, daß es sich um eine Regel handelt. Solche Entsprechungen sind jedoch aufgrund der Komplexität der chinesischen Medizin sehr schwer festzustellen. Demzufolge konnte man, obwohl die chinesische Astrologie und die chinesische Medizin bereits mehrere tausend Jahre alt sind, bisher keine endgültigen Regeln aufstellen; vermutlich gibt es solche Regeln, und sie warten darauf, entdeckt zu werden.

Man kennt allerdings bestimmte Einflüsse von Tages- und Jahreszeiten auf den Organismus und seine Energieflüsse. Die Akupunktur zieht daraus ihren Nutzen, aber das hat nichts mit Astrologie zu tun. Eher mit biologischen Wechselfunktionen.

Die chinesische Astrologie liefert uns also keine Angaben zu den gesundheitlichen Implikationen der zwölf Tierzeichen. Es ist sehr wahrscheinlich, daß Ratte-Geborene beispielsweise für andere Krankheiten anfällig sind als Schlange-Geborene, aber welche Krankheiten dies jeweils sind, darüber weiß man nichts. Vielleicht wird uns die chinesische Astrologie auch hier eines Tages Einsichten vermitteln, derzeit gibt es darüber jedoch noch keinen Aufschluß.

Die fünf Elemente jedoch, von deren Einfluß nichts im Universum ausgenommen ist, haben Entsprechungen in den menschlichen Organen. Und zwar entspricht

○ Holz: Leber, Gallenblase
○ Feuer: Herz, Dünndarm
○ Erde: Milz, Magen
○ Metall: Lunge, Dickdarm
○ Wasser: Nieren, Blase

Bei den unter einem bestimmten Element Geborenen spielen die Organe, die diesem Element jeweils entsprechen, eine besondere Rolle, inwiefern weiß man jedoch nicht. In manchen Abhandlungen heißt es, die entsprechenden Organe seien empfindlicher, in anderen wiederum, sie seien besonders stabil und widerstandsfähig. Es ist aber auch denkbar, daß sie im Organismus eine vorrangige Rolle spielen und von ihrem Gesundheitszustand in gewisser Weise der Gesundheitszustand des ganzen Körpers abhängt.

Solange man es nicht genau weiß, kann man nur eines tun: die betreffenden Organe schonen. So schützt man sich auf jeden Fall gegen mögliche Gefahren.

Soviel zu dem, was uns die chinesische Astrologie zu Fragen der Gesundheit sagt. Das ist zwar sehr wenig, aber wenn man weiß, welche Organe von dem Element beeinflußt werden, unter dem man geboren ist, kann man sie schonen und vermeiden, daß sich Krankheiten in ihnen festsetzen. Das ist ein kostbarer Hinweis. Sie sollten daraus Ihren Nutzen ziehen.

Schlußwort

Es erübrigt sich, noch einmal auf den Nutzen der chinesischen Astrologie hinzuweisen. Es hat sich gezeigt, daß sie weit entfernt von jeglichem Aberglauben ist und daß auch die aufgeklärtesten Geister den Rat der östlichen Gelehrten beherzigen. Alles, was man wissen muß, um durch unser unsicheres Leben problemlos hindurchzusteuern, findet man in der chinesischen Astrologie. Auch wer sich nur von der Strömung des Lebens tragen lassen will, sollte zumindest wissen, wo er mit Gegenströmungen zu rechnen hat.

Wer nun die alte Weisheit des riesigen asiatischen Reiches erfaßt hat, wird sich bemühen, die Ratschläge, die sie vermittelt, in die Praxis umzusetzen. Dabei muß man sich jedoch einen wesentlichen Punkt vor Augen halten: Die Aufschlüsse, die diese Astrologie vermittelt, hängen ausschließlich mit dem Geburtsdatum, der Stunde, dem Tag, dem Monat und dem Jahr der Geburt zusammen.

Manche Astrologen vertreten die Ansicht, daß wir uns unser Geburtsdatum, den Tag, den Monat und die Stunde, selbst aussuchen, da wir in dem Moment zu Fleisch werden, in dem wir es wollen. Wenn das stimmt, dann haben Sie absolut keinen Grund, sich über Ihr Horoskop zu beklagen, denn Sie haben es sich selbst ausgesucht!

Wir alle haben den Wunsch nach einem Leben voller Glück und Erfolg. Die chinesische Astrologie gibt uns dazu die Mittel an die Hand, indem sie uns hilft, uns selbst und die anderen zu erkennen. Es ist an jedem einzelnen von uns, das Beste aus diesem Wissen zu machen.

SACHBÜCHER AKTUELLER ASTROLOGIE

PRAKTISCHE ASTROLOGIE – SO STELLEN SIE IHR HOROSKOP SELBST
Von Wolfgang Reinicke

Neuartig ist dieses umfassende Handbuch deshalb, weil es Wissen von Fachleuten für den Laien anwendbar macht. Wer den Anleitungen des Verfassers folgt, vermag sein persönliches Horoskop selbst zu stellen und als Charakteranalyse und Schicksalstendenz in den jeden Menschen interessierenden Bereichen der Partnerwahl, Liebe, Gesundheit, des Berufs- und Lebenserfolges zu deuten. Alle notwendigen Tabellen (Gestirnsstände von 1900 bis 2000) finden Sie in diesem Buch! Die in diesem Buch enthaltenen Gestirntabellen (Ephemeriden) würden, getrennt gekauft, ein Mehrfaches dieses Buches kosten! 454 Seiten, 24 Abb., gebunden, ISBN 3-7205-1151-0.

DAS NEUE LEXIKON DER ASTROLOGIE
1400 BEGRIFFE DER KOSMOLOGIE, ASTRONOMIE, ASTROPHYSIK UND ASTROLOGIE
Von Dr. Arman Sahihi

Dieses »Neue Lexikon der Astrologie« definiert und erläutert kritsch, umfassend und nach aktuellstem Wissensstand rund 1400 Begriffe der Astrologie sowie angrenzender Wissenschaftsbereiche, vor allem der Kosmologie, Astronomie, Astrophysik und Psychologie. Wer sich – auch ohne Vorkenntnisse – mit den Möglichkeiten und Grenzen befaßt, Chancen und Risiken des individuellen Menschen und seines Umfeldes aus der kosmischen Prägung zu erfahren, benötigt dieses Standardwerk. Zahlreiche Kurzessays und biographisch-anekdotische Beiträge wie auch die Abbildungen überbrücken die Stichwort-Artikel und erhöhen die Lesbarkeit dieses Werkes. 368 Seiten, 20 Abb., gebunden, ISBN 3-7205-1639-3.

DAS HANDBUCH DER ASTROMEDIZIN
GESUNDHEIT IM HOROSKOP
Von Bernd A. Mertz

Die Arbeit mit diesem Buch des bekannten Astrologen verschafft Ihnen Klarheit über Ihre individuelle gesundheitliche Disposition, über seelische Ursachen einer Krankheit, über grundsätzlich vorhandene Schwachpunkte und sinnvolle Vorbeugungsmaßnahmen. Ein promovierter Mediziner unserer Tage mit langjähriger Praxiserfahrung: »Wer etwas von Astromedizin versteht, der kann seine gesundheitlichen Gefahrenmomente klarer erkennen, denn die Kette reißt immer am schwächsten Glied. Er kann vorbeugend etwas tun, ... und vor allem bekommt dieser Patient ein Verständnis für seine Krankheit, was zur Heilung der Seele, die an jeder Krankheit mitbeteiligt ist, gewaltig beiträgt.« 240 Seiten, gebunden, 20 Graph., ISBN 3-7205-1683-0.

ARISTON VERLAG · KREUZLINGEN/MÜNCHEN
CH-8280 KREUZLINGEN · HAUPTSTRASSE 14 · TEL. 071/672 72 18 · FAX 071/672 72 19
D-81379 MÜNCHEN · BOSCHETSRIEDER STRASSE 12 · TEL. 089/724 10 34 · FAX 089/724 17 18

SACHBÜCHER AKTUELLER ASTROLOGIE